Cary Cherniss

Jenseits von Burnout und Praxisschock

Hilfen für Menschen in lehrenden, helfenden und beratenden Berufen

Übersetzt und bearbeitet
von Prof. Dr. C. Wolfgang Müller

BELTZ
Taschenbuch

Die amerikanische Originalausgabe erschien 1995 unter dem Titel
»Beyond Burnout« bei Routledge, New York

Besuchen Sie uns im Internet:
http://www.beltz.de

Beltz Taschenbuch 41

Satz: Satz- und Reprotechnik GmbH, Hemsbach
Druck: Druckhaus Beltz, Hemsbach
Umschlaggestaltung: Federico Luci, Köln
Umschlagphoto: © Mauritius, Mittenwald
Printed in Germany
ISBN 3-407-22041-3

Inhaltsverzeichnis

Für Deborah, die mich – und viele andere – über das Wesen von Hilfe und Mitleid belehrt hat.

Und für alle die professionellen Helferinnen und Helfer, die darum kämpfen, sich ihren Idealismus zu bewahren.

Vorwort des Autors

Dieses Buch handelt von Menschen, die personenbezogene Dienstleistungsberufe ergriffen haben. Es geht um Rechtsanwälte und Schuldnerberater, um Krankenschwestern im öffentlichen Gesundheitsdienst, um Lehrerinnen und Lehrer, um Sozialarbeiter und Psychologinnen. Sie alle waren angetreten, um anderen zu helfen. Sie begannen ihre Laufbahn mit Enthusiasmus und Engagement, sie waren voll von Mitleid und ihren Klienten zugewandt.

Ich habe diese professionellen Helfer während ihres ersten Berufsjahres kennengelernt. In vertieften, teilstandardisierten Interviews erfuhr ich von dem Streß, dem sie sich aussetzten, als ihr Idealismus mit der Wirklichkeit öffentlicher Schulen kollidierte, mit dem Alltag von Polikliniken und Beratungsstellen sozialpsychiatrischer Dienste. Ich beobachtete wie sie, in Reaktion auf den Streß, Teile ihres Idealismus und Engagements verloren. So verwandelte sich meine Studie in eine Untersuchung frühen beruflichen Burnouts.[1] Zehn Jahre später entschied ich mich, die Spur der damals von mir untersuchten Profis wieder

---

1 Der Begriff stammt aus dem englischen Sprachraum. Er wurde zunächst in der Raumfahrt verwendet, um das Ausbrennen von Trägerraketen zu bezeichnen, die zur Erde zurückfielen bzw. im Erdmantel verglühten, nachdem sie ihre Funktion erfüllt und ihre Nutzlast in den Weltraum befördert hatten. Anfang der 70er Jahre taucht der Begriff in der englischsprachigen Literatur als Bezeichnung für berufliche Erschöpfungszustände in Teilgebieten personenbezogener Dienstleistungen auf – besonders bei Lehrkräften in der Arbeit mit Behinderten. Für umfassende Literaturhinweise siehe: D. Kleiber/D. Enzmann: Burnout – eine internationale Bibliographie. Göttingen: Hogrefe 1990. (C.W.M.)

aufzunehmen und herauszufinden, was aus ihnen geworden sei. Würde jemand seinen Idealismus wiedergefunden haben? Wären sie im öffentlichen Dienst verblieben? Was wäre wohl die Wirkung zunehmenden sozialen Konservativismus in den USA auf ihre Problemwahrnehmungen und auf ihre Handlungen? Das vorliegende Buch befaßt sich mit diesen beiden Untersuchungen im Abstand von zehn Jahren.

Im 1. Kapitel beschreibe ich die Szene und versuche zu rekonstruieren, wie ich Interesse am Zustand von Profis im Bereich personenbezogener Dienstleistungen gewann. Ausführlichere Informationen über die Forschungsmethode, die ich verwendete, gebe ich im Anhang. Die Kapitel 2 und 3 fassen zusammen, was ich in der ersten Studie, d.h. im ersten Berufsjahr der von mir untersuchten Profis herausfand und in welchem Zustand sie sich befanden, als ich sie am Ende ihres ersten Berufsjahres aus den Augen verlor.
Der 2. Teil dieses Buches beschreibt die Veränderungen, welche die Professionellen während der folgenden zehn Jahre durchmachten. Im 4. Kapitel untersuche ich, wie sich ihre Berufsverläufe entwickelt hatten. Einige von ihnen waren im öffentlichen Dienst geblieben, andere hatte sich selbständig gemacht. Ich beschreibe die unterschiedlichen Entwicklungspfade, die sie hinter sich gebracht hatten. Die nächsten vier Kapitel beschreiben den Wandel der professionellen Haltungen und der Wertorientierungen meiner Untersuchungsgruppe. Kapitel 5 untersucht ihre Haltungen gegenüber ihren Klienten – also gewissermaßen das Schicksal ihrer Grundhaltung von Zuwendung und Mitgefühl. Im 6. Kapitel behandele ich zwei andere Eigenschaften, die ich für bedeutsam in der täglichen Praxis halte: Flexibilität und Offenheit gegenüber Veränderungen. Im 7. Kapitel untersuche ich, wie sich die Haltungen der Professionellen gegenüber ihrer Arbeit und gegenüber ihrer Berufskarriere im Laufe der Zeit veränderten – wie sich ihre Werte und ihre Prioritäten veränderten als Antwort auf ihre Arbeitserfahrungen, in Reaktion auf das

Familienleben und die Veränderungen in der Gesamtgesellschaft. Das 8. Kapitel faßt den 2. Teil dieses Buches zusammen und überblickt noch einmal die Einschätzung der von mir untersuchten Professionellen im Hinblick auf ihr Leben und darauf, wie sie in das zweite Jahrzehnt ihres Berufslebens eintraten. Der 3. Teil stellt die Frage, warum es einigen der von mir Untersuchten gelang, den Burnout des ersten Berufsjahres zu überwinden oder zu vermeiden. Im 9. Kapitel beschäftige ich mich mit einem wichtigen Faktor der Erholung vom Burnout-Syndrom: der Gestaltung des Arbeitsplatzes. Professionelle, die sich von ihrem frühen Burnout erholten – oder die ihm gar nicht erst verfielen – arbeiteten an Arbeitsplätzen, die ihnen sowohl Unterstützung als auch Selbständigkeit garantierten. Kapitel 10 richtet den Fokus auf die Individuen und ihre persönlichen Charakteristika, die ihnen geholfen haben, Zuwendung und Engagement über zehn Jahre oder mehr zu retten.
Kapitel 11 ist das praktischste Kapitel innerhalb dieses Buches. Ich formuliere sieben Konsequenzen für die öffentliche Politik und Praxis, die sich aus den vorangegangenen Kapiteln ergeben. Ich mache Vorschläge, wie professionelle Zuwendung und professionelles Engagement durch Veränderungen in der Auswahl und der Ausbildung von Professionellen und durch das Management der Dienstleistungsprogramme für Bedürftige bereichert werden können.

Vorwort des Übersetzers

Das Wort »Burnout« hat in der deutschen Sprache Karriere gemacht – fast so schnell und fast so gründlich wie das Wort »Streß«, das inzwischen im alltäglichen Reden feste Wurzeln geschlagen hat. Kein Schüler, der nicht gestreßt nach Hause kommt; keine Auszubildende, die nicht der besten Freundin ihren Streß am Arbeitsplatz anvertraut; kein Autofahrer, der nicht unter dem Streß im Stau leidet.

»Burnout« liegt etwas weiter weg von den Alltagserfahrungen gewöhnlicher Bürger. Der Begriff bleibt vorerst noch den »Profis« vorbehalten: den (meist akademisch) ausgebildeten Menschen, die in Helferberufen arbeiten – als Ärzte und Krankenschwestern, als Psychologen, Ergotherapeuten und Krankengymnastinnen, in der Psychiatrie, als Sonder- und Behindertenpädagoginnen, als Sozialarbeiterinnen, Sozialtherapeutinnen und Berater in einem weiten Feld der Arbeit mit Behinderten, Ausgegrenzten und Belasteten – aber auch als Lehrerinnen und Lehrer in sozialen Brennpunkten und in Schulklassen, die auf besondere konfliktträchtige Weise gemischt sind.
»Burnout« scheint das unerwünschte und ungeliebte Ergebnis eines beruflichen Werdegangs zu bezeichnen, bei dem hohe Erwartungen, unrealistische Hoffnungen, frühe Enttäuschungen und lang andauernde Ermüdungen zusammentreffen und ein implodierendes Gemisch erzeugen, das die »Profis« zunehmend lähmt und die Arbeit mit ihren Patienten, Klienten und Schülern wirkungslos macht. Nando Belardi erinnert in seinem Buch über das Altenheim (Belardi/Fisch 1999) daran, daß der nordamerikanische Psychoanalytiker Herbert J. Freudenberger die-

sen Begriff, der soviel wie »berufliches Ausbrennen« bedeutet, im Jahre 1974 prägte und publizierte. »In der Nachfolgezeit kam es in vielen Ländern zu einer unüberschaubaren Anzahl von Beschreibungen und Untersuchungen über die Ursachen und Folgen dieser beruflichen Ermüdungserscheinungen« (Belardi/Fisch 1998). Sie sind 1989 von Burisch in einem gut lesbaren Überblick zusammengefaßt worden (Burisch 1989; Kleiber/Enzmann 1990).

Die ersten Beschreibungen und Felduntersuchungen zum Problem »beruflicher Ermüdungserscheinungen« finden in den siebziger Jahren des 20. Jahrhunderts in der Sonderpädagogik und bei Lehrern im allgemeinbildenden Schulwesen der USA, bei Krankenschwestern in der Geriatrie und der Psychiatrie und bei Psychotherapeuten statt. Später erweiterte Freudenberger die Beschreibung und versuchsweise Erklärung dieses »Ermüdungs-Phänomens« auf Frauen im allgemeinen. Nicht nur auf Frauen in Führungspositionen, so seine Behauptung, sondern auch andere – »Hausfrauen, Mütter, Witwen, alleinlebende, verheiratete, geschiedene Frauen« – werden genauso leicht in den Strudel emotionaler Hetze hineingezogen, der sie schließlich ausgebrannt zurückläßt. Wie Burnout konkret aussieht, unterscheidet sich von Frau zu Frau, doch es gibt eine Art kleinsten gemeinsamen Nenner. Die übliche Reaktion auf Streß ist, sich noch mehr anzustrengen, sich noch mehr »zusammenzunehmen« und auf Erschöpfungssymptome zu reagieren wie auf Feinde, die es zu schlagen gilt. Die meisten Frauen reagieren auf drohenden Burnout mit der Vorstellung, sie könnten die Symptome überwinden, wenn sie »besser werden«, und »verschlimmern damit nur ihren Zustand« (Freudenberger/North 1992, 12). Nach zahllosen Gesprächen und therapeutischen Sitzungen mit Burnout-gestreßten Frauen empfiehlt Freudenberger: Frauen sollten sich nicht schämen, weil sie die Unzahl verschiedener Aspekte ihres Lebens nicht perfekt miteinander vereinbaren könnten, sondern sie sollten lernen, »ihr Tempo selbst zu bestimmen, kürzer zu treten, Abstand zu halten, ohne sich zu iso-

lieren, und Maßstäbe zu entwickeln, die ... helfen, Aufgaben angemessen zu bewältigen« (Freudenberger/North 1992, 15).
Es mag sein, daß es Unterschiede in den Phänomenen, die wir uns inzwischen angewöhnt haben, unter dem Sammelwort »Burnout« zusammenzufassen, zwischen helfenden Laien und professionellen Helferinnen bzw. Helfern gibt. Ehe wir deshalb das Phänomen ins »Allgemeinmenschliche« heben, sollten wir bei den ursprünglichen Beobachtungen von Sozialforschern, Sozialpsychologen und Sozialpädagogen stehenbleiben, die Ermüdungserscheinungen bei Berufstätigen in den helfenden Berufen der sozialen und volksgesundheitlichen Arbeit entdeckt haben.

In Deutschland war es vor allem der Psychoanalytiker und Gruppendynamiker Wolfgang Schmidbauer, der 1977 ein Traktat veröffentlichte, das sich mit der »seelischen Problematik der helfenden Berufe« befaßte und unter dem Haupttitel »Die hilflosen Helfer« (1977) sprichwörtliche Bekanntheit erreichte. Schmidbauer formulierte das sogenannte »Helfersyndrom« und machte es an einer gleichsam schicksalhaften wechselseitigen Abhängigkeit von »Hilflosen« und ihren »Helfern« fest (»Helfer-Schützling-Kollision«). Am Anfang seines Buches über die »hilflosen Helfer« steht die wahre Geschichte von einem 32jährigen Arzt aus München, der mit einer Frau schlafen wollte. »Deshalb bin ich nachts in die Landberger Straße gefahren, wo die Prostituierten stehen. Als ich dort war und an ihnen vorbeifuhr, hatte ich Magenschmerzen und Herzklopfen vor Aufregung und Angst. Ich dachte, ich bin sicher impotent und bin da vorbeigefahren. Da sah ich eine Frau, die eine Autopanne hatte. Als ich anhielt und ihr meine Hilfe anbot, war ich wieder ganz ruhig und sicher. Es ist schon eine verfluchte Rolle, die ich da spiele« (Schmidbauer 1977, 9).
Als Freud-orientierter Psychoanalytiker hatte Schmidbauer eine deutliche Orientierung an der freudianischen Sozialisationstheorie und ihrer Erklärung der Emotionsbiographie von Ange-

hörigen helfender Berufe. »Narzißtische Kränkung«, »Helfer-Schützling-Kollision« und »Gegenübertragungen« sind die zentralen Begriffe, mit denen er die Berufskrankheit von Helfern, die ohne Hilflose hilflos sind, deutet. Diese Erklärung hat in der Folgezeit Furore gemacht. Und sie ist nicht von der Hand zu weisen. Denn in der Tat scheint bei Berufswahl und Berufseignung die Affinität von Hilflosen und ihren Helfern eine Rolle zu spielen.

Die Frage bleibt, ob diese Affinität auch den zu Helfenden nützt. So sehr sie die notwendige »Empathie« der Helfer befördern mag, so sehr sie auch die »Akzeptanz« randständiger Lebensweisen und risikoreicher Bewältigungsstrategien unterstützen mag, so wenig geeignet scheint sie zu sein, »Lehr-Lern-Prozesse« zwischen beiden zu befördern und notwendige Ablösungen in die Wege zu leiten.

Dieses Problem hat Schmidbauer versucht, in seinen späteren Publikationen anzugehen. In dem Band »Alles oder Nichts. Über die Destruktivität von Idealen« (1980) verfolgt er die Idee, daß es die uns gesellschaftlich aufgegebenen und in einem internalisierenden Erziehungs- und Bildungsprozeß eingepflanzten Ideale sind, die uns in eine Haltung des Selbstanspruchs hineinsteigern, die uns im Prinzip keine andere Möglichkeit läßt, als Schuldgefühle zu entwickeln, schamhaft zu scheitern und die Wut über dieses Scheitern auf uns oder auf andere zu richten.

Fünfzehn Jahre nach Wolfgang Schmidbauer wählte Jörg Fengler einen anderen Weg der Beschreibung und Erklärung von Phänomenen beruflicher Ermüdung und beruflichen Ausbrennens.

Er hielt nach einer kritischen Musterung den Schmidbauerschen Ansatz für reizvoll, aber nicht hinreichend empirisch bewiesen (Fengler ^{4}1996, 48-51). Als detailgenauerer Empiriker (mit all den Problemen, die das mit sich bringt) entdeckte er neben der Schmidbauerschen »Helferpersönlichkeit« – die frühzeitig zu dem wurde, was sie als Berufstätige nun ist – vielerlei äußere

Bedingungen, welche für die »berufliche Deformation« von Angehörigen helfender Berufe verantwortlich sein können.
Fengler ist Heilpädagoge und klinischer Psychologe. Er lehrt und forscht als Professor an der Heilpädagogischen Fakultät der Universität Köln und arbeitet als Trainer in der Gruppendynamik. Die Arbeitsbedingungen, die er als zumindest mitverursachende Faktoren für beruflichen Burnout identifiziert, sind berufliche Dauerbelastung, Überidentifikation, selektive Wahrnehmung und damit verbundene »blinde Flecken«, Interessenverarmung und kommunikative Verödung im sozialen Umfeld, die zu gedanklicher Dürre und erstarrtem Gestus führt (Fengler ^{4}1996, 33-39).
Fengler greift in seiner Arbeit auf die reichhaltige angloamerikanische Fachliteratur und deren vorwiegend empirisch-sozialwissenschaftliche Untersuchungsbelege zurück und verwendet auch eigene Untersuchungen und Untersuchungen aus dem deutschen Sprachraum. Insbesondere Burnout-Erscheinungen bei Lehrern und Erziehern, die schon in der Anfangszeit nordamerikanischer Untersuchungen eine große Rolle gespielt hatten, sind seit Anfang der achtziger Jahre zahlreich belegt. Das gleiche gilt für Sozialarbeiterinnen und Sozialpädagogen (Fengler ^{4}1996, 126-131).
Fengler bleibt nicht bei der facettenreichen Darstellung individueller und beruflicher Voraussetzungen für die Wahrscheinlichkeit des Auftretens von Burnout stehen. Er diskutiert auch therapeutische und weiterbildungspädagogische Interventionen. Burnout-geschädigte Professionelle sollen lernen, sich für wahrnehmbare Teilerfolge in ihrer Arbeit selbst zu belohnen. Sie sollten Tagebuch führen und in diesem Tagebuch nicht nur die Gefühle von Mißerfolg und Frustration festhalten, sondern auch die kleinen täglichen Erfolge und »Siege«. Sie sollten lernen, sich gegenüber ihren Klienten abzugrenzen, ohne an »Empathie« zu verlieren. Sie sollten Netzwerke sozialer Unterstützung aufbauen und dabei nicht auf einer engen, berufsbezogenen Sichtweise beharren, sondern ihre Freizeitinteressen systema-

tisch erweitern und dabei Kontakte zu Personengruppen suchen, die sich von ihrem beruflichen Umfeld möglichst deutlich unterscheiden. Sie sollten Supervision suchen und sich (vor allem) mit Kolleginnen und Kollegen berufspolitisch und gewerkschaftlich zusammenschließen, um die Arbeitsplatzbedingungen zu verbessern.

Einem ähnlichen sozialpsychologisch-soziologisch gefärbten Ansatz folgend, hat der nordamerikanische Professor für Angewandte Psychologie an der Rutgers Universität, Cary Cherniss, eine empirische Untersuchung über die erfolgreiche Bewältigung von »Praxisschock und Burnout« vorgelegt. Diese Untersuchung unterscheidet sich von den bisherigen Studien, weil sie aus einer kleinen Gruppe von Gewährspersonen aus helfenden Berufen ein »Panel« von 26 Sozialarbeiterinnen, Lehrern, Krankenschwestern, Psychologen und Juristinnen herausfiltert und über zwölf Jahre in seiner beruflichen Entwicklung verfolgt. Sie alle hatten eines gemeinsam: Sie gehörten zu der nordamerikanischen Generation der politischen Achtundsechziger, die mit hohen Erwartungen und idealistischen Vorstellungen in den »öffentlichen Dienst« gingen, um den Benachteiligten zu helfen und soziale Gerechtigkeit herzustellen. Das Studium hatte sie auf diese Tätigkeit offensichtlich nicht genügend gut vorbereitet, nach ihrem Berufseintritt erfuhren sie einen gehörigen Praxisschock. Sie wurden nicht nur von Arbeitsbedingungen enttäuscht, die sie im öffentlichen Dienst vorfanden, sondern auch von ihren Schülern, Klienten und Patienten, die so ganz anders waren, als sie sie sich in ihren sozialromantischen Träumen vorgestellt hatten. Sie verzweifelten, sie wurden depressiv, sie wechselten den Arbeitsplatz, sie erlitten einen »frühen Burnout.« So weit, so schlecht.

Die »Pointe« der Untersuchung von Cherniss folgt im dritten Teil seines Buches. Er besucht die von ihm untersuchten Gewährspersonen nach zwölf Jahren erneut und führt mit ihnen ein intensives, teilstrukturiertes Interview. Und siehe da: Eine kleine Gruppe hat sich von ihrem frühen Burnout erholt und die alte Zugewandtheit zu ihren Klienten und das alte Engagement für den sozialen Beruf wiedergewonnen oder sogar noch gesteigert.

Die entscheidende Frage des Sozialforschers ist: Welche Gründe, Ursachen und Infrastruktureinflüsse waren für diese unerwartete »Erholung vom Burnout« verantwortlich?

Die sehr differenzierten, gleichzeitig aber klar gegliederten Antworten, die Cary Cherniss auf diese Frage gibt, machen das Buch zu einer spannenden Lektüre nicht nur für Studierende in der letzten Phase ihrer akademischen Berufsausbildung und für ihre Hochschullehrer, sondern gleichermaßen für ihre künftigen Chefs, Personalchefs und Supervisoren. Denn Cherniss bleibt nicht bei der Verifizierung der plausiblen Vermutung stehen, Burnout sei das Ergebnis des Zusammentreffens idealistischer Berufserwartungen mit einer enttäuschenden Berufswirklichkeit. Von den sachkundigen und urteilskräftigen Aussagen seiner Gewährspersonen angeleitet, kommt er vielmehr zu Symptombeschreibungen und -erklärungen, die neben der Lebens- und Berufsgeschichte vor allem auch die Arbeitsplatzsituation, die Haltung von Kollegen und Vorgesetzten und nicht zuletzt die Zugänglichkeit bzw. Nicht-Zugänglichkeit von Klienten, Patienten und Schülern einbeziehen. Das Ergebnis der Analyse seines (zugegeben kleinen) Samples von zwei Dutzend Profis in unterschiedlichen Helferberufen: »Burnout« ist kein unvermeidbares Schicksal von Menschen in helfenden Berufen. Es ist auch nicht an eine bestimmte Persönlichkeitsstruktur gebunden, in der hohe Erwartungen mit unrealistischen Einschätzungen des Alltags und der persönlichen Unfähigkeit, tragfähige Beziehungen zu Menschen aus anderen und fremden sozialen Milieus aufzunehmen, verbunden sind. »Burnout« ist vielmehr das Ergebnis einer implodierenden Mischung von unterschiedlichen persönlichen, aber vor allem arbeitsplatzspezifischen und lebensphasentypischen Variablen, die voraussehbar sind, die aktiv angegangen werden können und für deren Vermeidung nicht nur die Angehörigen helfender Berufe verantwortlich sind, sondern auch und vor allem die Institutionen, in denen sie arbeiten, deren Vorgesetzte – und die Kolleginnen und Kollegen. Also jeder von uns.

I. Teil
Berufseintritt und erste Enttäuschungen

1. Der Praxisschock und seine Gründe

Jedes Jahr beginnen Tausende von Menschen eine Tätigkeit in den helfenden Berufen, um anderen »zu dienen.« Was sie tun, beeinflußt unser Leben, unsere Gefühle und unsere Entwicklung. Ihr Einfluß auf die Gestaltung unseres Lebens nimmt immer mehr zu.

Professionelle[2] haben immer schon eine wichtige Rolle innerhalb der öffentlichen Wohlfahrt gespielt. Im letzten Jahrhundert haben die Professionellen noch mehr an Bedeutung gewonnen. Im Jahre 1890 gehörten zur Berufsgruppe der Professionellen lediglich 3,8% der Erwachsenen-Bevölkerung. In den nächsten

---

2 Der Begriff »Professionelle« spielt im angloamerikanischen Sprachraum eine etwas andere Rolle als in Deutschland. Er bezeichnet die Absolventen einer voll akademischen Berufsausbildung. Sie zeichnen sich durch die wissenschaftliche Fundierung dieser Berufsausbildung ebenso aus wie durch die Entwicklung eines professionellen Bewußtseins, das durch eigene professionelle Standesorganisationen verstetigt wird. Das führt zu einer Lizensierung bzw. Beschränkung der bestimmte Berufe Ausübenden auf diejenigen, welche die dafür zuständige – und in der Arbeitswelt anerkannte – Ausbildung durchlaufen haben und der entsprechenden Berufsorganisation angehören. Eine solche Hervorhebung ist selbstverständlich von besonderer Bedeutung in Ländern, in denen es für die durchschnittlichen Berufe keine geordnete und in ihrer Qualität überwachte außeruniversitäre Berufsausbildung gibt. So gesehen gehören die »Profis« in den USA zu den wenigen Berufsgruppen, die durch eine geregelte und anerkannte Ausbildung aus der Masse jener Berufstätigen herausgehoben werden, die einfach ihrem »Job« nachgehen. (C.W.M.)

30 Jahren nahm diese Gruppe nur wenig zu (Steigerung auf 4,4%), aber in den nächsten 40 Jahren verdreifachte sich der Prozentsatz. 1960 machten 13% der erwachsenen Bevölkerung die Berufsgruppe der Professionellen aus (Veysey, 1975).[3]

Die professionellen Berufe haben sich im letzten Jahrhundert ebenfalls ausgeweitet. Das Berufsfeld des öffentlichen Gesundheitswesens bestand beispielsweise ursprünglich aus unausgebildeten »Heilern«. Danach wurden die Berufe der Ärzte und Krankenschwestern ausgebildet, aber selbst Krankenschwester war bis zum Ende des 19. Jahrhunderts kein wirklicher Ausbildungsberuf. Heute ist im Gesundheitswesen eine Fülle von verwandten Berufen beschäftigt: Ärzte und Beschäftigungstherapeuten, Logopäden, Psychologen, Chiropraktiker, Sozialarbeiter und viele andere.[4] Zahlen spiegeln nur einen Teil der Geschichte wider. Aber so, wie sich die Zahlen der professionellen Berufe und der in ihnen Beschäftigten erhöht haben, so hat sich auch ihr inhaltlicher Einfluß auf das Leben der Gesellschaft gesteigert. Viele der helfenden und sozialisierenden Funktionen von Familie, Kirche, Nachbarschaft und Freunden sind auf Institutionen übergegangen. Schulen, Krankenhäuser, Tageskliniken, soziale Hilfeprogramme und sozialpsychiatrische Beratungsdienste sind vervielfacht worden, und das hat dazu geführt, daß immer mehr Menschen sich an professionelle Einrichtungen wenden, die früher zu nicht-professionellen Helfern und Ratgebern gegangen wären. Mehr denn je benutzen wir heute institutionelle Hilfen.

Formelle soziale Unterstützungsagenturen beeinflussen unser Leben auf sehr unterschiedliche Weise. Ich möchte die wirt-

---

3 Der Anteil der Professionellen an der Gesamtbevölkerung hat sich in den letzten 20 Jahren bei diesen 13% eingependelt.

4 In den USA gehören sowohl Krankenschwestern als auch Sozialarbeiter zu den anerkannten »professionellen Berufen«. Sie rangieren sowohl in der öffentlichen Wertschätzung als auch in der Bezahlung höher als beispielsweise Lehrer an allgemeinbildenden und weiterführenden Schulen. (C.W.M.)

schaftliche Bedeutung dieser Aussage vor Augen führen: Zwischen 1985 und 1991 ist der Betrag, den Amerikaner für Nahrungsmittel und Tabak ausgegeben haben, um 32% gestiegen. Der Betrag, den wir für Kleidung, Kleidungszubehör und Schmuck ausgegeben haben, ist um 35% gestiegen. Die Ausgaben für Wohnung und Miete haben sich um 42% erhöht. Aber der Betrag, den Amerikaner für ihre medizinische Versorgung ausgaben, hat sich im gleichen Zeitraum um 100% erhöht – die Zunahme ist also dreimal so hoch wie die Ausgaben für Lebensmittel. Die Kosten für Erziehung und Forschung sind noch mehr gestiegen: um 116%. Das gleiche gilt für die Ausgaben für religiöse und Wohlfahrtsaktivitäten. Hier lag die Steigerung bei 89%. Mit anderen Worten: Das Geld, das wir für Gesundheit, Erziehung und Bildung und soziale Wohlfahrt ausgegeben haben, ist in den letzten Jahren um eine wesentlich höhere Prozentrate gestiegen als das Geld, das wir in Nahrungsmittel, Kleidung und Behausung investierten. Wenn man allein die ökonomische Bedeutung dieser Zahlen berücksichtigt, dann spielen die helfenden Berufe eine immer wichtigere Rolle in unserem Leben. Was Lynn 1965 schrieb, stellt sich drei Jahrzehnte später als noch bedeutsamer heraus: »Die akademischen Berufe haben einen Siegeszug im amerikanischen Leben angetreten«.

Das Schicksal professioneller Hilfeleistungen

Wer einen helfenden Beruf ergreift, ist immer schon als jemand angesehen worden, der einer »Berufung« gefolgt ist. Alle diejenigen, die sich von lukrativen Berufen abgewendet haben und Krankenschwester oder Lehrer geworden sind, haben dies getan, um für andere Menschen da zu sein. Für sie ist die Bedeutung ihres Berufes mindestens ebenso wichtig wie das Geld, das sie damit verdienen. Für ihre Arbeit erwarten sie nicht nur einen wiederkehrenden monatlichen Betrag in ihrem Kontoauszug und eine reservierte Fläche auf dem Firmenparkplatz. Ohne

Idealismus ist die Arbeit von Helfern weniger zugewandt und weniger empathisch. Und wenn dies passiert, dann sinkt die Qualität unseres Lebens.

Die Laien-Öffentlichkeit ist allerdings zunehmend kritisch gegenüber den professionellen, akademisch gebildeten Berufsgruppen geworden. Wissenschaftliche Untersuchungen haben die öffentliche Skepsis bestätigt, daß Angehörige helfender Berufe allzu oft ihren Idealismus und ihr Engagement verloren haben (Sarason, 1985). Die New York Times beispielsweise hat über eine Auswertung von tausend Briefen enttäuschter Patienten eines großen Krankenhauses in Michigan berichtet. Mehr als 90% der Klagenden bezogen sich auf die Art und Weise, wie die Ärzte mit ihren Patienten umgegangen wären. Die am häufigsten wiederholte Klage war die, daß es den Ärzten an »Mitgefühl« mangelte (Goleman, 1991).

Diese Mängelrüge trifft auch die Krankenschwestern. Als das Maß an Empathie untersucht wurde, das verschiedene Berufsgruppen an den Tag legten, nahmen Krankenschwestern nur einen elften und nahezu letzten Platz ein. Die einzige Gruppe, die als noch weniger empathisch eingeschätzt wurde, war die der Aufseher am industriellen Fließband. Andere Forscher fanden, daß sich approbierte Krankenschwestern durchschnittlich auf einer Skala zwischen der Position »sie verletzt eine andere Person« und »sie antwortet nur teilweise auf Gefühle, die ihr entgegengebracht werden« befindet (LaMonica, Carew, Winder, Haase 1976, 450). Krankenschwestern, ähnlich wie Ärzte, schneiden bei Untersuchungen über Zuwendung und Hilfsbereitschaft nicht sehr vorteilhaft ab. Das gilt nicht nur für die Angehörigen medizinischer Berufe. Alle helfenden Berufe sind inzwischen mehr oder weniger kritisiert worden, daß sie es an der notwendigen Zuwendung fehlen ließen, die die Öffentlichkeit erwartet. Beispielsweise sind Lehrer, Schulpsychologen und andere Angehörige pädagogischer Berufe in Untersuchungen als unsensibel und intolerant beschrieben worden (Turnbull/Turnbull 1979). Viele Eltern glauben, daß professionelle Erzieher

mehr Gedanken auf Gehalt und Urlaubsreisen verwenden als auf ihren Beruf als Erzieher.
Was Rechtsanwälte betrifft, so braucht man sich nur die vielen populären Juristenwitze anzuschauen, in denen Rechtsanwälte als unsensibel, käuflich und auf Selbstbedienung orientiert dargestellt werden. Professionelle im sozialpsychiatrischen Bereich werden häufig als kalt, analytisch und eher an dem eigenen Verdienst als an der Wohlfahrt der Klienten orientiert beschrieben. Die öffentliche Meinung scheint von allen helfenden Berufen mehr als enttäuscht zu sein.
In einem gewissen Umfang scheint diese Enttäuschung darauf zurückzuführen zu sein, daß ihre Angehörigen hinter den Erwartungen zurückbleiben, welche die Öffentlichkeit sich in der Vergangenheit von ihnen gemacht hat. Gow beispielsweise vermutete 1982, daß sich das Ideal der Krankenschwester in den letzten zwei Jahrzehnten ganz wesentlich verändert habe. Eine zugewandte und engagierte Krankenschwester wurde in früherer Zeit als »zuverlässig, ordentlich, sauber, klug, fleißig, diszipliniert und sensibel« beschrieben. Heute erwartet man von Krankenschwestern, daß sie »empathisch, zugewandt und in Übereinstimmung mit den emotionalen Bedürfnissen ihrer Patienten« zu sein hätten. Die Standards für das, was unter »zugewandter Hilfsbereitschaft« verstanden wird, haben sich nicht nur verändert, sondern sie sind gestiegen. Wir erwarten mehr von den helfenden Berufen als je zuvor.[5]

---

5 Einige Autoren haben argumentiert, daß Professionelle in personenbezogenen Dienstleistungsberufen häufig ihr Engagement übertreiben. Sie betonen, daß eine effektive Berufsausbildung eine gewisse emotionale Distanz gegenüber den Klienten erfordere. Aber die uns vorliegenden empirischen Untersuchungen legen die Schlußfolgerung nahe, daß gerade engagierte und idealistische Professionelle effektivere Wirkungen hervorbringen als Kollegen mit weniger Idealismus (Frank, 1973; Lortie, 1975; Motowidlo, 1984). Idealismus und Engagement sind eine wichtige Voraussetzung für größere professionelle Wirksamkeit. Wenn Professionelle in den helfenden Berufen weniger Engagement und Hilfsbereitschaft zeigen, dann nimmt die Qualität ihrer Hilfeleistung ab.

Nicht alle Professionellen in den personenbezogenen Diensten werden als unsensibel und dickfellig beschrieben – so wie wir es in einigen Untersuchungen und in populären Zeitungsartikeln gefunden haben. In der Realität sind wahrscheinlich die Professionellen über die längste Zeit ihrer Berufstätigkeit sensibel und zugewandt. Aber zu oft betrachten Professionelle ihre Patienten und Klienten als »Krankheitsträger« oder »Problemträger« und nicht als »Menschen, die sich in krisenhaften Situationen befinden.«

Angehörige der betroffenen akademischen Berufe entwickeln langsam ein Bewußtsein von der Bedeutsamkeit des Problems. Die Humanmedizin liefert ein gutes Beispiel: Sowohl Ärzteorganisationen als auch akademische Ausbildungsstätten berichten, daß sie, auch in ihren curricularen Anstrengungen, bedeutend mehr Wert auf die Entwicklung von Empathie legen, als sie dies früher getan hätten (Belkin, 1991). Wissenschaftliche Organisationen, welche die medizinische Lehre an den Universitäten prüfen und lizensieren, verlangen inzwischen, daß Fragen der Kommunikation zwischen Ärzten in die Ausbildung aufgenommen werden. Bis 1995 sollten Fragen der Beziehungen zwischen Arzt und Patient auch im Abschlußexamen eine Rolle spielen. Fragen von sorgender Pflege und Mitleiden werden obligatorisch gemacht.

Aber welches ist der Einfluß solcher Ausbildungsziele auf die spätere Berufspraxis? Becker, Hughes und Strauss haben schon 1961 den Standpunkt vertreten, daß die medizinischen Fakultäten der Universitäten Studierende darauf vorbereiten, Studierende zu sein, nicht aber Ärzte. Sie vermuteten, daß Studierende nach Abschluß ihrer formalen Ausbildung und bei Beginn ihrer Berufslaufbahn völlig unterschiedlichen sozialen Kräften ausgesetzt seien, welche die Fähigkeiten des Mitleidens und der helfenden Pflege auf eine bisher unbekannte Weise beeinflussen würden. Sie befürchteten, daß die formale Ausbildung wenig Einfluß auf spätere Berufshaltungen haben werde.

Diese Vermutungen sind durch spätere Untersuchungen unterstützt worden. Gray, Moody und Newman beispielsweise haben 1965 eine Studie veröffentlicht, in der junge Ärzte während der ersten drei Jahre nach dem Staatsexamen begleitet wurden. Sie fanden heraus, daß die jungen Ärzte allgemein gesprochen einen Teil ihres Zynismus verloren und sich stärker für Fragen menschlicher Wohlfahrt engagierten. Einzelfälle zeigten allerdings beträchtliche Unterschiede: Einige Ärzte entwickelten sich stärker positiv in ihren Haltungen als andere. Dabei schienen situative Faktoren wie die Gestaltung der Arbeitsplätze, an denen die Ärzte tätig waren, einen starken Einfluß auf die Verhaltensweisen zu haben, welche die Ärzte im Anschluß an ihre Ausbildung entwickelten.

Blackburn/Fox untersuchten eine noch längere Zeitspanne. Sie veröffentlichten 1983 eine Untersuchung über soziale Werte von Ärzten in unterschiedlichen Phasen ihrer Berufskarriere. Sie fanden, daß idealistische und humanistische Einstellungen sich in der ersten Phase ihrer beruflichen Entwicklung verstärkten (die Ärzte waren da zwischen 32 und 43 Jahre alt), in den nächsten fünf Jahren schwand diese Orientierung, verstärkte sich aber bis zum Ende ihrer beruflichen Tätigkeit wieder.

Mit anderen Worten: Ärzte (und wohl auch andere Professionelle) verlassen ihre Ausbildungsstätten nicht als »Endprodukte« – sie entwickeln sich weiter, sie wachsen und verändern sich in Reaktion auf die Rollen, die ihnen in der Praxis zugemutet werden. Ihre Perspektiven wechseln beim Übergang vom Studentenstatus zum Status eines Praktikers, und, so jedenfalls sagen es Blackburn/Fox (1983), diese Veränderungen können sich in allen Phasen ihrer Berufsentwicklung fortsetzen.[6]

---

6 Aus den Untersuchungen wird nicht klar, ob es eine wirklich stabile Beziehung zwischen einer ärztlichen Haltung gibt, die in einer Fragebogenbefragung angegeben wurde, und dem tatsächlichen Verhalten des jeweiligen Arztes gegenüber seinen Patienten. Die im Fragebogen gemessenen Veränderungen im Hinblick etwa auf »Zynismus« und andere interpersonelle Werte müssen sich nicht notwendig im aktuellen Verhalten wiederfinden (Bloom, 1979). Ein Arzt, dessen Antworten hohe Werte in einer »Zynis-

Die Geschichte meiner eigenen Untersuchungen

Schon in meinem medizinischen Hauptstudium gewann ich Interesse am Zustand und an den Problemen helfender Berufe – und an dem Schicksal ihres beruflichen Idealismus. Während meines Praktikums in Klinischer Psychologie und Gemeinde-Psychiatrie arbeitete ich in Oberschulen und sozialpsychiatrischen Beratungsprogrammen und in anderen Einrichtungen personenbezogener Dienstleistungen. Ich beriet auch deren Mitarbeiter und versuchte, ihnen ein besseres Verständnis für die psychologische Dynamik gerade ihrer schwierigeren Fälle zu vermitteln. Je besser ich die Angehörigen dieser helfenden Berufe kennenlernte, um so deutlicher sah ich, was die Arbeit für sie bedeutete. Sie hatten es nicht leicht.

Viele von ihnen waren selber noch Berufsanfänger. Sie hatten Schwierigkeiten beim Übergang von ihrer studentischen Rolle zu der eines Profis. Junge Lehrer beispielsweise wurden von der Realität öffentlicher Schulen überwältigt. Tatsächlich Unterricht zu erteilen war nicht das, was sie erwartet hatten. Sie fühlten sich unvorbereitet für die Aufgaben, mit denen sie täglich konfrontiert wurden und während sie versuchten, mit diesen Aufgaben fertig zu werden, änderte sich ihre Haltung. Viele entwikkelten sich von engagierten idealistischen Helfergestalten zu

---

mus«-Skala erreichen, kann sich seinen Patienten ebenso warm und hilfreich zuwenden, wie ein anderer Arzt der wesentlich niedriger rangiert, und empathisches Verhalten wird in vielen Fällen vom sozialen Kontext abhängig sein. Sarason hat 1985 argumentiert, daß Qualitäten wie professionelle Zuwendung und Mitleiden keine Wesensbestandteile eines Individuums sind, sie beziehen sich vielmehr auf die Beziehungen *zwischen* Menschen in speziellen Situationen. Wie zugewandt ein Chirurg beispielsweise auf die Familienmitglieder eines Patienten in einer Intensivstation reagiert, kann sehr viel mit der Struktur und der Funktion von Intensivstationen zu tun haben und mit dem sozialen Hintergrund der Familienmitglieder. Ob der Chirurg einen Kurs in mitfühlender Kommunikation während seiner Ausbildung belegt hat, mag in diesem Zusammenhang wenig Einfluß auf sein oder ihr Verhalten haben.

erschöpften und zynischen Praktizisten, die nur ein Interesse daran hatten, den Tag zu überstehen. In diesem Prozeß fingen sie an, Dinge zu tun, von denen sie früher geschworen hätten, daß sie sie nie tun würden. Es gab damals noch kein Wort für das, was diesen Professionellen geschah. Später haben wir das »Burnout« genannt.
Nach meiner Graduierung besetzte ich eine Stelle in einem neuen experimentellen Programm und hatte alle Hände voll zu tun, um in einer mir feindlichen Umgebung zu überleben. Ich erfuhr den gleichen Streß, dem früher meine professionellen Gesprächspartner ausgesetzt gewesen waren, und wie sie, begann auch ich während jener schwierigen fünf Jahre, Enthusiasmus und Engagement zu verlieren. Aber ich hatte ihnen gegenüber einen Vorteil: Als Mitglied der Fakultät einer Universität, die den gesamten Prozeß begleitete und einschätzte, konnte ich einen Schritt zurücktreten und den Prozeß, in dem ich selber stand, beobachten. Damals begann die Geschichte meiner Forschung auf dem Gebiet des Arbeitslebens und des Arbeitsalltags von Professionellen innerhalb personenbezogener menschlicher Dienstleistungen. Dieser Untersuchungsgegenstand hat mich nicht wieder losgelassen.

Inhalt dieses Buches sind zwei dieser Studien. Die erste Studie befaßt sich mit dem Streß und den Bewältigungsstrategien junger Professioneller, die ihre akademische Ausbildung gerade beendet hatten. Ich wollte herausfinden, welches Ausmaß von Streß diese Neulinge erfuhren, was die Ursachen für den Streß waren und wie sie mit ihm fertig wurden. Ich wollte auch herausfinden, wie der Versuch, mit dem Streß fertig zu werden, ihre Haltungen und ihr Verhalten beeinflußte. Dabei konzentrierte ich mich auf Hilfeberufe in öffentlichen Einrichtungen, weil diese Einrichtungen eine zunehmende Rolle in der Entwicklung unserer Gesellschaft spielen. Mehr und mehr akademisch Ausgebildete gehen in große staatliche oder halbstaatliche Organisationen, und immer weniger lassen sich in privaten Praxen nieder. Außerdem scheinen sich in großen öffentlichen Einrichtungen professionelle Werte und organisatorische Notwendigkeiten häufig nicht zu vereinbaren, sondern aufeinanderzustoßen. Ich wollte herausfinden, was bei einem solchen Zusammenstoß passiert. Während ich mich auf öffentliche Institutionen konzentrierte, wollte ich gleichzeitig eine möglichst große Bandbreite von Dienstleistungsberufen in diesen öffentlichen Einrichtungen erfassen. Ich wollte mich nicht auf eine einzige Berufsgruppe und ein separates Arbeitsfeld konzentrieren. Ich entschied mich schließlich für vier unterschiedliche Berufssegmente: Unterricht an Oberschulen, Sozialpsychologische Dienste, Krankenschwestern im öffentlichen Gesundheitswesen und Rechtsanwälte für die Armen.[7]

In jedem Forschungsprojekt ist die Festlegung der Größe der Untersuchungsgruppe eine schwierige und gleichzeitig entscheidende Frage. Wählt man eine große Untersuchungsgruppe, so hat man mehr Sicherheit über die statistische Signifikanz der Untersuchungsergebnisse. Aber man kann dann nicht so sehr in die Tiefe gehen. Hat man auf der anderen Seite eine kleinere Untersuchungsgruppe, dann kann man sich wesentlich intensiver mit jeder einzelnen Person beschäftigen. Aber man ist nicht sicher, ob sich die gefundenen Ergebnisse über die Untersuchungsgruppe hinaus verallgemeinern lassen. Ich entschied mich für eine vergleichsweise kleine Gruppe, die ich über eine kürzere Zeitspanne untersuchen wollte. Mein Sample enthielt schließlich sechs Rechtsanwälte, sieben Gymnasiallehrer, sechs Krankenschwestern und sieben Psychologen im Gesundheitsdienst.[8] 17 der Untersuchungspersonen waren Frauen, 9 waren

---

7 Das sind besondere Anwälte, die nicht von ihren Klienten bezahlt werden, sondern von der Gemeinde (i.f. Armen-Anwälte genannt). Sie stehen Menschen zur Verfügung, die juristische Probleme haben, aber mittellos sind. (C.W.M.)

8 Wir begannen ursprünglich mit jeweils sieben Berufsanfängern in jeder Untergruppe. Aber eine der Krankenschwestern stellte sich als eine »Hilfsschwester« heraus, die nicht über eine formelle Ausbildung verfügte. Aus

Männer. Das Zahlenverhältnis ist nicht überraschend. In der Krankenpflege und in sozialen Berufen arbeiten traditionellerweise überwiegend Frauen.

Die meisten Studien in den empirischen Sozialwissenschaften arbeiten mit strukturierten Interviews und Fragebögen. Ich selber entschied mich für unstrukturierte Interviews. Ich wollte herausfinden, wie die Berufsanfänger die Welt sahen und welche Gefühle sie an ihre Erfahrungen banden. Wenn ich von mir aus versucht hätte festzulegen, welches die wichtigsten Dinge für sie wären, und wenn ich danach die Forschungsinstrumente entwickelt hätte, um diese für wichtig gehaltenen Gegenstände zu messen, so befürchtete ich, einige der besonders interessanten Facetten der Erfahrungen meiner Berufsanfänger nicht in den Blick zu bekommen. Stark strukturierte Forschungsmethoden verhindern oftmals eine tiefgreifende Erforschung der wirklichen Gefühle von Menschen im Hinblick auf ihr Leben und ihre Arbeit. Es war für mich entscheidend, daß unsere Gewährspersonen in die Lage versetzt werden sollten, ihre eigenen Geschichten in entspannter und unterstützender Umgebung zu erzählen, die zur Offenheit ermutigt. Details über die Untersuchung und ihre Anlage findet der interessierte Leser im Anhang. Nachdem wir alle Interviews beendet hatten, war ich mit der schwierigen Aufgabe konfrontiert, die Fülle des Materials, das wir gesammelt hatten, zu interpretieren. Ein Jahr lang saß ich über Tausenden von Seiten der Transkriptionen unserer Interviews. Zum Schluß hatte ich eine kleine Gruppe von Themen identifiziert, die meiner Meinung nach am besten auf die Frage antworteten, was es bedeutet, ein Berufsanfänger im öffentli-

---

formalen Gründen mußte ich auf sie verzichten. Das gleiche galt für eine Rechtsanwältin, die nicht in der Beratung von Klienten tätig war, sondern als Forscherin in einem vom Bund finanzierten Untersuchungsprojekt arbeitete. Aus diesen Gründen hatten wir ursprünglich 28 Professionelle in der Studie. Aber nur 26 blieben am Ende der ersten Studie übrig.

chen Dienst zu sein – was dabei den meisten Streß erzeugt, wie die Berufsanfänger damit umgingen und wie sich dabei ihre Haltungen und ihr Verhalten veränderte.

Das erste Jahr im Beruf war für die meisten Professionellen eine extrem streßhaltige Zeit. Mit dem Ergebnis, daß die Professionellen viel von dem Idealismus verloren, den sie zu Beginn ihrer Karriere gehabt hatten. Angesichts unerfüllter Erwartungen und einer Vielzahl von Mißerfolgen verlor die Mehrheit der Berufsanfänger einen Teil ihrer Zugewandtheit und ihres Engagements. Viele schienen in der Tat »auszubrennen« – Opfer ihres eigenen Idealismus und Opfer auch der wenig unterstützenden Institutionen, in denen sie arbeiteten. Es gab einige bemerkenswerte Ausnahmen. Diese Ausnahmen halfen uns herauszufinden, wie man professionellen Burnout verhindern kann, das allgemeine Bild jedoch war ein Bild von Anspannung, Desillusionierung und ungebremstem Streß.

Das zweite Kapitel enthält eine detaillierte Zusammenfassung der Ergebnisse meiner ersten Studie. Diese Studie führte zu einem Buch (Cherniss, 1980), und ich dachte, damit wäre diese Untersuchung beendet. Es gab keinen Plan, die Teilnehmer an der Studie für eine Folgeuntersuchung erneut zu kontaktieren. Ich vernichtete im Gegenteil alle Informationen, welche die Identität meiner Untersuchungspersonen hätten offenbaren können, um sie zu schützen.

Dann, etwa ein Jahr nach dem Erscheinen meines Buches, fragte mich ein Leser, ob ich die Absicht hätte herauszufinden, was mit den Befragten nach ihrem ersten Berufsjahr passiert sein würde. Ich wehrte ab. »Im Hinblick auf das Thema Burnout bin ich selber ausgebrannt«, protestierte ich halb im Scherz. Aber mit dieser Frage war die Saat gesät, je mehr ich über die Frage nachdachte, um so mehr befreundete ich mich mit dieser Idee. Als der zehnte Jahrestag des Erscheinens der ersten Studie nahte,

entschloß ich mich, einen zweiten Versuch zu machen.[9] Es gab natürlich das Problem der anonymisierten Daten. Ich kannte ja lediglich die Vornamen und den Anfangsbuchstaben des Familiennamens und den Ort, an dem ich vor zehn Jahren die Befragten getroffen hatte. Würde das ausreichen, um eine Gruppe von hochmobilen professionellen Berufstätigen wiederzufinden? Das Unterfangen schien hoffnungslos zu sein. Vor allem warnten mich Freunde, die mit Folgestudien befaßt gewesen waren, wie schwer es wäre, Gewährspersonen nach so vielen Jahren zu lokalisieren, selbst wenn man über wesentlich mehr identifizierende Informationen verfügen würde, als ich es tat. Ich sei ein ausgebildeter Psychologe, aber eben kein Privatdetektiv.
Glücklicherweise waren meine damaligen Interviewer geschickte Forscher gewesen, sie hatten ihre damaligen Terminkalender aufgehoben und aus diesen Terminkalendern rekonstruierten wir die Familiennamen jedes Befragten. Auf diese teilweise sehr umständliche Weise gelang es mir, jede meiner damaligen Gewährspersonen zu lokalisieren. Alle willigten ein, sich an der Folgestudie zu beteiligen. Lediglich eine Rechtsanwältin war im Vorjahr gestorben, aber ich konnte ihren Ehemann interviewen. Ein anderer Rechtsanwalt konnte sich nicht mehr beteiligen, weil er an Multipler Sklerose erkrankt war und unter schweren Depressionen litt. Er erinnerte sich nicht mehr an die Zeit, als er noch berufstätig war. Die Interviews für die Folgestudie führte ich alle persönlich durch. Die Teilnehmer waren über das ganze Land verstreut, und ich brachte eine Menge Zeit in Flugzeugen und auf Flughäfen zu. Ein Interview machte ich in dem Warteraum des Chicagoer O'Hare Airport, von dem aus wir in verschiedene Richtungen weiterflogen. Als ich mich auf die ersten Interviews der zweiten Studie vorbereitete, schossen mir

9 Zehn Jahre schienen mir eine angemessene Zeitspanne für eine Folgeuntersuchung zu sein. Aber bis ich die Finanzierung für diese Folgestudie gesichert und die Adressen und Wohnorte der ursprünglich Befragten herausgefunden hatte, waren in der Tat zwölf Jahre vergangen.

viele Fragen durch den Kopf. Aber die basale Frage war: Wie hatten sich diese Professionellen im öffentlichen Dienst in den letzten zehn Jahren verändert? Waren sie noch im öffentlichen Dienst tätig, oder hatten sie sich niedergelassen? Hatten sie ihren Beruf gewechselt? Und wenn sie noch im öffentlichen Dienst tätig waren, wie würde sich ihre Haltung verändert haben? Waren sie noch so zugewandt und engagiert wie zu der Zeit, als sie ihre Karriere begonnen hatten? Wie war es mit ihrer Offenheit gegenüber Veränderungen? Waren sie konservativer geworden und in ihren Routinen befangen? Und was war mit den Anreizsystemen geschehen, die in ihrem Beruf eine Rolle gespielt hatten: Herausforderung, Autonomie, finanzieller Nutzen? Alle diese Fragen bezogen sich auf eine fundamentale Leitfrage: Was war das Schicksal von jenem Idealismus und Engagement, das die Professionellen zu Beginn ihrer Karriere zeigten?
Meine Freunde und Kollegen hatten ihre eigenen Voraussagen über die Ergebnisse, auf die ich stoßen würde. Jemand lachte und sagte: »Ich wette, du wirst eine Menge von ihnen als Sandalenmacher in Soho wiederfinden.« Ein anderer sagte gedankenvoll: »Ich schätze, sie sind alle wieder an die Uni gegangen, haben ihren Volkswirt gemacht und kassieren jetzt sechsstellige Jahresgehälter.« Die meisten meiner Bekannten vermuteten, die Angehörigen der helfenden Berufe hätten sich nach grüneren Weideplätzen umgesehen. Interessanterweise gab es niemanden, der vorausgesagt hätte, auch nur einer der Befragten wäre weiterhin engagiert und zugewandt im Beruf tätig. Die Leute nahmen offensichtlich an, es sei für Angehörige des öffentlichen Dienstes außerordentlich schwierig, angesichts von Einsparungen, Entlassungen und der fehlenden Unterstützung für soziale Hilfeprogramme den eigenen Idealismus zu bewahren. Die Leute, die mir Voraussagen über meine Forschungsergebnisse anboten, vermuteten auch, daß der Berufswechsel einfach und geradlinig verlaufen wäre: vom Schuldnerberater zum Steueranwalt; vom Sozialarbeiter zum Biobauern. Niemand faßte die Möglichkeit ins Auge, daß es einen mehrfachen Berufswechsel

in unterschiedlichen Richtungen geben könne. Eine Kollegin allerdings machte weniger eine Voraussage, sondern gab mir einen Auftrag mit auf den Weg. Sie arbeitete als Ressourcenberaterin und veranstaltete Workshops zur Vermeidung von Burnout. Sie sagte: »Ich selber möchte gern herausfinden, wie ich den Profis helfen kann, sich ihre Berufszufriedenheit und ihr Engagement zu bewahren. In dieser Art von Berufen ist das sehr schwer. Es gibt so viel Streß und so viele Frustrationen. Ich hoffe deshalb, daß Sie herausfinden werden, was den Leuten helfen könnte, Burnout zu vermeiden.«

Was ich selber am Ende herausfand, war ein wesentlich komplexeres und wesentlich interessanteres Ergebnis. Einige meiner Gewährspersonen hatten radikale Berufswechsel hinter sich. Da war beispielsweise der Schuldnerberater, der in der Tat Steueranwalt in Beverly Hills[10] geworden war. Und da gab es die Sozialarbeiterin, die eine erfolgreiche Immobilienmaklerin geworden war. Diese radikalen Veränderungen im Berufsleben waren in der Tat solche, wie meine Kollegen sie vorhergesagt hatten. Aber dann gab es andere, die sich mehr oder weniger von ihrem ursprünglichen Burnout erholt hatten. Wohl gewannen sie niemals wieder jenes Ausmaß von Idealismus und Engagement, das sie ursprünglich an den Tag gelegt hatten, als sie ihre Berufskarriere begannen. Nach ihren ersten Burnout-Erfahrungen waren sie bei der Investition allzu großer seelischer Energiemengen in ihren beruflichen Alltag oder in ihre Klienten zurückhaltend.[11] Nach und nach gelang es ihnen aber, mehr Zutrauen zu ihren eigenen Fähigkeiten zu gewinnen. Sie fanden Wege, um einige der weniger angemessenen Aspekte professionellen Alltags zu ver-

10 Beverly Hills in der Nachbarschaft von Hollywood ist ein Wohnort der berühmtesten amerikanischen Filmschauspieler. (C.W.M.)

11 Der Terminus »Klient« wird in diesem Buch allgemein verwendet, um die Adressaten von Dienstleistungen zu bezeichnen. Für Krankenschwestern sind die »Klienten« ihre »Patienten«, für Lehrer sind sie die »Schüler.«

meiden – sie wechselten den Arbeitsplatz, sie kehrten an die Universität zurück, um sich neue Spezialgebiete zu erarbeiten, sie investierten mehr Zeit und Energie in Interessen außerhalb ihrer Arbeit – aber es gelang ihnen, im Feld helfender Berufe zu bleiben und einen bemerkenswerten Beitrag zur gesellschaftlichen Entwicklung zu leisten. Sie hatten überlebt.

Und dann gab es am Ende einige, die ihren ursprünglichen Idealismus erhalten oder wiedererlangt hatten. Sie arbeiteten weiter im öffentlichen Dienst in der Hilfe für die Bedürftigen, in der Beförderung sozialen Wandels. Sie waren Armenanwälte, die weiter die Deprivierten vertraten und die soziale Reform beförderten. Sie waren weiterhin Oberstufenlehrer, die sich entschieden hatten, auch weniger motivierte Schüler zu unterrichten, weil sie den Eindruck hatten, daß diese Schüler es am meisten nötig hatten. Und sie waren weiter klinische Psychologen, welche die Chance vorübergehen ließen, sich in privater Praxis niederzulassen, weil sie es für sinnvoller hielten, in der Erziehungsberatung einer öffentlichen Schule zu arbeiten. Einige dieser Professionellen waren in der Lage, jenen Kräften zu widerstehen, die das Engagement ihrer Kollegen unterminiert hatten. Sie überlebten nicht einfach nur, sie gewannen die Oberhand. Was ich besonders interessant an einigen dieser unterschiedlichen Entwicklungen fand, war, daß ich das Ergebnis im Einzelfall nicht hätte voraussagen können. Befragte aus der ersten Studie, die eigentlich hätten herausfallen müssen – weil das erste Jahr ihrer Berufspraxis allzu hart war –, waren dabei geblieben. Und ein paar von denen, die im ersten Berufsjahr aufgeblüht waren, hatten später den Beruf trotzdem verlassen. Ich nehme zwei Lehrer als Beispiel.

Das erste Unterrichtsjahr war für Eugenia Barton[12] ein Albtraum gewesen. Alles, was überhaupt nur hätte schiefgehen

---

12 Alle Namen dieses Buches sind Pseudonyme. In einigen Fällen habe ich auch leichte Veränderungen in anderen Charakteristika vorgenommen, welche die Personen hätten identifizieren können.

können, war schiefgegangen. Das Hauptproblem war die Disziplin in ihren Klassen. Ihre Schüler frustrierten sie und machten sie wütend, weil sie »miteinander rüde umgingen und überhaupt nicht zuhören konnten.« Sie haßte es, am Morgen zur Arbeit zu gehen, weil insbesondere eine Klasse sich ausgesprochen widerlich verhielt. Aber sie scheute es, andere um Hilfe zu bitten – es könnte ein schlechtes Licht auf sie werfen und ihre Wiederanstellung verhindern. Eugenia fühlte sich von der schweren Arbeitslast überrollt. Nach den ersten zwei Monaten sagte sie, sie wäre zu müde, um sich noch Mühe zu geben. Andere Lehrer unterstützten sie nicht. Es gab die Tendenz, »das zu grapschen, was man hatte und es nicht mit anderen zu teilen«. Der Direktor half ihr auch nicht, im Gegenteil – er ignorierte sie völlig.

Eugenia fand den Unterricht unerträglich, selbst wenn die Sache gutging. Ihre naturgegebene Scheuheit machten Gruppendiskussionen zur puren Agonie. Sie sagte, daß sie die Frage rasend machte, was sie denn als nächstes sagen sollte. Das erste Jahr war ein alltäglicher Kampf ums Überleben. Es gab in meinem Sample nur noch eine andere Befragte, die sich selbst als noch frustrierter und gestreßter einstufte als Eugenia. Gemessen an ihrem schwierigen Start hatte ich erwartet, daß Eugenia den Unterricht bald aufgeben würde. Es wäre ihr übrigens leichtgefallen: ihr Ehemann war ein gutsituierter Manager in einer großen Firma, und mit diesem Hintergrund hätte Eugenia leicht anderswo eine lohnendere Beschäftigung finden können. Aber Eugenia war Lehrerin geblieben. Zwölf Jahre später unterrichtete sie sogar noch an derselben Schule, und sie war eine der zufriedensten und am meisten den Schülern zugewandten Lehrkräfte. Was hatte diese verängstigte neue Lehrerin davon abgehalten, aus der Schule herauszufallen?

Alice Harris auf der anderen Seite hatte gute Chancen, im Lehrerberuf zu bleiben. Sie hatte sich früher als die meisten anderen für den Lehrerberuf entschieden – noch während ihrer Zeit in der Oberstufe. Und sie hatte die besten Erfahrungen von allen neuen Lehrern, die ich untersucht habe. Sie arbeitete während des ersten Semesters nur halbtags, was sie in die Lage versetzte, eine Menge in die Unterrichtsvorbereitung zu stecken. Sie lehrte innerhalb eines aufregenden und innovativen Unterrichtsprogrammes. Sie hatte keines von den Disziplinproblemen, welche die anderen neuen Lehrerinnen plagten. Nur die intelligentesten und motiviertesten Schüler entschieden sich für ihren Lehrgang. »Sie sind so neugierig! Sie wollen es wirklich wissen! Sie sind einfach umwerfend!« sagte Alice über sie. Alice hatte schon als Studentin ihr Unterrichtspraktikum an dieser Schule absolviert und fühlte sich vom ersten Tage an schon »richtig wie zu Hause«. Sie erhielt kontinuierliche Hilfe und Unterstützung von vier erfahrenen Lehrerinnen, die im gleichen Programm wie sie als Team unterrichteten. Sie waren »großartig«. Sie waren lustig und stimulierend und gleichzeitig unterstützend. »Wenn alles andere schiefgeht, dann kannst du immer noch auf das Team zählen, das dich wieder aufbaut«, sagte Alice im Interview. Aber sie hatte wenig Kontakt zur Schulverwaltung, obwohl sie auch dort das Gefühl hatte, unterstützt zu werden. Ihr Direktor hatte in dem gleichen Programm unterrichtet, ehe er zum Direktor ernannt worden war. Er war der Mentor ihrer Mentorin gewesen und sprach von Alice als »unserer dritten Generation«.

Alice gehörte sicherlich zu jenem Typ von Lehrerinnen, die dauerhaftes Engagement zeigen. Und die Situation, in der sie arbeitete, war ebenfalls auf ein solches dauerhaftes Engagement angelegt. Selbst wenn ihr Enthusiasmus schwinden würde, eröffnete ihr ihr Grundlagenstudium in den Humanwissenschaften eine Reihe von Karriereoptionen außerhalb der Schule. Sie hätte sich auch eine zeitlang beurlauben lassen können, um eine Familie zu gründen, aber ich war sicher, daß sie ihr Engagement zu dem Lehrerberuf bewahren würde.
Aber es hat sich nicht in diese Richtung entwickelt. Nachdem sie zwei Jahre in derselben Schule unterrichtet hatte, kündigte sie und entschied sich für einen anderen Beruf. Als ich sie zwölf

Jahre später interviewte, sagte sie mir, sie würde nie wieder daran denken, als Lehrerin zu arbeiten. Was ist für diese unterschiedlichen Entwicklungslinien verantwortlich? Und welche Faktoren haben einigen der Profis im öffentlichen Dienst geholfen, nach zwölf Jahren Berufspraxis weiterhin engagiert und zugewandt zu sein? Als ich über den Tausenden von Seiten der Interview-Transkriptionen gebeugt saß, waren das die Fragen, die mich am meisten interessierten und die Antworten waren unerwarteter, als ich es mir jemals vorgestellt hätte. Aber am Ende gab es doch eine Reihe von Spuren, welche in eine bestimmte Richtung wiesen. Jene Professionellen, die sich ihre Zugewandtheit und ihr Engagement bewahrt hatten, schienen einige Qualitäten und Erfahrungen gemeinsam zu haben, die sie von den anderen unterschieden. Im letzten Teil meines Buches werde ich jene Faktoren benennen. Aber zunächst einmal möchte ich mich zurück zum ersten Jahr der Berufspraxis wenden und beschreiben, was das bedeutete: ein professioneller Anfänger im öffentlichen Dienst zu sein.

2. Das erste Jahr: »Ich dachte, ich wäre tot und zur Hölle gefahren«

Am Anfang waren sie alle idealistisch, zugewandt und engagiert. Und sie waren durch die politischen Demonstrationen der 60er Jahre gegangen. Sie hatten den Ruf nach sozialer Gerechtigkeit wahrgenommen. Sie hatten sich entschieden, ihr Leben der Hilfe für andere Menschen zu widmen. Nach Jahren universitärer Ausbildung waren sie nun Professionelle: Lehrer, Krankenschwestern, Therapeutinnen, Rechtsanwälte.

Diese neuen Professionellen waren voll von Enthusiasmus – jetzt war ihre Zeit gekommen. Aber die Realität ihrer beruflichen Welt war nicht das, was sie erwartet hatten: Da gab es unerwartete Frustrationen, und die Unterstützung durch Kollegen, auf die sie gehofft hatten, blieb aus. Die Universität hatte sie nicht auf die Herausforderungen vorbereitet, denen sie nun begegneten. Natürlich wollten sie, daß sich ihre Situation verbesserte. Manchmal tat sie das auch. Aber für viele von ihnen ließ der Druck nicht nach, er desillusionierte sie. Sie verloren einen Großteil ihrer Zugewandtheit und ihres Engagements. Sie begannen auszubrennen, noch ehe sie richtig geglüht hatten.

Die neuen Professionellen traten ihre beruflichen Karrieren mit unrealistischen Erwartungen an. Das war eine Quelle für ihre Schwierigkeiten. Sie waren Opfer jenes »professionellen Mysteriums« geworden, einer in allen Zügen romantisierenden Sichtweise auf professionelle Berufsarbeit. Die Sichtweise wurde aus zahllosen Botschaften der Massenmedien gespeist: Da gab es den kompetenten Arzt, die engagierte Lehrerin, den mit allen Wassern gewaschenen Rechtsanwalt. Diese Stereotype taucht in zahllosen Büchern, Filmen und Fernsehprogrammen auf (De Fleur, 1964), und die neuen Professionellen glaubten ihnen.

Dummerweise entsprachen die Arbeitsplätze im öffentlichen Dienst nicht diesen Leitbildern. Und es war die Diskrepanz zwischen dem beruflichen Alltag, wie er war und wie er eigentlich zu sein hätte, also das, was Kramer 1974 als »Praxisschock« bezeichnet hatte, die sich als eine Hauptursache für den erlebten Streß erwies.

Die Quellen des Streß: Die »Kompetenzkrise«

Von Profis erwartet man, daß sie kompetent sind. Unsere Wörterbücher definieren Kompetenz als »all unsere natürlichen physischen oder mentalen Kräfte, um mit einer Situation oder einer Arbeitsaufgabe fertig zu werden«. Einer dieser neuen Professionellen, Cherman Reynolds, ein klinischer Sozialarbeiter, der in einer Familienberatungsstelle arbeitete, hat es auf diese Weise ausgedrückt: »Ein wirklich Professioneller – nicht jemand, der nur den Titel hat –, würde jemand sein, der weiß, daß er immer über den Dingen steht.« Cherman und die anderen neuen Professionellen hatten das Gefühl, daß sie wissen müßten, was zu tun wäre. Sie sollten immer »über den Dingen stehen« und »die Dinge im Griff haben«.

Aber so lief das eben nicht. Die neuen Professionellen wußten häufig einfach nicht, was sie tun sollten. Lehrer sahen sich an ihrem ersten Schultag vor einer Klasse stehen und hatten keine Ahnung, wie sie anfangen sollten. Neue Rechtsanwälte kannten zwar ihren Weg in die Universitätsbibliothek, aber sie waren buchstäblich verloren, als sie zum ersten Mal ein Gerichtsgebäude betraten. Die Krankenschwestern im öffentlichen Dienst und die Psychologinnen im sozialpsychologischen Dienst waren besser vorbereitet; aber auch sie fühlten sich in den meisten Situationen überfordert.

Ein akzeptables Maß von Kompetenz zu erreichen war deshalb das alles andere überlagernde Ziel für die neuen Professionellen. Ihr Engagement für andere Ziele – den Bedürftigen zu helfen, sozialen Wandel zu befördern, soziale Gerechtigkeit herzustellen – verlor an Bedeutung. Das Gefühl ihrer Inkompetenz, das sie während ihres ersten Berufsjahrs plagte, machte es für sie schwer, an irgend etwas anderes zu denken. Idealismus, Altruismus und Mitleidsfähigkeit wurden ein Luxus, den man sich eigentlich nicht leisten konnte. Wie man Fehlschläge und Demütigungen vermeiden konnte – das waren die Fragen, die ihr Denken beherrschten.

Für jeden Beruf meint Kompetenz etwas anderes. Junge Lehrer definierten es als die wirksame Kontrolle des Verhaltens der Schüler in der Klasse. Nichts erregte sie mehr als Situationen, in denen die Schüler aus der Reihe tanzten. Ein typischer Fall war für mich der Chemielehrer Calvin Miller. Immer wieder kam er im Interview auf einen Schüler zurück, der dauernd unaufgefordert redete und andere Schüler ärgerte. »Da hatte ich das Gefühl, daß ich versagen würde«, sagte Calvin. »Mein Job wäre es gewesen, diesen Jungen zum Lernen zu bringen ... Es hat mich richtig aufgeregt, wenn er die Klasse durcheinanderbrachte, weil es in der Klasse ein paar Schüler gab, die wirklich lernen wollten. Und das hat sie wiederum geärgert. Und dann gehen sie nach Hause und reden davon, wie die Klasse heute wieder einmal in großem Chaos war und wie Mr. Miller John einfach nicht zur Ruhe bringen konnte. Auf die Weise krieg ich den Ruf, daß ich nicht fähig sei, die Klasse unter Kontrolle zu halten.«
Die Neulinge lernten sehr schnell, daß ihr Ruf in der professionellen Welt von großer Bedeutung sei. Der Armenanwalt Jean Chalmers beschrieb, wie kollegiale Fallbesprechungen sehr oft mit der Bewertung einzelner Kollegen endeten. »Wenn du mit einem Rechtsanwalt über einen anderen Rechtsanwalt sprichst«, beklagte sich Jean, »dann ist das erste, was dir gesagt wird: ›Sie ist ein schlechter Rechtsanwalt, sie ist eine gute Juristin. Er ist ein schlechter Rechtsanwalt, er ist ein guter Jurist‹ ... Und alles, was sie von dir wissen wollen ist, ob du selber gut bist.« Jean bemerkte, daß es überhaupt keine Rolle spielte, ob man ein »guter Junge« wäre, alles was zählte, sei die eigene Kompetenz. Und dauernd würde man bewertet – im Büro, nach der Arbeit, auf Cocktailparties, überall.

Es gibt viele Gründe dafür, daß man im Beruf Fehler machen kann. Die unerfahrenen jungen Professionellen neigten dazu, sich selber zu beschuldigen. Sarah Prentiss war eine junge und idealistische Mitarbeiterin im Gesundheitsdienst. Was ihr mit einer ihrer Klientinnen, einer alten Frau, die krank, arm und einsam war, passierte, ist ihr sehr nahegegangen. Während ihrer letzten Begegnung hatte ihr die Frau gesagt: »Ich weiß nicht, warum Sie sich so sehr um mich kümmern. Ich möchte einfach nur sterben.« Diese Bemerkung war Sarah deshalb nahegegangen, weil sie aus ihr einen Hinweis auf ihr eigenes Versagen herauslas. »Wissen Sie«, sagte Sarah im Interview, »also ich kann ihr nicht helfen. Sie wohnt in diesem großen Haus, die Wasserzufuhr funktioniert nicht, es gibt kein heißes Wasser ... Vielleicht will sie einfach nur in ihrem Haus bleiben und sterben ... Und ich hab mir gedacht, was ist eigentlich los mit mir? Oder: Was habe ich eigentlich gemacht? Und sehen Sie, vielleicht habe ich wirklich was falsch gemacht. Vielleicht habe ich sie einfach falsch behandelt. Vielleicht war das ein Konflikt zwischen ihr und mir. Vielleicht habe ich das alles nur nicht gesehen – und das ist die Sache, die mir so nahe geht –, daß ich einfach nicht genug Einsicht in die Situation hatte, um das Problem zu erkennen. Ja, das ist es, was mir nahegegangen ist.«

Selbst erfahrene Professionelle machen Fehler. Und junge Professionelle müssen noch eine Menge lernen. Aber die Erwartungen sind hoch, und hoch sind auch die Kosten für den Mißerfolg einer Schwester, einer Ärztin, einer Rechtsanwältin oder einer Psychotherapeutin. Denn von Professionellen erwartet man, egal wie neu oder erfahren sie sind, daß sie kompetent sind. Oftmals aber *fühlen* sie sich nicht kompetent, und wenn dies der Fall ist, dann kommen sie in die »Kompetenzkrise«.

Der Profi gegen das System

Von Professionellen erwartet man Unabhängigkeit. Die neuen Professionellen erwarteten, daß ihre Ausbildung und ihre guten Zensuren ihnen die Fähigkeit verliehen hätten, Entscheidungen ohne die Hilfe von anderen zu fällen. In der Tat war dieses Konzept von Autonomie eine Hauptattraktion professionellen Arbeitens. Im Geschäftsleben hätten sie mehr Geld verdienen können. Aber sie haben einen Dienstleistungsberuf gewählt, weil sie Unabhängigkeit hoch schätzten und glaubten, daß dieser Beruf sie bereithalten würde.[13] Autonomie ist ein mehrdeutiger Begriff. Die neuen Professionellen erlitten zahlreiche Kränkungen und vielerlei Einschränkungen in den Institutionen, in denen sie arbeiteten. Und es regte sie auf, wenn andere sie nicht so behandelten, wie sie als »kompetente Professionelle« behandelt werden wollten.

Sarah Prentiss, die Mitarbeiterin im öffentlichen Gesundheitsdienst, wurde wütend, als sie einen Zusammenstoß mit dem Direktor einer Oberschule beschrieb.

> »Der Direktor erwähnte mir gegenüber ein ›Informationsprogramm‹. Ich ging dann zu den Lehrern, die daran beteiligt werden sollten und machte mit ihnen einen Termin aus. Ich gab ihm dann den Termin ...
> Okay, ich ging dann letzte Woche wieder zu ihm und er sagte mir: ›Ich habe das Programm auf Mittwoch 7.30 Uhr festgesetzt.‹ Er sagte das so, als würde er sagen: ›Okay, jetzt machen Sie das und das.‹ Und ich habe ihn angesehen und gedacht, er ist verrückt! Ich sagte: ›Vor allen anderen Dingen – wir brauchen viel mehr Zeit‹ und er sagte: ›Wir haben das seit zwei Jahren so gemacht.‹ Und

---

13 Sarason, Sarason und Cowden haben 1975 eine Studie veröffentlicht, aus der hervorging, daß Studenten, die nicht in der Wirtschaft arbeiten, sondern einen Beruf im öffentlichen Dienst anstreben, dies zum großen Teil tun, weil sie glauben, daß sie als Professionelle mehr Autonomie genießen würden.

ich sagte: ›Und ich weiß, wieviel Zeit ich brauche. Ich weiß, daß die Kids eine Menge Fragen haben. In der 5. und 6. Klasse wissen sie schon eine Menge; sie machen schon eine Menge Sachen, die wir in ihrem Alter noch nicht gemacht haben.‹ Und da sagt doch dieser Mann zu mir: ›Also, wenn Sie Fragen haben, dann sollen sie nach Hause gehen und ihre Eltern fragen.‹ Und ich sagte: ›Aber das entspricht doch nicht unserem Konzept von Erziehung.‹ Ich geriet also in eine große Diskussion mit ihm. Wir standen draußen in der Halle, und ich war puterrot. Und da hatte ich es! Er hatte mich einfach niedergemacht.«

Sarah war aufgeregt, weil sie glaubte, daß der Plan des Direktors den Grundsätzen von Erziehung widerspräche und schädlich für die Kinder sei. Aber noch niederdrückender für sie war das Gefühl, daß er sie abschätzig behandelt hatte und ihr nicht jene Autonomie und jenen Respekt einräumte, die ihr als Professioneller gebührten.

Solche Ereignisse waren nicht ungewöhnlich. Nick Fisher, ein Schulsozialarbeiter, war durch die Einschränkung seiner Autonomie noch stärker verletzt worden. Nick hatte zwei Jahre lang in einer großstädtischen Schulklasse unterrichtet. Er hatte dann als Lehrer aufgehört und mit der Schulsozialarbeit angefangen, weil er den Schülern helfen wollte, mit ihren persönlichen Problemen fertigzuwerden. Als er nun als Schulsozialarbeiter wieder in Schulen kam, dachte er, er wäre nun ein zugewandter und engagierter Helfer. Aber die Verwaltung und die Lehrer sahen seine Rolle anders: Sie erwarteten, daß er das Schulsystem geräuschloser am Laufen hielt.

»Andere Leute lassen mich fühlen«, beklagte er sich, »daß es meine Rolle sei, für Disziplin zu sorgen. Und das ist nun überhaupt nicht mein Ding. Ich gehe also durch das Lehrerzimmer und treffe auf ein paar Kinder, die gerade hereingebracht worden sind, weil sie sich geprügelt haben. Dann sagt der Direktor zu mir: ›Ich denke, Sie sollten mit ihnen sprechen!‹ Solche Sachen mag ich überhaupt nicht.«

Er dachte also, es sei für ihn unangemessen, mit Disziplinfragen befaßt zu werden. Aber der Direktor hat ihm genau diese Rolle zugewiesen. Nick fand, daß dadurch seine Autonomie eingeschränkt werde, und er hatte das Gefühl, die ihm zugewiesene Rolle würde seine Beziehung zu den Kindern trüben. Gleichzeitig aber machte er sich Sorgen, was wohl passieren würde, wenn er die Rolle zurückwies. Nick war nicht zufrieden mit der Art und Weise, wie er selber versuchte, das Dilemma zu lösen.

> »Normalerweise gehe ich in solchen Fälle immer den Mittelweg«, sagte er, »ich mache es, aber ich mache es auf meine Weise ... Ich fühle mich aber dabei unwohl. Es ist so, als ob ich überhaupt nichts gemacht hätte. Es ist schwierig, weil – wenn man nicht die Unterstützung der Verwaltung hat, kann man sowieso überhaupt nichts machen. Der letzte Schulsozialarbeiter, den wir hier hatten, bekam sich wegen eines Schülers mit der Administration in die Haare, und er verlor seine gesamte Wirksamkeit.« Dann fügte Nick achselzuckend hinzu: »Der Direktor hatte meinem jetzigen Chef gesagt, ich sei der beste Sozialarbeiter gewesen, den sie jemals gehabt hatten. Ich weiß nicht, ob das ein Kompliment war. Es bedeutet auf jeden Fall, daß ich eine gewisse Wirksamkeit gehabt habe. Aber alles läuft schließlich auf Kompromisse hinaus.« Und dann, nach einer Pause: »Und ich fühle mich wirklich nicht wohl dabei.«

Das waren Probleme zwischen Professionellen und Vertretern des Systems, in dem sie arbeiteten. Diese Probleme hingen mit ihrer Ausbildung zusammen. Weder hatten ihnen ihre Dozenten und Supervisoren gesagt, wie sie mit solchen Konflikten und Dilemmata umgehen sollten, noch hatten sie sie dafür sensibel gemacht, daß solche Probleme überhaupt auftauchen würden. Die angehenden Professionellen waren darauf orientiert worden, ihre Arbeit unter idealen Umständen zu leisten. Man könnte auch sagen, sie waren darauf orientiert worden, in einem sozialen Vakuum zu praktizieren. Sie waren nicht darauf vorbereitet worden, sich mit organisatorischen Irrationalitäten abzumühen. Und sie hatten keine Idee, wie sie mit ihnen umgehen sollten.

Schulsozialarbeiter beispielsweise kommen häufig in eine Situation, wie Nick Fisher sie erlebt hat. Aber er war vollständig unvorbereitet, als der Direktor von ihm eine disziplinarische Rolle verlangte. Nick nannte den Direktor »unvernünftig« und »diktatorisch«. Gleichzeitig aber machte er sich selber den Vorwurf, daß er nicht sachkundiger mit der Situation umgegangen wäre. Aber die Schwierigkeit, in der Situation richtig zu handeln, signalisierte einen basalen blinden Fleck im Ausbildungsprogramm der Universität.

Junge Professionelle haben eine positive Bewertung von Autonomie, weil sie hoffen, daß damit ein Sinn für kompetentes Handeln verbunden wäre. Wenn andere ihrem Handeln Grenzen setzten, dann begrenzte es nicht nur ihr Streben nach Autonomie – es stellt auch und gleichzeitig ihre Fähigkeiten in Frage. Kompetenten Professionellen wird ein hohes Maß an Autonomie zugestanden. Das Fehlen von Autonomie gibt den Berufsanfängern das Gefühl, weniger kompetent zu sein.[14]

Schwierigkeiten mit Klienten

Auf dem Höhepunkt eines jeden guten Melodramas über Profis und Klienten, denen sie helfen, blickt der Klient zu dem professionellen Helden auf und sagt mit Anerkennung und Bewunderung in der Stimme: »Ich danke Ihnen.« Ein solcher Ausdruck von Wertschätzung und Dankbarkeit bleibt in der Tat professionellen Helfern vorbehalten – der Krankenschwester, dem

14 Sarason schrieb 1977: »Hoher sozialer Status ist eine schwache Basis für dauerhafte Zufriedenheit, wenn die tägliche Realität signalisiert, daß man das eigene Schicksal nicht kontrollieren kann, daß Entscheidungen über die eigene Arbeit und das eigene Leben woanders getroffen werden und oftmals von Menschen und Kräften, die man nicht kennt und die unbekannt bleiben. Das schleichende Gefühl von Impotenz – eigentlich ungewöhnlich für Professionelle, wie immer man sie definieren mag – hat professionelle Arbeit problematischer denn je gemacht.«

Rechtsanwalt, der Therapeutin. Normalerweise werden die Leute nicht so gefühlvoll, wenn es darum geht, dem Boten für die pünktliche Ablieferung der Tageszeitung zu danken. Aber unsere Berufsanfänger erwarteten Anerkennung und Dankbarkeit von ihren Klienten. Sie waren deshalb zutiefst enttäuscht, als sie herausfanden, daß die Klienten gewöhnlich keinerlei Wertschätzung für das zeigten, was mit ihnen getan wurde. Manche Klienten waren widerspenstig. Es schien so, als hätten sie das Gefühl, daß die Professionellen eher ihre Gegner wären als ihre Verbündeten.

Armenanwalt Perry Curis berichtete im Interview ausführlich über seine Probleme mit Klienten. Perry hatte gerade drei Jahre in Seminarräumen und juristischen Fachbibliotheken an der Universität hinter sich. Während dieser Zeit hatte er nicht einmal einen lebenden Klienten gesehen. Er hatte auch keine Hinweise erhalten, wie Rechtsanwälte möglichst effektiv mit ihren Klienten kommunizieren sollen. Aber Perry war felsenfest davon überzeugt, daß seine Klienten seine guten Absichten anerkennen würden. Er erwartete, daß sie kooperativ wären und ihm danken würden. Perrys Erwartungen stellten sich als falsch heraus.

»Sie belästigen dich und stellen unmögliche Forderungen«, beklagte er sich nach den ersten Monaten der Arbeit in einer Anwaltskanzlei. »Sie beachten deine Ratschläge nicht. ›Sind Sie ein richtiger Anwalt?‹ haben sie mich manchmal gefragt. Sie denken, sie würden mehr wissen als ich. Sie sagen: ›Na ja, mein Nachbar hat mir gesagt, ich sollte dies und das machen‹. Und wenn du ihnen nicht dauernd die Hand hältst, dann laufen sie herum und beklagen sich, daß sich ihr Rechtsanwalt nicht um sie kümmert.«

Die härteste Prüfung für viele junge Professionelle war es, der Tatsache ins Auge zu sehen, daß sie von ihren Klienten manipuliert und belogen wurden. Margaret Williams war eine aktivistische Schuldnerberaterin. Sie war an eine renommierte Universität gegangen, um eine Anwältin der Armen und Entrechteten zu werden. Sie war während ihres ganzen Studiums aktives Mitglied in radikalen politischen Gruppen gewesen. Sie war entschlossen, alle Privilegien und Chancen einer Tochter aus gutem Hause aufzugeben, um den sozialen Wandel zu befördern. Sie idealisierte ihre armen, deprivierten Klienten. Sie waren in ihren Augen die Vorhut der Revolution. Sie respektierte sie und bewunderte sie. Aber ihre Haltung änderte sich bald.

> »Also, ich will Ihnen jetzt mal etwas über Klienten sagen, die lügen«, rief sie mit Augen voller Zorn. Das Interview fand sechs Monate nach dem Beginn ihrer Arbeit statt. »Sie belügen dich wie verrückt. Und ich kann nun einmal nichts so wenig vertragen, wie wenn dich die Klienten anlügen. Und ich hatte ja nicht mal eine Ahnung, daß ich von meinen Klienten belogen werden würde!«

Merton Douglas war der Meinung, daß Lehrer von ihren Schülern auch belogen werden würden, und wie Margaret fand er diese Lügen besonders schwer zu ertragen. »Ich möchte nicht, daß meine Schüler mich für dumm verkaufen«, sagte er mit Nachdruck. »Ich kann das wirklich nicht leiden ... Wenn das passiert, dann raste ich aus. Aber das geht mir nicht nur mit meinen Schülern so, sondern auch mit anderen Leuten. Ich will nicht hinters Licht geführt werden. Und ich denke, daß niemand so etwas erträglich findet.«

Angesichts von Widerständen, Manipulationen und Frustrationen fanden es die jungen Professionellen schwer, ihren ursprünglichen Idealismus und Enthusiasmus beizubehalten. In ihrer Wahrnehmung folgten sie einer Verpflichtung und brachten ein Opfer. Dies alles hätten sie mit ganzem Herzen und gern getan, wenn ihre Klienten kooperativ gewesen wären und dieses Opfer anerkannt hätten. So hätte es sein sollen. Und als sich herausstellte, daß es nicht so war, wurden die jungen Professionellen frustriert, demoralisiert und desillusioniert. Aber diese fehlende Anerkennung wäre noch erträglich gewesen, wenn sie sich sicherer und selbstbewußter gefühlt hätten. Aber es war schwer, Selbstbewußtsein zu entwickeln, wenn Klienten logen, wenn sie widerspenstig waren oder wenn ihnen die basalen

Techniken der Lebensbewältigung fehlten. Widrige Klienten waren eine zusätzliche Schwächung des an sich schon angeschlagenen Selbstvertrauens der jungen Profis.

Routine und Langeweile

Professionelle Arbeit in öffentlichen Diensten wird nicht gut bezahlt und ist manchmal frustrierend. Aber ist sie nicht gleichzeitig interessant und sinnvoll? Was könnte stimulierender sein, als einen Fall vor Gericht zu vertreten? Warum sollte es langweilig sein, einer niedergedrückten jungen Frau bei der Lösung ihrer Probleme zu helfen? Solche Fragen mögen sich viele der jungen Professionellen zu Beginn ihrer Karriere gestellt haben. Unglücklicherweise fanden viele von ihnen, daß ihre Alltagsarbeit, auf die sie sich jahrelang vorbereitet hatten, ihre Faszination verloren hatte. Während ihres Studiums waren sie an intellektuelle Stimulierung und erfolgreiches Lernen gewöhnt worden. Dies schien nun mit dem Ende ihrer formalen Ausbildung aufgehört zu haben. Manchmal war ihre alltägliche Arbeit nicht aufregender und herausfordernder als jede andere alltägliche Büroroutine. In der Tat: Vieles von dem, was sie machten, *war* Büroroutine.

Margaret Williams beispielsweise entdeckte, daß die intensive Beschäftigung mit schwierigen und interessanten Rechtsfällen etwas war, das angehende Rechtsanwälte an der Universität taten, aber nicht in ihrer Alltagspraxis.

> »Ich hab die meiste Zeit am Telefon gehangen ... Ich verbringe eine Menge Zeit damit, mich mit solchen Sachen zu befassen wie Namensänderungen und Vormundschaften. Zunächst mal war ich zu glücklich, einen Job gefunden zu haben, und hatte nicht die Neigung, irgend etwas zu kritisieren. Aber inzwischen macht es mich krank, mich mit all diesem bescheuerten Kleinkram zu beschäftigen und niemals an die wirklich großen Fälle heranzukommen.«

Margaret bezeichnete einen Großteil ihrer Aktivitäten als »bescheuerten Kleinkram« und »Schrott«. An der Universität hatte sie für eine juristische Fachzeitschrift geschrieben. In ihrem neuen Job telefonierte sie sich durch die Behörden, um herauszufinden, warum sich eine Sozialhilfezahlung verzögert hatte. Sie beklagte sich, daß vieles von dem, was sie tat, auch von einer einfachen Bürokraft getan werden könne. Aber das, was die einfachen Bürokräfte in ihrer Kanzlei taten, war noch mehr Alltagsroutine, als das, was sie machte.

Junge Lehrerinnen und Lehrer waren ähnlich desillusioniert. Merton Douglas berichtete, daß nach zwei Monaten die Routine des täglichen Unterrichtens tödlich geworden wäre. Die Arbeit selber war uninteressant, und seine eigene Rolle im Lehrprozeß schien bedeutungslos zu sein. Er sagte: »Also nach einiger Zeit hatte ich das Gefühl, daß ich ein Fernsehgerät bin, das Informationen aussendet. Ich habe das Gefühl, daß ich als Person überhaupt nicht mehr notwendig bin. Sie könnten mich als Diskette einsetzen, die jeden Tag das wiederholt, was ich sonst als Person jeden Tag wiederhole ... Ich habe so das Gefühl, ich wäre ein Roboter.«

Das Fehlen kollegialer Unterstützung

Viele der Enttäuschungen und Frustrationen, welche die jungen Professionellen erfuhren, wären erträglicher gewesen, wenn sie sich dabei nicht so einsam gefühlt hätten. Denn eine andere Erwartung, die sich als Illusion herausgestellt hatte, war es gewesen, daß sie sympathisierende und stimulierende Kollegen finden würden, die ihnen geholfen hätten, mit ihren Problemen fertig zu werden, an ihnen zu wachsen und mit ihnen zu lernen. So stellten sie sich die »professionelle Gemeinschaft« vor: Als eine Gemeinschaft von Gleichgesinnten, die einander helfen und eine gemeinsame Front gegen diese manchmal feindliche

Welt bilden würden. Aber nur wenige fanden die Hilfe und die Unterstützung, die sie von ihren Kollegen erwartet hatten. Manchmal war es einfach die Struktur ihrer Arbeit, die sie daran hinderte, ein Teil der Gemeinschaft der Kolleginnen und Kollegen zu sein.
Sarah Prentiss vom öffentlichen Gesundheitsdienst sagte:

> »Also ich laufe von Familie zu Familie oder von Schule zu Schule, und das ist etwas anderes, als wenn die Leute zu mir ins Büro kämen. Man wird dann nämlich sehr einsam und möchte gern mit jemanden über all das reden, was man den ganzen Tag über gehört hat. Manchmal ist es wirklich wichtig, auch mal den eigenen Gefühlen Luft zu verschaffen ... Es wäre wirklich gut, wenn man mit Arbeitskollegen reden könnte. Vor allem, wenn man selber Probleme hat. Aber dazu bin ich viel zu selten im Büro. Ich komme nur vorbei, um Post zu holen oder Post zu diktieren und Telefongespräche zu erledigen. Und dann gehe ich wieder weg, und keiner sieht mich.«

Junge Professionelle erwarten eigentlich immer, daß Kolleginnen und Kollegen, vor allen Dingen solche mit langen Erfahrungen, als Quelle für emotionale Unterstützung zur Verfügung stehen. Sie würden, so denkt man, wertvolle Informationen und Ratschläge zur Verfügung stellen und einem sagen, wie man mit schwierigen Situationen umgeht. Und dann erwarten die Neulinge von ihren Kollegen auch eine Rückmeldung auf das, was sie selber machen. Diese Rückmeldungen waren besonders wertvoll, weil es oftmals schwierig war, ein Feedback von den Klienten zu erhalten. Sie hatten die Erwartung, daß Kollegen eine wichtige Quelle für Anregungen und Ermutigungen sein könnten. Douglas Furth drückte es so aus:

> »Ich hab das Gefühl, hier ist niemand, der mich ermutigen würde, kreativ zu sein und neue Sachen auszuprobieren ... Niemand hier hat das Zeug dazu. Es gibt einfach keine Ermutigung und keine Wegweisung. Alle Ermutigungen, die ich brauche, muß ich mir selber machen ... Das ist in Ordnung. Es ist nicht schrecklich. Aber es

ist eben nicht dasselbe, als wenn jemand ab und zu vorbeikäme und fragen würde: ›Wie geht es? Bist Du damit fertiggeworden? Bist Du schon einmal in einer Familie gewesen?‹ Das hat mich noch nie jemand gefragt. Alles was kam, ist von mir selber gekommen.«

Die Professionellen brauchen am Ende Kollegen, um sich ein Bewußtsein ihrer eigenen Kompetenz zu verschaffen. Sie brauchen Informationen und Ratschläge von Kollegen, um kompetent zu handeln, und sie brauchen ein Feedback, um zu entscheiden, wie gut sie die Sachen schon beherrschen. Wenn es den jungen Professionellen nicht gelingt, kollegiale Beziehungen am Arbeitsplatz anzubahnen, fällt es ihnen um so schwerer, sich selber fähig und erfolgreich zu fühlen.

Der sozialhistorische Zusammenhang

Der Streß, den die Berufsanfänger erfuhren, ist in einen größeren sozialen Zusammenhang eingebettet. Bei der Schilderung ihrer Erfahrungen und der Suche nach einem Sinn konzentrieren sich die jungen Professionellen auf ihre Klienten, ihre Kollegen, ihre Vorgesetzten, die Programme, innerhalb deren sie arbeiten, und selbstverständlich auch auf sich selbst. Aber alle diese konkreten Einheiten sind Teil einer umfassenderen Kultur, einer Kultur mit Traditionen, Werten und Mustern von sozialer Organisation, welche die Struktur der personenbezogenen Dienstleistungen prägen und damit konsequenterweise auch die Erfahrung jedes einzelnen jungen Professionellen beeinflussen.

Das bürokratische Ethos

Die bürokratische Arbeitsweise von Organisationen ist einer der Faktoren, die Teil des größeren gesellschaftlichen Zusammenhanges sind. Max Weber hat 1920 und 1922 die Bürokratie als

eine Form der gesellschaftlichen Organisation beschrieben, in der abstrakte und unpersönliche Regeln die Verantwortung von Gesellschaftsmitgliedern bestimmen und die Beziehungen zwischen ihnen regeln. Der Zweck dieser Regelungen ist es sicher zu stellen, daß Arbeiten auf die gleiche Weise, zur rechten Zeit und an angemessenem Ort verrichtet werden. Eine Autoritätshierarchie, in der jede Person einen Vorgesetzten hat, und Spezialisierung der Funktionen sind zwei prominente Charakteristika der bürokratischen Arbeitsorganisation.
Das bürokratische System ist Hunderte von Jahren alt. Die römischen Heere und die frühe katholische Kirche nutzen bestimmte Aspekte dieses bürokratischen Systems. Wirtschaftsunternehmen wendeten während der industriellen Revolution des frühen 19. Jahrhunderts einzelne Züge bürokratischer Organisationsformen an. Später im letzten Jahrhundert, als Schulen und soziale Wohlfahrtsprogramme größer wurden und einen größeren Komplexheitsgrad erreichten, eigneten sie sich bürokratische Verfahrensweisen an.

Im modernen Leben haben die Begriffe »Bürokratie« und »bürokratisch« einen negativen Beigeschmack erhalten. Zeitgenössische Autoren nennen sie entfremdend, inhuman und eine Behinderung für spontane und kreative Handlungsweisen. Aber die Bürokratie hat, wie Max Weber ausgeführt hat, eine Reihe von positiven Zügen. Sie ist eine Form der Koordinierung unterschiedlicher Aktivitäten in großen und komplexen Unternehmungen. Wenn sie auch manchmal hinderlich erscheint, so stellt sie häufig ein gewisses Maß an Effizienz her. In personenbezogenen Dienstleistungsprogrammen sichern bürokratische Regeln und Verfahren eine gewisse Ebene der Fürsorge. Foner hat beispielsweise 1994 ausgeführt, wie das Berichtswesen über Unfälle in Kinderheimen, das von Pflegerinnen meist als lästig empfunden wird, zu menschlicheren Formen der Pflege geführt hat und Nachlässigkeiten verhindern konnte, die Mitte der 70er Jahre einen skandalösen Umfang erreicht hatten.

Bürokratische Prozeduren können auch Günstlingswirtschaft minimieren und ein gewisses Maß an Gleichbehandlung sicherstellen. Zwar werden Professionelle und Klienten oftmals durch bürokratische Routinen frustriert, die den Professionellen daran zu hindern scheinen, einem Klienten individuelle Aufmerksamkeit zuzuwenden. Aber übertriebene Aufmerksamkeit für einen oder zwei Klienten können eine gegenteilige Wirkung auf andere haben. Wenn eine Pflegerin im Heim beispielsweise zuviel Zeit verwendet, um mit einer depressiven Patientin zu reden und dabei notwendig hinter dem Pflegeplan zurückbleibt, werden die anderen Patienten zu kurz kommen. Die Routinen und Verfahrensregeln, die immer Teil eines bürokratischen Systems sind, sichern ein gewisses Maß an Uniformität und damit an Fairneß, Gleichbehandlung und qualifizierter Pflege.
Gleichzeitig aber scheint die Bürokratie oftmals empathische und effektive Hilfeprozesse zu behindern. Wenn Geschwindigkeit, Effizienz und Regelhaftigkeit die bestimmenden Ziele menschlichen Handelns werden, dann leidet darunter jede zugewandte Hilfeleistung. Froner hat 1994 zwei Krankenschwestern in einem Pflegeheim beobachtet. Die eine zeigte sich dickfellig und brüsk im Umgang mit den Patienten – manchmal wirkte sie fast ein wenig grausam. Die andere war freundlich und zugewandt. Aber die erste erhielt positivere Zensuren von den Oberschwestern, weil sie immer den Anweisungen folgte und die ihr zugewiesenen Aufgaben pünktlich erledigte. Die zugewandte Schwester war langsamer und umging manchmal die Regeln, um einzelnen Patienten zu helfen. Das Ergebnis war, daß die zugewandtere Schwester oftmals in Schwierigkeiten geriet. Ihre Bewertung durch die Vorgesetzten fiel wesentlich schlechter aus.
Diese Geschichte spielt in einem wirklich guten Pflegeheim mit einer progressiven und engagierten Verwaltung und einem guten Ruf im Hinblick auf qualifizierte Pflege. Die Geschichte zeigt aber auch, daß selbst in guten Einrichtungen eine bürokratische Struktur häufig mit einem Verlust von Perspektiven ver-

bunden ist, weil Schnelligkeit, Effizienz und Konformität gegenüber den Autoritäten eine höhere Priorität besitzen als die Qualität der Pflege. Die Wege, die eigentlich zu den Zielen führen sollen, machen sich selbständig und behindern die Ziele.[15] Wenn personenbezogene Dienstleistungsprogramme entlang bürokratischer Regeln organisiert werden, sind die Helfer häufig in einem Dilemma gefangen. Sie möchten auf die individuellen Wünsche der Klienten eingehen. Mehr noch – die Professionellen sind in gewisser Weise dazu sowohl ethisch als auch juristisch verpflichtet. Aber Verwaltungsregeln können sie daran hindern.

Die jungen Professionellen wurden mit diesen schwierigen Wahrheiten konfrontiert, als sie, innerhalb einer bürokratischen Struktur arbeitend, versuchten, ihren Klienten zu helfen. Als der Schulleiter Sarah Prentiss anwies, ihr Programm innerhalb einer bestimmten und begrenzten Zeit durchzuziehen, hatte er diese Anweisung unter Beachtung der notwendigen Effizienz gegeben und weil das System geräuschlos funktionieren sollte. Er mußte jeden Tag Hunderte von Schülern und zahllose akademische Programme managen. Um mit dieser Komplexität fertig zu werden, mußte eine bestimmte Zeitordnung eingehalten werden, die nur geringe Abweichungen vertrug. Um Sarahs Wünschen nachzugeben, hätte er das Studienprogramm für all die anderen Schüler und Lehrer innerhalb dieser Schule ändern müssen. Möglicherweise hätte sich Sarah mit den Zielen des Rektors einverstanden erklären können. Aber ihr war gleichzeitig auf schmerzliche Weise bewußt, wie unangemessen die zur Verfügung stehende Zeit war.

Es war kein Zufall, daß der Konflikt zwischen zwei unterschiedlichen Normen – Effizienz und Ordnung gegen professionelle

---

15 Andere Studien haben diese Beobachtungen bestätigt. Mechanic beispielsweise hat 1976 und 1989 gezeigt, wie Bürokratien in der Medizin der Empathie für Patienten eine geringe Priorität zuerkennen und nur selten menschliche Verhaltensweisen des Pflegepersonals ermutigen und belohnen.

Standards – letztlich in einen persönlichen Konflikt zwischen Sarah und dem Rektor mündete. In einem bürokratischen System ist den Verwaltern Autorität über andere gegeben, um »unterschiedliche und konfligierende Organisationsangehörige und Organisationseinheiten zu vereinheitlichen und zu koordinieren« (Brager/Holloway 1978,8). Aber Menschen, die an unterschiedlichen Orten innerhalb der Befehlskette arbeiten, verfügen über unterschiedliche Informationen und sind einem unterschiedlichen Druck ausgesetzt. Das war der Fall bei Sarah und ihrem Rektor. Der Rektor war sich – anders als Sarah – der Konflikthaftigkeit unterschiedlicher Ziele und Bedürfnisse bewußt. Er war gleichzeitig auch derjenige, der es zu verantworten gehabt hätte, wenn der Lehrplan des Vormittags durcheinandergeraten wäre. Sarah wäre davon nicht betroffen worden, wohl aber der Rektor. In einer solchen Situation ist der Konflikt unvermeidlich.
Ein anderer Grund für das Anwachsen von Konflikten innerhalb bürokratischer Systeme ist die Tatsache, daß Personen, die sich an bürokratische Werte halten, auch diejenigen sind, welche innerhalb des Systems aufsteigen. In der Studie über das Kinderkrankenhaus, die Froner 1994 vorgelegt hat, wird von einer Oberschwester berichtet, die bei der Verwaltung »lieb Kind« ist, weil sie so gut organisiert und effizient arbeitet. Ihre Station war die ordentlichste innerhalb des Krankenhauses. Ihr Umgang mit den Patienten und den anderen Schwestern war ausgesprochen distanziert. Dies schien ihrer Wertschätzung bei ihren Vorgesetzten nicht zu schaden. Am Ende wurde sie für eine höhere Position vorgeschlagen, in der ihre Betonung von Ordnung und Regelhaftigkeit einen noch größeren Einfluß auf die Gesamtorganisation hatte. Wenn Bürokratien erst einmal Wurzel geschlagen haben, dann wachsen sie. Aber warum schlagen Bürokratien in Organisationen überhaupt Wurzeln? Schulen, Psychiatrische Kliniken und andere Dienstleistungszentren müssen nicht notwendigerweise entlang bürokratischer Regelhaftigkeit organisiert werden. Aber die meisten sind es.

Bürokratien sind aus verschiedenen Gründen zu einer dominanten Form geworden.
Einer der Gründe erklärt sich aus vorangegangenem Mißbrauch. Innerhalb der personenbezogenen Dienstleistungssysteme hat es in der Vergangenheit genügend Korruption, Mißachtung und Inkompetenz gegeben, die anscheinend einen gewissen Grad von Regelhaftigkeit notwendig machten. Und mit jedem neuen Skandal wächst der Grad bürokratischer Verregelung. Die Pflegeheim-Skandale in den 70er Jahren beispielsweise haben zu strikteren staatlichen Regulationen geführt. Diese wieder führten zu größeren bürokratischen Kontrollmechanismen und reduzierten die Autonomie des Pflegepersonals. In jüngerer Zeit hat das Bewußtsein einer zunehmenden Korruption in der New Yorker Schulverwaltung dazu geführt, daß die Schulen einer stärkeren Überwachung und Kontrolle durch das zentrale Schulamt ausgesetzt worden sind. Als Reaktion auf diese stärkere Überwachung wird die Verwaltung jeder einzelnen Schule zweifellos zusätzliche Regeln, Richtlinien und Prozeduren erfinden und entwickeln, welche die Berechenbarkeit des Systems erhöhen sollen, die aber gleichzeitig das lähmende Gewicht der Bürokratie verstärken.

3. Vom Streß zum Burnout

Im Prozeß der Auseinandersetzung mit dem eigenen Streß und den damit verbundenen Frustrationen veränderten sich die jungen Professionellen. Sie reduzierten ihr Engagement und ihre Zugewandtheit zu ihren Klienten. Sie begannen, einige dieser Klienten als Gegner zu betrachten und nicht länger als unschuldige Opfer gesellschaftlichen Unglücks. Was für sie als Berufung angefangen hatte, wurde nun nichts weiter als irgendein Beruf. Diese Veränderungen in ihrer Sichtweise schienen dem Selbstschutz zu dienen. Beispielsweise akzeptierten die jungen Professionellen weniger ehrgeizige Ziele, um die Mißerfolgsgefühle zu dämpfen, die sie verfolgten. Je moderater ihre Ziele und ihre Arbeitsstandards wurden, um so wahrscheinlicher war es, daß sie sich kompetent fühlen konnten. Und wenn sie selbst die reduzierten Ziele nicht erreichten, konnten sie andere und anderes dafür verantwortlich machen und damit ihr angeschlagenes Selbstvertrauen wiedergewinnen. Und am Ende, wenn alles andere fehlschlug, konnten sie ihr psychisches Engagement in die Arbeit zurückschrauben. Denn wenn die Arbeit nur noch einen Teil ihres Lebens ausmachte, konnten die jungen Professionellen es erträglich finden, daß diese Arbeit weniger Erfolg brachte und daß sie dennoch ihr Selbstbewußtsein behalten konnten. Das Problem dieser, dem eigenen Selbstschutz dienenden Veränderungen ist, daß es am Ende zu einem Verlust an Zugewandtheit und Engagement führt. Die Professionellen akzeptierten mindere Standards der Arbeit, sie machten andere für ihr Versagen verantwortlich, und sie reduzierten das Engagement für ihre Arbeit. Das bedeutete unvermeidbar, daß sie sich weniger Mühe gaben – und daß sie weniger gaben.

Das Akzeptieren moderater Ziele

Die meisten der jungen Professionellen begannen zu glauben, daß ihre ursprünglichen Ziele unrealistisch hoch gewesen waren. Sie steckten zurück. In vielen Fällen beispielsweise entschieden sie sich, ihre Bemühungen auf einige Klienten zu konzentrieren, die es am meisten verdienten und die am meisten Erfolg versprachen. Den Rest ignorierten sie praktisch. Ein solches Vorgehen hätten sie Monate zuvor, als sie noch idealistische Studenten waren, unmöglich gefunden. Aber angesichts der gegenwärtigen Frustrationen schien ein solches Vorgehen für sie nun vernünftig zu sein.

Nick Fisher war einer von den jungen Professionellen, der versuchte, mit seiner beruflichen Situation fertig zu werden, indem er seine Erwartungen reduzierte und sich auf ein paar seiner Schüler konzentrierte. Als er Schulsozialarbeiter geworden war, hatte er gehofft, mehr tun zu können, als einzelnen Schülern zu einer besseren Anpassung an die Forderungen der Schule zu verhelfen. Ursprünglich hatte er geglaubt, daß das gesamte Schulsystem verändert werden müsse. Das war eines seiner Ziele. Er hoffte, das Schulsystem stärker an den Schülern orientieren zu können. Er hatte den Plan gehabt, Eltern zu mobilisieren und sie in eine positive Kraft für schulische Veränderungen zu verwandeln. Aber nachdem er dauerhaft mit Widerständen und Konflikten konfrontiert worden war, die er nicht erwartet hatte, verlor er den Mut. Nach ein paar Zusammenstößen mit der Schulverwaltung zog er sich zurück und konzentrierte sich auf die individuelle Beratung einzelner Schüler. Er sah das selber auch deutlich: »Ich beobachtete mich selbst, wie ich mich mit zwei Schülern befaßte und alles andere ignorierte, was ich mir ursprünglich vorgenommen hatte.«
Nick konnte diese beschränkende Sichtweise in seiner Arbeit nicht vollständig rechtfertigen. Am Ende des ersten Berufsjahres sagte er: »Ich hab mich wirklich in die Hilfe für sagen wir drei

Schüler reingekniet hier an der Schule, und der andere Sozialarbeiter hat es vielleicht mit sechs Fällen zu tun. Aber was bedeutet das für die anderen 300 Kids, die Hilfe brauchen?« Er sagte, daß Lehrer und Verwaltung an dem Punkt angelangt wären, »wo sie von mir nicht mehr allzuviel erwarten. Das frustriert mich natürlich. Ich erziele keine Wirkung. Alles, was ich tun kann, ist Platitüden absondern und das unterstützen, was eh schon positiv läuft. Das ist natürlich schlimm.«

Der Chemielehrer Calvin Miller begann seine Lehrerlaufbahn ebenfalls mit hohen Erwartungen an sich selbst. Er war entschieden, alle Schüler zu erreichen und ihre Bereitschaft zum Lernen anzustacheln. Ohne Verantwortung für eine eigene Familie und ohne Hobbys, die ihn ablenken könnten, hatte er das Gefühl, daß er alle seine Kraft und alle seine Zeit auf seinen Beruf konzentrieren könne. Aber nach lediglich drei entmutigenden Monaten im Klassenzimmer gab er zu, daß er anfing, Sachen zu machen, die er niemals hatte machen wollen. »Ich hatte ein paar richtige ›Schlagetots‹ als Lehrer in der Oberstufe und ich habe geschworen, ich würde nie werden wie sie … Aber jetzt, wenn ich die Situation realistisch betrachte, ertappe ich mich dabei, wie ich ein paar Sachen mache, die sie auch gemacht haben. Ich sag mir dann, wow, ich mach doch jetzt exakt das, was ich niemals machen wollte.« Als Beispiel nannte Calvin, »die Schüler Sachen machen lassen, nur damit sie beschäftigt sind – eine Art ›Beschäftigungstherapie‹.«

Sarah Prentiss erklärte im Interview, warum sie und einige ihrer Kolleginnen sich mit moderaten Zielen abgefunden hätten. »Ich denke, daß Enthusiasmus und Idealismus solange gut sind, solange sie dich nicht verletzten. Aber sie haben mich verletzt. Es hat mich wirklich gekratzt, daß die Sachen nicht so waren, wie ich sie gern gewollt hätte. Aber dann habe ich das gecheckt und bin froh, daß ich es eingesehen habe.«

Die jungen Professionellen hatten oftmals Hemmungen, sich von dem zu verabschieden, was Sarah »die Sache mit dem Idealismus« nannte. Aber solange die Kluft zwischen Realität und Ideal groß gewesen war und solange die Ideale eine ständige Quelle von Schmerz und kein Ansporn für die eigenen Inspirationen gewesen waren, machten die meisten der jungen Professionellen ihren Frieden mit den modifizierten Zielen. Indem sie ihr Augenmerk auf die greifbaren Dinge richteten, hatten sie weniger Schwierigkeiten, erfolgreich zu sein.

Sündenböcke suchen

Auch wenn die jungen Professionellen moderatere Ziele ins Auge faßten, blieben sie hinter ihnen zurück, und ein solches Zurückbleiben war immer noch schmerzhaft genug. Wie aber könnte man die Schmerzen lindern, solange man hinter den eigenen Ansprüchen zurückblieb? Eine Möglichkeit war es, andere für das Zurückbleiben verantwortlich zu machen.

Ursprünglich hatten die meisten der Berufsanfänger das Gefühl, daß die Ergebnisse ihrer Arbeit vor allen anderen Dingen das Ergebnis ihrer eigenen Anstrengungen wären. Wenn ein Schüler nicht richtig lernte, dann mußte das wohl daran liegen, daß der Lehrer die falsche Lehrmethode benutzte. Wenn ein neurotischer Klient auf Handlungen bestand, die zur Selbstbestrafung führten, dann fehlten der Therapeutin wohl die notwendigen Fertigkeiten oder die Sensibilität im Kontakt. Wenn ein unschuldiger Angeklagter ins Gefängnis kam, dann hatte der Rechtsanwalt wohl nicht genug zu seiner Verteidigung getan. Nach ein paar Monaten, die mit Enttäuschungen durch die Berufsrealität gefüllt waren, modifizierten viele der Professionellen diese ihre Glaubenssätze. Sie machte nicht mehr ihre eigene Unerfahrenheit oder die fehlenden Motivationen für ihr Versagen verantwortlich, sondern suchten die Fehler bei ihren Klienten, wenn etwas schiefging.

Sarah Prentiss beispielsweise schilderte im Interview, wie sich ihre Einstellung zur persönlichen Verantwortlichkeit im Laufe der Zeit verändert hatte. Sie schilderte, wie sie sich zunächst schuldig gefühlt habe, weil sie von einer alten Frau zurückgewiesen worden war, die in ihrer Wohnung einem einsamen Tod entgegenging. Sie machte sich Vorwürfe, daß sie »etwas hätte tun sollen«, um das Schicksal der Frau zu wenden. In ihrem Vorwurf war die Schuldvermutung enthalten, daß sie durch ihr eigenes Verhalten dazu beigetragen habe, den Todeswunsch der Frau zu befördern, und daß sie mit einer anderen Umgangsweise möglicherweise erfolgreicher gewesen wäre, die alte Frau zu erreichen.

Ein paar Monate später schien die Überzeugung Sarahs über ihre persönliche Verantwortung für ihren Mißerfolg geschwunden zu sein. Als sie gefragt wurde, ob sie sich immer noch schuldig fühle, als die Patientin sie zurückgewiesen hatte, antwortete sie schnell: »Nein, ich fühle mich nicht mehr schuldig. Wenn die Dinge so laufen, wie sie laufen, denke ich nicht mehr, daß es an mir liegt. Dazu habe ich inzwischen zu viele positive Erfahrungen.«

Immer noch hatte Sarah das Gefühl, sie müsse irgend jemandem die Schuld für den Fall geben. Nun gab sie diese Schuld der Patientin. Sie schilderte einen kürzlichen Fall, als sie einen Hausbesuch machte und die Mutter an der Wohnungstür traf. Die Mutter sagte: »Ich hab keine Ahnung, wer Ihnen unseren Namen gegeben hat. Wir brauchen Sie nicht. Wir brauchen niemanden.« Sarah sagte, daß sie diesen Fall nicht weiter verfolgt habe, weil die Reaktion der Mutter möglicherweise durch ihre »Unterschichtmentalität« verursacht wäre. Sie hatte entschieden, daß es »keinen Weg gibt, auf dem ich diese Familie erreichen könnte.« Sie faßte auf Nachfragen auch den Gedanken ins Auge, daß die Zurückweisung der Mutter ein Gefühl des Stolzes widerspiegeln könnte. Aber dann fügte sie hinzu: »Aber ich weiß natürlich nicht, ob es in diesem Fall wirklich Stolz gewesen war.«

Eine verträglichere Art und Weise, die eigene Verantwortung für einen Mißerfolg zu vermeiden, war es, das System verantwortlich zu machen, und nicht die Patientin, die Klientin. Der Oberstufenlehrer Calvin Miller machte zunächst einmal sich selbst dafür verantwortlich, daß er nicht alle Schüler erreichte und daß er Disziplinprobleme hatte, die ihn das ganze erste Schuljahr hindurch verfolgten. Am Ende seines ersten Jahres jedoch hatte er die Schuldzuweisung verschoben – aber nicht etwa in Richtung auf seine Schüler. Er führte nun die Interessenlosigkeit seiner Schüler am Lernen auf die extra-curricularen Aktivitäten zurück, die das Schulleben dominierten: »Es ist wirklich schwierig, die Kids für meinen Unterricht zu interessieren, wenn es da noch so viele andere interessante Dinge gibt. Wie soll ich sie für Chemie interessieren, wenn es da noch das Schwimmen gibt und die Leichtathletik und all diese Sachen. Dieser Gedanke hilft mir bei der Beobachtung, daß die Kids eben doch nicht so enthusiastisch oder interessiert sind, wie ich es mir eigentlich gewünscht hätte.«

Natürlich ist viel Wahres an der Vermutung von Calvin, daß extra-curriculare Aktivitäten Schüler vom Schulunterricht in den harten Fächern ablenken. Dennoch hätte eine andere Einstellung seine Sichtweise ausdifferenzieren können, wie interessiert seine Schüler an seinem Unterricht waren. Und nach weniger als einem Schuljahr im Klassenzimmer ist es sehr wahrscheinlich, daß Calvin noch nicht alle Wege kannte, um seine Schüler zu motivieren. Aber wenn er den Gedanken ins Auge gefaßt hätte, daß es einem anderen Lehrer besser gelungen wäre, die Schüler zu motivieren, hätte er einen Teil der Verantwortung für deren Widerwillen übernehmen müssen, und dies wiederum hätte sein wachsendes Selbstvertrauen unterminiert. Die Schuld bei anderen zu suchen macht den eigenen Mißerfolg tolerierbar.

Die Distanz zu den Klienten vergrößern

In dem Maße, in dem die jungen Professionellen auf unerwartete Schwierigkeiten stießen und begannen, die Schuld für diese Schwierigkeiten bei ihren Klienten zu suchen, veränderten sich auch ihre Gefühle gegenüber diesen Klienten. Idealistische Haltungen, von Vertrauen getragen, wichen Mißtrauen, Zynismus, ja sogar Feindseligkeit.

Unterstufenlehrerin Eugenia Barton war eine jener Anfängerinnen, die von ihren Schülern in besonderer Weise desillusioniert worden waren. Sie hatte selber drei Kinder großgezogen. Das hatte sie allerdings nicht auf die Verhaltensprobleme vorbereitet, die sie im Klassenzimmer vorfand. Ihr Unterricht stellte sich als eigentlich nutzlos heraus. Je mehr sie darum kämpfte, Lösungen für ihre Probleme zu finden, desto bitterer wurde sie. Am Ende des ersten Schuljahres sagte sie: »Die Kids machen dich einfach ein ... Niemals würde ich darauf zählen, daß sie mir helfen würden.« Sie hatte das Gefühl, daß sie am Anfang viel zu verständnisvoll gewesen wäre. »Ich war naiv und habe mich einwickeln lassen ... Ich habe es ihnen zu leicht gemacht.« Dabei bezog sie sich auf eine alte Verhaltensmaxime im Lehrerberuf: »Lächele nur, wenn Weihnachten ist!« Sie sagte im Interview, daß sie sich geweigert habe, diesen Satz zu Beginn ihrer Lehrerlaufbahn zu akzeptieren. Sie war der festen Überzeugung, wenn sie die Kids respektvoll behandeln würde, dann würden sie dies mit Respekt belohnen. Aber im November hatte es dann eine radikale Umkehr in ihrem Denken gegeben. Sie schwor sich selber, daß sie künftig nicht so »flexibel« und »vertrauensvoll« sein werde wie bisher. Sie würde strikte Regeln vorgeben und kein Abweichen von der Linie zulassen. Ihr Vertrauen in Schüler war erschüttert worden.

Verschiedene andere junge Lehrer reagierten auf ähnliche Weise. Aber die Gruppe der Lehrer war nicht die einzige Gruppe, die im Laufe ihrer Berufspraxis zynisch wurde. Reginald Smith beispielsweise war Armen-Anwalt geworden, weil er glaubte, daß viele arme Angeklagte Opfer der Ungerechtigkeit und der eigenen Armut waren. Aber nachdem er sechs Monate im Gerichtswesen gearbeitet hatte, mußte er zugeben: »Dieser Job hat mich weniger vertrauensvoll gegenüber den Leuten gemacht.« Margaret Williams, eine andere Armenanwältin, die mit hohen Idealen und großer Zugewandtheit in den Beruf eingetreten war, beklagte sich bitter darüber, daß sie von ihren Klienten »reingelegt« worden sei, und sagte: »Ich habe die Erwartung aufgegeben, daß meine Klienten mir die Wahrheit sagen.«

Die Suche nach der Nummer eins

Wer einen helfenden Beruf ergreift und dann in den öffentlichen Dienst geht, hat gewöhnlich altruistische Motive. Er möchte anderen dienen. Diese Feststellung traf zweifellos auf alle meine Gesprächspartner zu. Aber während der ersten beiden Jahre der Berufstätigkeit fingen viele meiner professionellen Gewährsleute an, ihre eigenen Bedürfnisse und Interessen stärker in den Mittelpunkt zu stellen und sich zuzugestehen, daß diesen Interessen wenig Rechnung getragen werde. Sie bekamen das Gefühl, daß sie »ausgebeutet« würden und daß sie nun endlich ihre eigenen Bedürfnisse über die ihrer Klienten stellen müßten. Die Dienerhaltung verlor ihre Anziehungskraft.

Ihre Einstellung gegenüber der finanziellen Seite ihres Berufes war ein besonders guter Indikator, um diesen Wandel vom Altruismus zum Selbstinteresse zu zeigen. Viele der Anfänger zeigten ursprünglich wenig Interesse an ihren Gehältern. Was ihnen ursprünglich als angemessene Bezahlung vorgekommen war, stellte sich ein paar Monate später als ziemlich erbärmlich heraus. Shana Phillips beschrieb den Prozeß, den viele ihrer Kolleginnen durchmachten: »Ich glaube, man könnte das im Hin-

blick auf eine Menge Leute generalisieren, nachdem sie die Ausbildung als Juristen beendet haben. Im ersten Jahr, oder auch in den ersten beiden, sind sie sehr idealistisch und möchten den Leuten helfen. Die nächsten beiden Jahre über wollen sie den Leuten helfen, aber sie wollen dabei auch Geld machen. Im fünften Jahr wollen sie einfach nur Geld machen. Und ich bemerke diesen Prozeß bei mir selber.«
Diese zunehmende Beschäftigung mit dem Geld – und darüber hinaus und allgemeiner mit den eigenen Interessen – scheint in einem Zusammenhang mit dem Grad der Frustration im Job zu stehen. Als die Interviewerin Shana fragte, warum die Leute ihre Haltungen gegenüber dem Geld im Laufe der Zeit veränderten, antwortete sie: »Na ja, im öffentlichen Dienst bezahlen sie eine Akademikerin nicht so gut. Aber ich denke, da steckt noch mehr dahinter. Es ist einfach die Art und Weise, wie wir das Recht praktizieren ... Wenn sie von jedermann rumgeschubst werden, vom Richter bis hin zum eigenen Klienten, und wenn sie dabei so schwer arbeiten, wie sie arbeiten, und dabei ausbrennen, dann sagen sie irgendwann: ›Warum tue ich mir das eigentlich alles an?‹ Es kann sein, daß ich das alles mehr wertschätzen würde, wenn es mit mehr Geld verbunden wäre. Bei 25.000 Dollar im Jahr würde ich mich damit abfinden. Aber ich kann mich nicht damit abfinden, wenn ich nur 15.000 verdiene.«

Berufswechsel

In dem Prozeß ihrer beginnenden Berufspraxis senkten die Berufsanfänger ihre Ziele, verloren den ursprünglichen Idealismus und die anfängliche Zuwendung. Sie fühlten sich nicht länger verantwortlich für das Ergebnis ihrer Bemühungen und beschäftigten sich mehr und mehr mit ihren eigenen Bedürfnissen. In diesem Prozeß sank ihr Engagement. Sie entschieden sich bewußt, weniger Zeit und Energie in die Berufsarbeit zu stecken. Die Motive dafür waren wiederum der Schutz gegenüber dem Streß, den sie in ihren Jobs erfuhren. Berufswechsel war eine Möglichkeit, die emotionalen Verluste zu begrenzen.

Armenanwalt Shana Phillips begann ihre Laufbahn mit einem großen Maß von Engagement. Wie Margaret Williams hatte Shana aktiv in einer radikalen politischen Bewegung mitgearbeitet, als sie noch im Grundstudium war. Sie hatte an Demonstrationen teilgenommen und war verhaftet worden. Sie hatte sogar erwogen, in die Illegalität zu gehen, ehe sie sich entschieden hatte, den sozialen Wandel lieber durch ihre Tätigkeit als Rechtsanwältin zu befördern. Als sie ihr Abschlußexamen in Jura gemacht hatte, warf sie sich mit vollem Herzen in ihren ersten Job. Ihre Klienten waren verurteilte Kapitalverbrecher, und ihr Job war es, ihnen zu helfen, das Urteil anzufechten. Daran arbeitet sie sechseinhalb Tage in der Woche. Ihre Arbeit war die wichtigste Aktivität ihres ganzen Lebens, aber der Job stellte sich als frustrierend und arm an Erfolgserlebnissen heraus. Viele ihrer Klienten waren undankbar und manipulierten sie. Sie erhielt wenig Unterstützung von ihren Kollegen. Sie hatte das Gefühl, sie sei unvorbereitet und mißtraute ihren eigenen Fähigkeiten. Zusätzlich frustriert wurde sie durch die bürokratischen Hemmnisse ihrer eigenen Beratungsstelle und durch das juristische System im allgemeinen. Shana hatte das Gefühl, daß sie wesentlich mehr in ihren Job steckte, als sie aus ihm herausbekam. An diesem Punkt begann Shanas Leben zu zerfallen. Sie trank Alkohol und nahm harte Drogen. Sie agierte ihre Konflikte in ihrem Sexualleben aus. »Eine Zeitlang war ich verrückt«, erinnert sie sich ein paar Monate später im Rückblick auf diese Periode. »Ich hab mich mit fünf Leuten getroffen, und ich hab mich an jeden einzelnen herangeschmissen. Ich hab mich sogar an die Lesbe herangeworfen, die ich kannte, und ich selber bin keine Lesbe.«
Zum Schluß hatte Shana eine Art Wendepunkt erreicht. Sie nahm Urlaub und verbrachte einige Zeit mit Freunden in einer

Wohngemeinschaft. Als sie zurückkam, hatte sich ihre Lebensphilosophie radikal gewandelt. Sie glaubte jetzt, daß Arbeit nicht das wichtigste in ihrem Leben wäre. Sie reduzierte ihr Engagement in der Arbeit beträchtlich und investierte viel Zeit und Energie in anderen Aktivitäten. Über die Rolle, die Arbeit jetzt in ihrem Leben spielte, sagte sie im Interview: »Arbeit erfüllt mich jetzt nicht mehr … Sie ist ein Teil meines Lebens, aber eben nur ein Teil. Und sie ist vor allem nichts, was mit meinen Gefühlen, mit meinen Meinungen und meinen Werten zu tun hat.« Als die Interviewerin fragte, ob diese neue Sichtweise von Shana ein wirklicher Bruch gewesen sei, antwortete sie: »Oh ja! Ich war damals auf dem Wege ein großer radikaler Rechtsanwalt zu werden. Ich war auf dem Wege, die weibliche Version von William Kunstler zu werden … Aber dann habe ich eine Menge gelernt, habe meinen Horizont erweitert und habe neue Interessen entwickelt. Recht ist nicht alles.«
Nach dieser entscheidenden Veränderung in der Wahl ihrer Prioritäten wechselte Shana den Arbeitsplatz und nahm eine Stellung an, in der sie weniger Klientenkontakt und weniger Druck hatte. Sie begrenzte ihre Tätigkeit auf eine strikte 40-Stunden-Woche und verbrachte ihre meiste Freizeit außerhalb der Arbeit mit ihrem neuen Hobby – Yoga. Ihre Hoffnung für die Zukunft bestand darin, noch weniger Zeit auf Arbeit zu verwenden, als sie es jetzt schon tat. Sie sagte:

> »Ich habe eine Vision. Ich habe eine völlig neue Lebensphantasie. Jemand gibt mir 50.000 Dollar, ich gehe damit nach Californien. Ich würde dann vier halbe Tage in der Woche Yoga praktizieren und dann vielleicht noch einmal vier halbe Tage als Rechtsanwältin arbeiten … Yoga ist in meinem Leben eine wirklich große Sache geworden … Es ist mehr als das – es ist ein neuer Lebensstil … Es ist ein Teil von mir geworden.«

Unglücklicherweise wurde es für Shana mit ihrem inneren Rückzug aus der Arbeit immer schwieriger, ihre Motivation für die Alltagsroutinen aufrechtzuerhalten.

»Der Staatsanwalt, der mich supervisiert, ist einfach ein großer Teddybär. Manchmal neige ich dann dazu, die Liberalität der anderen Person auszunutzen. Manchmal schlittere ich da richtig rein. Ich habe jetzt manchmal Motivationsprobleme, überhaupt noch etwas zu tun. Es langweilt mich einfach.«

Auch andere Berufsanfänger verloren während ihres ersten Jahres die Freude an der Arbeit. Ihr Engagement ließ nach, so wie es bei Shana der Fall gewesen war. Das war eine Folge von Frustrationen und Desillusionierungen. Es war einfach eine andere Weise, mit den schwierigen und frustrierenden Arbeitserfahrungen fertig zu werden. So wie die Reduzierung der Ziele und der Erwartungen an die Klienten war auch der seelische Rückzug aus der Arbeitssituation ein Weg, die emotionalen Bande zur Arbeit zu kappen.

»Professioneller« Burnout und die Entdeckung des »Ich«

Die Veränderungen in meiner Untersuchungsgruppe idealistischer junger Professioneller scheinen etwas zu sein, was manche Betrachter die entscheidenden Charakteristika der 80er Jahre nennen. Der Idealismus und die Sorge gegenüber den Unterprivilegierten, die die 60er und die frühen 70er Jahre charakterisiert hatten, schien in den folgenden Jahren der Beschäftigung mit dem eigenen Ich gewichen zu sein. Begriffe wie »der neue Narzißmus«, das »Jahrzehnt des eigenen Ich« und die »Suche nach der Nummer eins« waren Etiketten, um diese Veränderungen im öffentlichen Verhalten zu beschreiben. Die Zahl der Studierenden, die sich für Sozialarbeit, Krankenpflege und andere ärztliche Berufe einschrieben, ging zurück, während die Studiengänge für Betriebswirtschaft und den Master of Business Administration in den Himmel schossen. Einem Jahrzehnt sozialer Betroffenheit folgte ein Jahrzehnt zunehmenden ichbezogenen Materialismus.

Die meisten Versuche, diesen Wandel zu erklären, haben vor allem großräumige politische und ökonomische Faktoren ins Feld geführt: ökonomische Rezessionen, Inflation, gestiegene Ölpreise und den Einfluß konservativer politischer Führer wie Ronald Reagan. Der Ethikforscher Michael Josephson beispielsweise hat bemerkt, daß viele junge Leute nach der Ermordung so charismatischer politischer Führer wie der beiden Kennedys, wie Martin Luther King Jr. und Malcolm X sich aus der aktiven Politik zurückzogen (Moyers 1989). Sie hatten das Gefühl, positive soziale Veränderungen seien ein unmöglicher Traum, und das beste wäre, sich auf die eigenen Interessen und Bedürfnisse zu besinnen. Die nächste soziale Bewegung war nach Josephson »eine Art von Selbsterforschung und Selbsterfahrung, das Gefühl, daß du selber für dich und dein Wohlergehen sorgen mußt. Und dann wurde die Wirtschaft eines der wesentlichen Probleme. Und wenn die Wirtschaft ein wesentliches Problem wird, dann fangen die Leute an, an den eigenen Geldbeutel zu denken und daran, wie sie die eigene Haut retten können« (Moyers 1989, 14).

Ohne diese Bedeutung der Makro-Aspekte zu leugnen, bahnen meine Untersuchungsergebnisse eine andere Perspektive der Erklärung an, warum ein ichbezogener Materialismus ein dominanter Zug des letzten Jahrzehnts gewesen zu sein scheint. Die jungen Professionellen der helfenden Berufe machten dieselbe Metamorphose durch wie die gesamte junge Generation dieser Jahre. Ursache für diese Metamorphose war der »Realitätsschock«, den sie erfahren hatten, als sie ins Berufsleben eintraten – mit allen Spannungen und Anstrengungen, allen Frustrationen und Desillusionierungen, dem Fehlen von Ermutigung und Unterstützung angesichts einer Wand von Widerständen.

Als Resultat dieser Frustrationen und Enttäuschungen begannen viele der jungen Professionellen in den helfenden Berufen, ihre Leidenschaft und ihr Engagement zu verlieren. Sie fingen an, sich psychisch aus ihrem Beruf zurückzuziehen, den sie nicht länger als eine Berufung erlebten. Sie begannen, mehr über ihre eigenen individuellen Interessen nachzudenken. Viele der neuen Professionellen verloren ihren Idealismus sehr schnell, am Anfang ihrer Karrieren. Das mag ein Ergebnis des unausgewogenen Verhältnisses der Energien sein, die sie in ihren Beruf steckten, und der Erfolgserlebnisse, die sie aus ihm herausholten. Wenn Menschen unter großem Druck stehen und wenn ihr Selbstwertgefühl bedroht wird und wenn ihre großen Anstrengungen fortwährend frustriert werden, dann werden sie mehr und mehr auf sich selber zurückgeworfen und kümmern sich nicht mehr um andere.

Also: Warum kehrte Amerika in den Achzigern den Armen und Bedürftigen den Rücken? Warum verlor Amerika seinen Idealismus und seine Zuwendung für die Unterprivilegierten? Ein Teil der Antwort mag darin liegen, daß Amerikaner, die in den Sechzigern groß geworden waren, zu viel erwartet und zu wenig erreicht hatten, als es darum ging, die Ideale umzusetzen. Die Veränderungen, die unsere jungen Professionellen in der Phase ihres Berufsanfanges durchmachten, spiegelte nicht nur die Veränderungen im nationalen Bewußtsein, die in jener Zeit Kontur annahmen; sie stellten diese Veränderungen häufig auch her. In dem Maße, in dem Professionelle kollektiv das soziale Klima der modernen Gesellschaft zu definieren helfen, beeinflußt die Krise dieser neuen Schicht von Professionellen im öffentlichen Dienst auch den Zeitgeist dieses Jahrzehnts. Ihre Enttäuschungen und Mißerfolge veränderten ihre Sichtweise, und diese Veränderung in der Sichtweise berührte ihre Verwandten, ihre Bekannten und ihre Freunde. Menschen, die die frustrierenden Erfahrungen dieser Professionellen nicht mitgemacht hatten, übernahmen dennoch deren pessimistische Sichtweisen. Die Geschichte von Personen prägt auch die Geschichte des Sozialen.

Aber persönliche Karrieren wie auch die Sozialgeschichte insgesamt stehen nicht still. Was ist mit den jungen Professionellen während des Jahrzehnts geschehen, das ihrem ersten Berufsjahr folgte? In ihrem ersten Interview beispielsweise war die Armenanwältin Margaret Williams so ausgebrannt, daß sie ernsthaft darüber nachdachte, die Rechtspflege zu verlassen und in den Strafvollzug zu gehen. Sie wollte einige ihrer ehemaligen Klienten hinter Gittern sehen – dort, wohin sie gehören. Was ist aus dieser Drohung geworden? Oder hat sie sich von ihrem gescheiterten Idealismus erholt und neues Vertrauen in ihren alten Job gewonnen?

Und wie sieht es mit anderen Armenanwälten aus, die ebenfalls ihren Idealismus und ihr Engagement verloren – Shana Phillips zum Beispiel? In unserem letzten Interview mit ihr war es schwierig, sie am Thema zu halten. Sie war vielmehr daran interessiert, über ihre geplante Reise zu Wohngemeinschaften in Californien und über Yoga-Kurse zu sprechen. Blieb Shana in diesem Kreis der »Unengagierten«, oder hatte sie inzwischen wieder Interesse an ihrer ursprünglichen Arbeit gewonnen? Und wenn sie wieder zur Jurisprudenz zurückgefunden hatte, wie kam dieser erneute Wandel zustande? In kurzen Worten: Waren meine Vertreter der helfenden Berufe in der Lage, sich von ihrem ersten »Praxis-Schock« zu erholen? Und wenn sie es taten, was half ihnen dabei?

II. Teil: Die nächsten zehn Jahre

4. Die Flucht aus dem öffentlichen Dienst

Ein Eckpfeiler der Innenpolitik von Präsident Bill Clinton ist es, den öffentlichen Dienst zu stärken. In seiner Antrittsrede forderte er alle Amerikaner auf, neue Anstrengungen zur Beförderung des öffentlichen Wohls zu machen. In allen Bereichen ihres Lebens sollten sie verstärkte Anstrengungen in ihren Gemeinden unternehmen.

Die Beförderung des öffentlichen Wohls ist ein lobenswertes Ziel. Aber um dieses Ziel zu erreichen, müssen wir uns fragen, was es denn war, das den öffentlichen Dienst in der Vergangenheit so unattraktiv hat werden lassen? Warum haben so viele Leute den öffentlichen Dienst verlassen? Warum lehnen es so viele Menschen ab, Staatsdiener zu werden?[16]

Wenn wir an den öffentlichen Dienst denken, dann neigen wir dazu, an Programme für freiwillige Helfer zu denken, aber der öffentliche Dienst ist auch ein Arbeitsplatz für Professionelle.

---

16 Die Vereinigten Staaten von Nordamerika kennen kein Berufsbeamtentum. Im öffentlichen Dienst arbeiten ausschließlich Angestellte. Sie können entlassen werden – beispielsweise wenn eine neue politische Mehrheit in der Stadt das Sagen hat und ihre Funktionäre und Unterstützer unterbringen muß. Dies und das verwurzelte Mißtrauen des durchschnittlichen Nordamerikaners gegenüber staatlichen Einrichtungen und Maßnahmen ist für das geringe Ansehen des öffentlichen Dienstes verantwortlich. Das gilt über die Jahrzehnte und ist nicht nur eine Erscheinungsform der 80er und 90er Jahre gewesen. (C.W.M.)

Jedes Jahr entscheiden sich Tausende von Profis, Arbeitsplätze im öffentlichen Dienst zu besetzen, und jedes Jahr verlassen Tausende den öffentlichen Dienst. Einige lassen sich in Privatpraxen nieder; einige – vor allem Frauen – arbeiten für den eigenen Haushalt, andere wiederum wechseln ihre Berufe.
Alle die Professionellen, die ich im ersten Teil meiner Studie untersucht hatte, begannen ihre Berufslaufbahn im öffentlichen Dienst. Als ich ihnen zehn Jahre später wieder begegnete, hatten die meisten während dieses Jahrzehnts den öffentlichen Dienst verlassen. Zur Zeit meines zweiten Kontaktes arbeiteten nur noch 10 meiner 26 Gewährsleute aus dem ersten Teil der Studie in helfenden Tätigkeiten in öffentlichen Einrichtungen. 13 hatten den öffentlichen Dienst verlassen, 2 hatten sich auf die häusliche Kindererziehung konzentriert, und eine Person war dauerhaft behindert und arbeitsunfähig. Von den 10, die im öffentlichen Dienst geblieben waren, arbeiteten 2 nicht mehr direkt mit Klienten. Das heißt: Von den 26 Professionellen, die ihre Karriere im öffentlichen Dienst als Hilfe für die Bedürftigen begonnen hatten, übten nur noch 8 diese Tätigkeit kontinuierlich aus.[17]

---

17 Von den 10 Professionellen, die im öffentlichen Dienst geblieben waren, waren 4 Lehrer, 2 waren in der öffentlichen Gesundheitsversorgung, 2 arbeiteten im Krankenhaus und 2 in der Rechtspflege. Von den übrigen 16 arbeiteten noch 7 im gleichen Feld wie zu Berufsbeginn, aber nicht mehr im öffentlichen Dienst, 6 arbeiteten in anderen Berufsfeldern oder planten einen Wechsel, wenn sie wieder voll berufstätig werden würden, und 2 leisteten dauerhaft Hausarbeit, planten aber, in ihren Beruf zurückzukehren. Von den 10 Gewährsleuten, die im öffentlichen Dienst geblieben waren, arbeiten 6 noch direkt mit Klienten, 2 hatten neben ihrem Klienten-Kontakt Verantwortung als Supervisoren oder in der Verwaltung übernommen, und 2 waren in höhere Verwaltungspositionen aufgestiegen. Von denen, welche den öffentlichen Dienst verlassen hatten, waren noch 5 in direktem Klienten-Kontakt aber nicht mehr in öffentlichen Dienststellen tätig, 1 war wieder Studentin geworden und arbeitete halbtags in einer Verwaltungsposition, 1 war private Beraterin geworden, 1 arbeitete im Haushalt, plante aber, Museumskuratorin zu werden, 1 war Immobilienmaklerin geworden, 2 absolvierten ein Aufbaustudium und 2 arbeiteten

Aber die Gewährsleute, die ihr ursprüngliches Berufsfeld verlassen hatten, waren in ähnlichen Berufsfeldern tätig. Eine Lebensberaterin war Karriereberaterin geworden. Ein Armen-Anwalt absolvierte ein Zusatzstudium, um Stadtplaner zu werden. Ein Studienrat für Kunstgeschichte wurde Mitarbeiter an einem Museum.

Die neuen »Berufe« waren in der Tat den Ursprungsberufen so ähnlich, daß es schwer war zu entscheiden, ob es sich wirklich um etwas Neues handeln würde. Als Anita Warren ihre Arbeit als Krankenschwester im öffentlichen Dienst verließ, um auf einer Krebsstation zu arbeiten, war das dann ein neuer Beruf oder nur eine weitergehende Spezialisierung? Und wie stand es um Margaret Williams? Sie hatte als Armen-Anwältin begonnen und arbeitete jetzt im Rechtsamt der Stadt als Spezialistin für Konkursverfahren. Sie gab unumwunden zu, daß sie ihre alten liberalen politischen und sozialen Ideale nicht länger verfolgte. Der Charakter ihrer Arbeit hatte sich verändert, ihr Arbeitsumfeld hatte sich verändert, aber sie war noch immer als Juristin im öffentlichen Dienst tätig.

Insgesamt aber glaube ich eine Tendenz zu erkennen, sich von den ursprünglichen Berufsfeldern wegzubewegen. Alle Professionellen hatten auf Arbeitsplätzen im öffentlichen Dienst begonnen, um den Armen und Unterprivilegierten zu helfen. Zwölf Jahre später hatten die meisten den öffentlichen Dienst verlassen und viele von denen, die geblieben waren, wären ihnen gern gefolgt, wenn es die Umstände erlaubt hätten. Aber es

---

als Rechtsanwälte in den Rechtsabteilungen großer Organisationen. Die beiden Frauen, die sich voll der Hausarbeit und der Kindererziehung widmeten, planten, in den öffentlichen Dienst zurückzukehren, wenn ihre Kinder älter geworden wären. Aber weil sich diese Pläne noch ändern könnten, habe ich sie weder der einen noch der anderen Kategorie zugerechnet. Ob der öffentliche Dienst verlassen wird oder nicht, scheint nach meiner Untersuchung keine Frage der Geschlechtszugehörigkeit zu sein. Von den 8 Männern arbeiteten noch 3 im öffentlichen Dienst. Von den 17 Frauen waren es 7.

wäre falsch zu vermuten, daß alle, die den öffentlichen Dienst verlassen hatten, ausgebrannt und zynisch geworden wären. Denn es gab unterschiedliche Gründe, den Dienst zu verlassen und unterschiedliche Wege, die aus ihm herausführten.

Die im öffentlichen Dienst geblieben sind

Auch bei denen, die im öffentlichen Dienst geblieben sind, gab es einige, die gegangen wären, wenn es da nicht ein paar Widerstände gegeben hätte. Einige beispielsweise waren im öffentlichen Dienst geblieben, um den Streß in ihrem Leben zu minimieren. Sie sahen einen Berufswechsel als eine streßhafte Erfahrung an und fühlten, daß sie beim Berufswechsel mit neuen, anderen und zahlreicheren Streßfaktoren zu tun haben würden. Es war für sie einfacher, in ihrem »ruhigen Job« zu bleiben – selbst wenn die Arbeit dort sich weder als bedeutungsvoll noch als befriedigend herausgestellt hatte.

Gloria Bennett beispielsweise wußte, daß sie an ihrem Arbeitsplatz als Krankenschwester nicht glücklich war. Aber um ihren Streß niedrig zu halten, entschied sie sich bewußt dafür, nicht zu kündigen.

> »Ich war einfach nicht daran interessiert, alles total zu unterbrechen. Auf meinem Arbeitsplatz zu bleiben stellte sich eben als das kleinere Übel heraus. Gut oder schlecht – ich war eben daran gewöhnt. Ich kannte die Leute. Ich mußte eben noch ein Jahr an der Universität aushalten. Und ich mußte noch meine Abschlußarbeit schreiben.«

Auch nachdem Gloria ihre Abschlußarbeit geschrieben hatte, blieb sie für zwei weitere Jahre an ihrem Arbeitsplatz. Sie konnte den Streß eines Arbeitsplatzwechsels einfach nicht ertragen.

»Es war der klassische Burnout. Ich denke, ich hab einfach den Rückzug gemacht. Ich denke, es war für mich einfacher, zu bleiben und auszuhalten.«

»Burnout« wird oftmals synonym für »ich gebe auf« gebraucht. Aber im Fall von Gloria und ihrer Begründung, warum sie es auf einem unbefriedigenden Arbeitsplatz aushielt, signalisiert Burnout paradoxerweise einen Grund dafür, zu bleiben und nicht zu kündigen. Wer ausgebrannt ist, hat das Gefühl, daß er zwar eine schwere Last trägt, daß er aber gleichzeitig einen Wechsel scheut, weil der zusätzliche Streß, der mit einem Wechsel verbunden wäre, unerträglich zu sein scheint.
Professionelle, die die Anforderungen aus Arbeit und Privatleben trickreich umgehen, halten sich mit höherer Wahrscheinlichkeit an ihren Jobs fest, um das Auftreten zusätzlicher Streßfaktoren zu reduzieren. Das gilt insbesondere für Eltern mit kleinen Kindern unter 5 Jahren. Aber selbst wenn die Kinder älter werden und die Streßebenen sinken, können familiäre Verpflichtungen weiterhin dafür sorgen, daß Angehörige helfender Berufe einen Berufswechsel vermeiden. Die Oberstufenlehrerin Eugenia Barton beispielsweise fand ihr erstes Unterrichtsjahr in besonderer Weise anstrengend. Ich hatte deshalb erwartet, daß sie dieses Berufsfeld verlassen haben würde, wenn ich sie bei der Folgestudie wieder interviewen würde. Dort sagte sie in der Tat, daß sie während ihrer ersten beiden Berufsjahre viele Male darüber nachgedacht habe, ihren Beruf aufzugeben, daß sie aber geblieben sei, weil die Arbeitsumstände und die Zeiteinteilung ihr erlaubt hätten, ihren Kindern zur Verfügung zu stehen.

»Nach dem ersten Jahr zeigte mir ein Blick auf den Kalender, daß eine andere Arbeit für mich als berufstätige Mutter unerträglich sein würde. Und da habe ich mir selber eingeredet, daß ich diesen Beruf mögen würde – was sollte ich anderes tun! Und schließlich bin ich geblieben.«

Viele Professionelle, die im öffentlichen Dienst verblieben, waren zu abhängig von ihren Arbeitsplätzen geworden, um einen

Wechsel auch nur ins Auge zu fassen. Jessica Andrews in der öffentlichen Gesundheitsfürsorge beispielsweise erklärte, wie sie ihr vergleichsweise gutes Gehalt davon abgehalten hätte zu kündigen.

> »Unglücklicherweise bin ich im Juni geschieden worden«, sagte sie mit einem Seufzer. »Das ist ein zusätzlicher Grund dafür, daß ich geblieben bin ... Ich muß ja einfach bleiben. Ich brauche die Sozialversicherung, und ich brauche das Gehalt ... Mich selbständig zu machen – dieses Risiko kann ich mir gerade jetzt nicht erlauben. Ich brauche die Krankenversicherung und die Beihilfe für die Leistungen des Augenoptikers. Ich kann mir das privat einfach nicht leisten.«

Persönliche Wahl und kulturelle Werte

Die meisten Professionellen, die ich untersucht habe, schieden am Ende aus dem öffentlichen Dienst aus. Und viele von denen, die blieben, würden ausgeschieden sein, wenn sie einen Weg gesehen hätten. Von denen, die gegangen sind – oder gehen wollten –, waren nur wenige durch die Verlockungen der freien Wirtschaft allein motiviert. Sie wurden durch eine Reihe unterschiedlicher Motive bewegt. Alle Faktoren, die ich bereits erwähnte, haben dabei eine Rolle gespielt: Geld, Status, Selbständigkeit, intellektuelle Herausforderung.

Aber am meisten erwähnenswert scheint mir die Tatsache, daß Altruismus eine vergleichsweise kleine Rolle bei der Entscheidung der Professionellen gespielt hat. Das galt sowohl für die Entscheidung derer, die im öffentlichen Dienst geblieben sind, als auch derer, die ihn verließen. Diese Professionellen sind nicht einfach dickfellig und indifferent geworden gegenüber der Aufforderung, den Bedürftigen zu helfen, aber Mitleid und Mitleiden waren kein dominanter Faktor bei ihren Entscheidungen über die künftigen Berufskarrieren.

Die Karrierewechsel, die wir in diesem Kapitel untersucht haben, erschienen zunächst als individuelle Entscheidungen. Aber wenn wir sie zusammen betrachten, dann wird klar, daß die Entscheidungen dieser Professionellen die Werte der Gesamtgesellschaft widerspiegeln. Hilfe für die Bedürftigen ist in sich selbst keine Tätigkeit, die mit sozialem Status verbunden wird. Sicherlich: Einige wenige heroische Helfer, Mutter Theresa und Albert Schweitzer, genießen ein gewisses Maß an öffentlicher Beachtung und Ruhm. Und alle diejenigen, die ihr Leben der Hilfe für andere widmen, genießen ein gewisses Maß an öffentlicher Wertschätzung. Aber die Therapeutin und der Lehrer mit durchschnittlichen Erfolgen und durchschnittlichem Bekanntheitsgrad erreichen weder die finanziellen Belohnungen noch den gesellschaftlichen Respekt, der auch nur mäßig erfolgreichen Geschäftsleuten oder Sportlern zuteil wird.

Angehörige helfender Berufe werden spätestens beim Berufseintritt mit diesen unterschiedlich verteilten sozialen Werten konfrontiert. Die junge, idealistische Anita Warren begriff bald, daß in der Krankenpflege mehr institutionelle Belohnungen für diejenigen bereitstehen, die wissenschaftliche Artikel veröffentlichen als für diejenigen, die älteren Patienten helfen, wieder auf die Beine zu kommen. Merton Douglas hat begriffen, daß er als Rechtsanwalt, der große Versicherungsfirmen vertritt, mehr öffentlichen Respekt erwarten kann, denn als Lehrer innerhalb des öffentlichen Schulsystems.

Professionelle Helfer, wie andere Berufstätige auch, suchen Erfolge. Karriereentscheidungen sind in einem erheblichen Umfang Versuche, Erfolge zu maximieren und Fehlschläge zu vermeiden. Wenn sich ein Mensch in einem bestimmten Beruf nicht besonders erfolgreich fühlt, dann wird er oder sie versuchen, diesen Beruf zu wechseln, mindestens solange das praktikabel erscheint. Aber Konzepte vom »Erfolg« werden von kulturellen Werten beeinflußt. Wie die meisten Amerikaner sind Professionelle in helfenden Berufe unduldsam und ungeduldig im Hinblick auf langsame Fortschritte. Wenn ihre Schüler keine erkennbaren oder signifikanten Fortschritte zeigen, wenn die meisten ihrer Klienten sich keinen dramatischen Veränderungen in ihrer psychischen Funktionalität unterziehen, wenn die meisten ihrer Patienten ihren physischen Status innerhalb einiger weniger Tage nicht augenfällig verbessern, dann fühlen sich die Professionellen ineffektiv und frustriert. Von dieser Idee funktionalen Erfolgs infiziert waren die meisten Professionellen unfähig, die Fortschritte ihrer Klienten über einen längeren Zeitraum zu beobachten und zu registrieren. Als Teil einer hochgradig individualistischen Gesellschaft waren sie nicht fähig, ihre eigenen individuellen Anstrengungen als Teile eines größeren evolutionären sozialen Prozesses zu sehen, in dem unmittelbare Erfolge oftmals kaum wahrnehmbar sind. Die Veränderungen in den professionellen Karrieren meiner Gewährsleute sagen deshalb sehr viel über den Charakter der Gesellschaft aus, in der wir alle leben.

5. Mehr Zuwendung für die »guten Klienten«

Am Ende ihres ersten Berufsjahres waren die neuen Professionellen noch immer Anfänger. Ihre Gefühle und ihre Prinzipien befanden sich in Bewegung. Es war noch nicht sicher, in welcher Richtung sie ihre Verhaltensweisen gegenüber Klienten entwickeln würden. Und die Antworten auf meine Fragen stellten sich als komplexer heraus, als ich es erwartet hatte. Innerhalb der nächsten zehn Jahre ihrer praktischen Tätigkeit hatten sie sich in gewisser Weise erholt: Sie entwickelten mehr Sympathie gegenüber ihren Klienten im allgemeinen. In dem Maße, in dem sie die Irritationen, die mit dem Übergang vom Studentendasein zum Professionellen-Status verbunden sind, überwinden konnten und in dem sich ihr Gefühl für Effizienz stabilisierte, entwickelten sie auch wieder positivere Gefühle gegenüber ihren Klienten. Aber während sich die Professionellen zugewandter gegenüber ihren typischen Klienten verhielten, wurden sie gleichzeitig unduldsamer gegenüber ihren schwierigen Fällen. Sie entwickelten größeren Unwillen, sich mit Klienten zu beschäftigen, die offensichtlich unmotiviert waren. Sie wurden weniger tolerant gegenüber Klienten, die nicht in ihr Konzept paßten. Und sie begannen routinemäßig, solche Klienten auszusortieren.

Die Wiederkehr des Mitleids

Die Oberstufenlehrerin Eugenia Barton ist ein Beispiel für die Veränderungen der Haltungen gegenüber Klienten, nachdem die Professionellen ihre ursprünglichen Schwierigkeiten überwunden haben. Eugenia hatte während ihres ersten Unterrichtsjahres eine besonders schwere Zeit mit ihren Schülern. In der Mitte dieses ersten Jahres hatte sie fast ihre ganze Sympathie für sie verloren. »Die Schüler machen dich ein ... Ich würde auf keinen meiner Schüler zählen, wenn es darauf ankäme, mir aus einer Patsche zu helfen.« Sie beklagte sich bitter darüber, welch geringen Respekt die Kids untereinander und im Hinblick auf ihre Person hatten. »Sie sind kleine Kinder in großen Körpern«, sagte sie mit Spott in der Stimme. Für die Lehrerin waren sie der Feind geworden, und die Lehrerin war entschlossen, sie in der Zukunft nie und nimmer zu verteidigen. Zwölf Jahre später unterrichtete Eugenia noch immer in der Oberstufe, und ihre Haltung hatte sich beträchtlich verändert. In der Tat, sie wurde allgemein als eine der zugewandtesten Professionellen angesehen.[18] Als ich Eugenia fragte, wie ihre Gefühle gegenüber ihren Schülern seien, antwortete sie:

> »Ich mag sie. Ich glaube, ich mag sie jedes Jahr mehr. In dem Maße, in dem ich sie kennenlerne und in dem ich sie über zwei oder drei Jahre in meinen Klassen habe, komme ich ihnen sehr nahe und werde ihnen gegenüber ausgesprochen warm.«

Als Eugenia auf ihre Haltung und die Probleme zurückblickte, die sie am Anfang mit den Schülern hatte, wurde ihr klar, daß dies nicht der Fehler der Schüler gewesen sei:

> »Über die Jahre habe ich gelernt, meine Schüler als Kinder anzusehen, die sich manchmal selber zuwider sind und die auch andere nicht immer mögen. Und ich habe gelernt, das, was sie tun oder

---

18 Die Haltungen gegenüber Klienten wurden in unserer Untersuchung auf unterschiedliche Weise gemessen. Zunächst einemal wurden die Transkripte der Interviews unabhängig von drei unterschiedlichen Studenten im Hauptstudium gelesen und in der Dimension »Wie sympathisierend – zugewandt gegenüber Klienten erscheint der Interviewpartner?« bewertet. Zweitens wurden die Professionellen gebeten, eine Person zu nennen, die sie gut kannte, und diese Person wurde gebeten, den Professionellen in der gleichen Dimension einzuschätzen. Drittens füllten die Professionellen eine Skala des Maslach Burnout Inventory (Maslach/Jackson 1986) aus. Diese drei unterschiedlichen Datenquellen wurden zusammengefaßt und bildeten ein allgemeines Urteil über die Haltung der Professionellen gegenüber ihren Klienten.

sagen, nicht persönlich zu nehmen. Ich sehe jetzt, daß das keinen persönlichen Angriff auf mich bedeutet, sondern daß es ein Zeichen für den Grad ihrer eigenen Reife darstellt. Und so werde ich wesentlich toleranter gegenüber dem Unsinn, den sie täglich anstellen ... Und ich habe auch gelernt, daß die Kids, die einen wirklich nerven, nur eine Minderheit sind. Wenn du anfängst, dann hast du vielleicht in einer Klasse Ärger, und du sagst ›das ist eine schreckliche Klasse‹. Aber wenn du dir die Klasse wirklich anguckst, dann sind es von den dreißig möglicherweise nicht mehr als vier, die wirklich Ärger machen ... Deshalb hat sich meine Perspektive verändert. Ich kann erkennen, warum sie bestimmte Sachen machen und daß nicht jeder sie macht.« Später fügte Eugenia noch hinzu:

»Kids kommen manchmal aus sehr schwierigen Verhältnissen, und sie haben ihre eigenen Probleme, und sie bringen diese Sachen mit ins Klassenzimmer. Und du lernst dann, daß die Sachen, die sie machen, aus ihrer eigenen Unreife und Frustration gespeist werden.«

Während ihres ersten Unterrichtsjahres, als ihr Selbstvertrauen noch unterentwickelt und ihre Empfänglichkeit für Frustrationen noch hoch war, sah Eugenia das Fehlverhalten ihrer Schüler als durchgehend an. Aber zwölf Jahre später, als selbstsichere, mit allen Wassern gewachsene Professionelle, die ihre Arbeit liebte, sah sie dasselbe Fehlverhalten als auf wenige Schüler begrenzt. Sie führte es auf Variablen zurück, über die die Schüler keine Kontrolle hatten, und sie ging davon aus, daß sie aus diesem Fehlverhalten herauswachsen würden. Sie war deshalb in der Lage, selbst gegenüber ihren schwierigen Schülern mehr Sympathie und Verständnis zu entwickeln.

Die Mitarbeiterin im öffentlichen Gesundheitsdienst Sarah Prentiss erzählte mir im Interview, wie sie einen ähnlichen Prozeß durchlaufen habe. Retrospektiv gab sie sich selber die Schuld für die Probleme, die sie wohl anfänglich mit ihren Patienten gehabt hatte. In aller Offenheit berichtete sie über die Naivität und das Gefühl von Überlegenheit, das sie ungeduldig und verständnislos gegenüber ihren Patienten gemacht habe.

»Am Anfang bin ich in diese Situationen gegangen und habe gesagt: ›Okay, das sollten sie essen und auf die Weise sollten sie ihre Kinder ernähren‹. Was ich damit sagen will: Ich hatte feste Meinungen darüber, wie jemand als Mutter sein sollte. Diese Vorstellungen basierten auf dem, was ich gelesen hatte und wie ich selber erzogen worden war. Ich denke, ich hatte die folgende Herangehensweise: ›Hier bin ich. Sehen Sie mich an. Ich bin dabei, Sie zu retten!‹ Ich meine, heute bringt mich das zum Lachen, weil ich denke, daß die Leute damals zu sich selber gesagt haben müssen: ›Mein Gott, hier kommt sie wieder, dieses kleine lebhafte Mädchen, das sich vorgenommen hat, alle meine Probleme zu lösen‹. Und dann war da noch etwas anderes. Ich hatte keine Kinder. Sie wissen ja, ich war ein 22jähriges Mädchen. Und ich konnte eigentlich immer nur sagen: ›Also, das steht in den Büchern. Ich kenne alle diese Sachen, weil ich auf der Uni war und weil ich ein Diplom habe‹.«

Nachdem sie auf diese Weise beschrieben hatte, wie unrealistisch ihre ursprüngliche Haltung gewesen war, konnte Sarah auch erklären, daß sie mit größerer Erfahrung und Reife ihren Patienten gegenüber mehr Akzeptanz und Sympathie entgegenbringen konnte. Sie begann einzusehen, daß viele der sogenannten Defekte ihrer Patienten nicht deren Fehler waren.

Jetzt, als vierunddreißig Jahre alte Mutter von zwei Kindern mit einer zehnjährigen Erfahrung im öffentlichen Gesundheitsdienst, war Sarah in der Lage, auf ihre Patienten gelassen und zugewandt zu reagieren. Erfahrung und eigene Reife förderten ihr Verständnis.[19]

---

19 Andere Studien, die sich mit der Veränderung von Haltungen professioneller Helfer über eine längere Zeit befassen, haben ähnliche Ergebnisse hervorgebracht. Mizrahi (1986) hat beispielsweise herausgefunden, daß Ärzte etwa fünf Jahre nach ihrer Niederlassung gegenüber ihren Patienten toleranter und vertrauensvoller geworden seien. Blackburn und Fox haben 1983 herausgefunden, daß sich Ärzte in den ersten Jahren nach dem Abschluß ihrer formellen Ausbildung intensiver um die Wohlfahrt ihrer Patienten gekümmert haben.

Weniger Toleranz gegenüber »schlimmen« Klienten

Es gab Grenzen für die Sympathie der Professionellen gegenüber ihren Klienten. Je sicherer die Professionellen in ihrer praktischen Arbeit wurden, um so weniger geduldig wurden sie mit Patienten, die sie als schwierig oder renitent einstuften. Sie begannen, die Welt in gute Klienten und schlechte Klienten zu teilen. Einerseits sahen sie jetzt mehr Klienten als gute Klienten an, aber sie hielten an dem Glauben fest, daß eine Minorität »schlecht« sei. Und mit der Zeit wurden sie immer intoleranter gegenüber den »Schlechten«.

Die Mitarbeiterin im öffentlichen Gesundheitsdienst Sarah Prentiss zeigte im Interview, wie die Professionellen ein Doppelbild ihrer Adressaten entwickeln. Nachdem sie mit großer Sympathie und großem Verständnis darüber gesprochen hatte, wie viele ihrer Klienten sich in Selbstverteidigung üben, entwickelte sie eine Haltung voller Ungeduld. Als ich sie fragte, wie es ist, wenn man mit besonders behinderten und benachteiligten Klienten zu tun hat, gab sie zu:

> »Ich hab wahrscheinlich einen Punkt erreicht, an dem ich total hilflos bin. Ich hab das Gefühl, ich müßte eigentlich sagen, warum in aller Welt gehe ich noch in all diese Häuser? Habe ich überhaupt noch irgendeine Art von Einfluß auf die Familien? Es gibt doch noch eine Menge Patienten, die sich um sich selber kümmern. Vielleicht sollte ich meine Energie für diese Leute aufsparen.«

Sarah erreichte schließlich auch den Punkt, wo sie begann, an ihrer eigenen Berufung zu zweifeln:

> »Als ich mit der Arbeit in der Gesundheitsbehörde begann, dachte ich, daß die Arbeit hier das Gelbe vom Ei wäre. Es war einfach wunderbar. Aber ich hab mich verändert. Ich begann nachzudenken. Was machen wir hier eigentlich? Warum rennen wir dauernd mit unseren Köpfen gegen die Wand? Jetzt denke ich, es wäre bes-

> ser, wir ließen die Leute zu uns kommen, statt immer wieder gegen ihre Türen zu donnern. Weil die Leute, die unsere Dienste wirklich brauchen und wollen, die finden uns auch.«

Auch der Oberstufenlehrer Calvin Miller wurde immer weniger tolerant gegenüber Schülern, die Schwierigkeiten machten. Als ich ihn fragte, ob sich seine Haltung gegenüber Schülern im Laufe der letzten zehn Jahre verändert habe, sagte er mir:

> »Na ja, auf eine Weise bin ich jetzt verständnisvoller, und in anderer Weise habe ich weniger Verständnis als früher. Ich denke, ich bin verständnisvoller gegenüber dem, was sie als Individuen brauchen. Ich bin auch in der Lage, einzelne Schüler besser einschätzen zu können. Aber ich bin unduldsamer geworden gegenüber undiszipliniertem Verhalten. Ich bin weniger tolerant geworden, wenn sich die Schüler wie Micky Mäuse benehmen. Ich verliere meine Geduld bei Kindern, die ihre Arbeit nicht gemacht haben. Ich bin es müde, meine Schüler wie Säuglinge mit dem Teelöffel zu füttern.«

Wenn professionelle Helfer Verwaltungsfachleute werden

Professionelle, die im Laufe ihrer beruflichen Entwicklung Supervisoren für andere wurden, machten ähnliche Veränderungsprozesse in ihren Haltungen durch. Gewöhnlich begannen sie mit positiven und vertrauensvollen Haltungen gegenüber ihren Untergebenen, und sie waren darauf vorbereitet, diese Untergebenen besser zu behandeln, als sie selber von ihren Supervisoren behandelt worden waren. Sie waren entschlossen, demokratisch und tolerant vorzugehen. Sie waren darauf vorbereitet, die Meinungen ihrer Untergebenen zu respektieren. Sie glaubten, daß sie, wenn sie einen Untergebenen als motiviert und loyal ansahen, genau diese Verhaltensweisen auch hervorrufen könnten.
Mit der Zeit schwand dieser Optimismus. Nach einem Realitätsschock, dem Desillusionierung und Zynismus folgten, erholten sich das Vertrauen und die positive Wertschätzung für die Un-

tergebenen bei den untersuchten Professionellen, die Supervisoren geworden waren, wieder. Aber sie fingen an zu glauben, daß es gute Untergebene geben würde und eben auch schlechte. Und sie lernten, mit denen, die sie für schlecht hielten, auf eine harsche Weise umzugehen.

Jessica Andrews war eine positiv eingestellte, fortschrittliche Krankenschwester, die in die Verwaltung gegangen war, damit sie das Pflegesystem verbessern könnte. Sie war von humanistischen Managementtheorien angetan, die sie in ihren verwaltungskundlichen Seminaren gelernt hatte, und sie war entschieden, ihren Untergebenen mit Bedacht und Verständnis zu begegnen. Andererseits erwartete sie, daß ihre Mitarbeiter, wenn sie freundlich und mit Respekt behandelt würden, ihrerseits als zugewandte und engagierte Helferinnen in Erscheinung treten würden.

Als ich Jessica zwölf Jahre später interviewte, war sie die stellvertretende Pflegedirektorin in der Gesundheitsverwaltung eines großen Distriktes. Sie beschrieb mir, wie die Jahre der Zusammenarbeit mit schwierigen Angestellten sie erwachsen gemacht hätten. Ursprünglich habe Jessica keine Unterschiede zwischen den Mitarbeitern gemacht. Sie hatte geglaubt, daß jedermann und jedefrau in der Lage seien, gute Mitarbeiter zu werden, und daß eine Vorgesetzte sie genauso behandeln müsse. Aber sie war zu der Überzeugung gekommen, daß die Leute unterschiedlich wären und daß eine Vorgesetzte einige von ihnen mit größerer Entschiedenheit behandeln müsse als andere. Dies sei besonders, das war Jessicas Überzeugung, der Fall im Hinblick auf Nichtprofessionelle.

»Es ist schwieriger, nichtprofessionelle Mitarbeiter anzuleiten, weil man ihnen gegenüber wesentlich direktiver vorgehen muß und ... ich nenne es nicht ›bedrohlich‹, aber ich nenne es ›grenzensetzend‹ in bezug auf die Aufrechterhaltung der Disziplin – direktiv und konfrontativ ... Meine Haltung gegenüber der Anleitung hat sich verändert. Ich glaube heute, daß es Situationen gibt, wo es völlig okay ist, wenn man direktiv ist und die Zügel straff in der

> Hand behält – wie es Eltern eben tun. In meinen Theorieseminaren hat man mich gelehrt, daß der beste Stil im Management der partizipative ist. Aber um partizipativ zu sein, müssen unsere Angestellten sich selber kontrollieren und sich selber leiten können. Ohne das geht es nicht. Deshalb muß ich als Vorgesetzte einschreiten und das Vakuum ausfüllen.«

Jessica ist also zu der Überzeugung gekommen, daß es Leute gibt, die einfach faul sind, und daß der einzige Weg, mit ihnen fertig zu werden, darin besteht, als Vorgesetzte Stärke zu zeigen.

> »Warum sollten sich Leute ihrer Arbeit entziehen?« fragte sie an einem Punkt unseres Interviews. Sie gab sich selber die Antwort: »Sie sind einfach faul. Sie sind einfach faule Leute. Und ich bin ihnen gegenüber intolerant geworden, nachdem ich ihnen jede erdenkliche Chance gegeben habe. Wenn das nichts nützt, muß ich eben meine Anforderungen niedriger hängen.«

Als Jessica eine erfahrene Administratorin wurde, hatte sie auch Minderheiten als potentielle Störfaktoren zu betrachten gelernt:

> »Ich bin vorsichtiger im Umgang mit Minderheiten geworden«, sagte sie. »Sie sollen mich nicht als kränkend erfahren. Ich habe daran niemals gedacht. Aber dann bin ich in Situationen geraten, wo beispielsweise die Hispanics sich übereinander beklagen. Die ersten Male bin ich ziemlich naiv in die Situation geraten. Aber als sie sich zum dritten oder vierten Mal übereinander beklagt haben, habe ich entschieden, daß ich nicht mehr unvorbereitet in die Situation gehe, sondern daß ich sehr deutliche Vorgaben mache. Deshalb denke ich, na ja, meine Haltung gegenüber den Leuten hat sich verändert.«

Es ist nicht überraschend, daß Professionelle negativ auf schwierige Klienten reagieren oder, im Falle der Verwaltung, auf schwierige Untergebene. Sozialpsychologen haben herausgefunden, daß Altruismus und Empathie abnehmen, wenn Verständnis und Hilfe zu kostspielig werden. In solchen Situationen kann es passieren, daß Helfer ihrem Gegenüber die Hilfsbedürftigkeit bestreiten oder sie moralisch herabsetzen, so wie einige der Professionellen in meiner Studie schwierige Klienten herabsetzen, die ihre Arbeit schwierig machen würden (Batson 1991).

Professionelle in Hilfeberufen sehen, wie die meisten anderen auch, die Hilfe als Teil eines sozialen Austauschprozesses. Wenn Professionelle das Gefühl haben, daß sie viel geben und wenig empfangen, entwickeln sie Ressentiments. Sie wenden sich insbesondere gegen Klienten, die vieles fordern, aber im Hinblick auf Gratifikation oder deutliche Verbesserung ihrer Lage wenig zurückgeben.[20]
Ein anderer wichtiger Faktor im Hinblick auf die Intoleranz der Professionellen im Umgang mit schwierigen Klienten scheint ein Gefühl dafür zu sein, daß sie im Grunde die erhöhte Zuwendung eigentlich nicht verdienen. Kooperative und aufmerksame Schüler beispielsweise verdienen mehr Sympathie und Zuwendung des Lehrers als unmotivierte Schüler, die sich dauernd beklagen.

Schlußfolgerung: Auf dem Wege in eine soziale Gesellschaft

Veränderungen in der Sichtweise von Professionellen auf ihre Klienten spiegeln Veränderungen der Gesamtgesellschaft wider. Die 80er Jahre waren eine Periode, in der unsere Gesellschaft ihr Interesse an jenen verlor, die nicht in das Idealbild vom erfolgreichen Amerikaner paßten, die nicht mithalten konnten, die »schwierig« waren. Sozialpolitische Programme zu ihrer Un-

---

20 Die Wahrnehmung unausgewogener sozialer Ausgleichshandlungen mag erklären, warum das Personal, das von Mizrahi 1986 untersucht worden war, besonders durch Patienten irritiert wurde, die nicht schnell behandelt und wieder entlassen werden konnten und warum die schwächsten Patienten den meisten Ärger verursachten. Was diese Patienten als eine Gruppe auszeichnete, war, daß ihre Pflege besonders kostspielig war – sie brauchten mehr Zeit und größere Zuwendung, und das, was sie zurückgaben, war nicht erwähnenswert.

terstützung wurden immer unpopulärer. Gewalt gegen Homosexuelle nahm zu. Die Obdachlosen, die sich weigerten, aus der Öffentlichkeit zu verschwinden, begannen, uns mehr und mehr zu irritieren. Selbst George Bush nahm diesen Trend während der Präsidentschaftskampagne 1988 wahr und rief nach einem »freundlicheren und großzügigeren Amerika.« In dem er diese Formulierung gebrauchte, erkannte er offensichtlich an, daß dieses Amerika inzwischen unfreundlicher und egoistischer geworden war.

Hand in Hand mit dieser zunehmenden Antipathie gegen die »Habenichtse« in der Gesellschaft ging eine zunehmende Sorge um den eigenen Erfolg, um den eigenen Aufstieg und den eigenen Selbstwert. Gordon bemerkte 1991, daß Konkurrenzkampf, Selbstbehauptung und Aufstiegsorientierung während der 80er Jahre höher bewertet worden seien als soziale Zuwendung. Ökonomisch gesprochen, hatten die Leute das Gefühl, daß sie härter arbeiten müßten, um den Anschluß nicht zu verlieren. Der Erfolg wurde ein wichtiger Wert – aber für viele stellte er sich nur auf Umwegen und unter Zuhilfenahme von Kniffen und Tricks ein. Und je mehr wir uns um unseren ökonomischen Erfolg sorgten, um so intoleranter wurden wir gegenüber denen, die augenscheinlich gravierende Probleme hatten: minderjährige Eltern, Drogenabhängige, Wohnungslose. Am Ende der 80er, so Gordon 1991, gab es in den Vereinigten Staaten eine »Krise des Helfens«. Die 80er waren aber auch eine Periode, in der wir, psychologisch gesprochen, unserer selbst weniger sicher waren. Wir hatten weniger Vertrauen in das, was wir waren, und in den Weg, auf dem wir gingen. Wir sorgten uns nicht nur um unseren ökonomischen Erfolg, wir wollten gleichzeitig gute Eltern sein, gute Liebhaber und gute Arbeiter. Aber was bedeutete das? Und was war das Geheimnis der inneren Erfolge? Jedes neue Selbsthilfebuch verstärkte unsere Beschäftigung mit »inneren Werten«. Gleichzeitig schien unser Mitgefühl mit anderen, mit den Unterpriviligierten und Behinderten zu schwinden. Gleichzeitig aber dokumentierten diese Unterpriviligierten durch ihre wachsende Zahl und ihre Sichtbarkeit in der Öffentlichkeit die Fragwürdigkeit unserer Gesellschaft.

Die Professionellen in meiner Studie vermieden schwierige Klienten und wichen ihnen aus, weil diese Klienten eine Bedrohung für das professionelle Verständnis von Effizienz darstellten. Sie bewirkten, daß die Professionellen ihrer selbst weniger sicher waren und sich deplaziert fühlten. Es kann sein, daß wir deshalb weniger mitleidensfähig gegenüber den Bedürftigsten in unserem Lande wurden, weil sie uns das Gefühl gaben, daß wir unserer selbst weniger sicher sein konnten.

Wenn die Parallele plausibel ist, dann zeigt meine Studie, daß die Antipathie gegenüber den bedürftigsten und schwierigsten Mitgliedern unserer Gesellschaft nicht unvermeidlich ist. Wenn die Professionellen über Instrumente verfügen würden, die notwendig sind, um mit schwierigen Klienten umzugehen, wenn sie unter Arbeitsumständen tätig sein könnten, die ihre Anstrengungen unterstützten, und wenn sie in der Lage wären, in ihren Klienten nicht nur »Probleme«, zu sehen, dann könnten diese Professionellen ihnen gegenüber wieder mitleidsfähig werden. Mitleid bedarf eines unterstützenden Milieus. Dieses Milieu existierte während der 80er Jahre in den USA nicht. Aber vielleicht können wir es künftig wieder herstellen.

6. Offenheit für den Wandel

Die Qualität personenbezogener Dienstleistungen hängt davon ab, wie verständnisvoll und zugewandt die professionellen Helfer sind, sie hängt aber gleichzeitig auch von ihrer Offenheit und Flexibilität gegenüber gesellschaftlichen Veränderungen ab. Neue Probleme und deren Lösungen tauchen beständig in Bildung, Krankenpflege und anderen sozialen Berufsfeldern auf. Professionelle, die borniert dem einmal eingeschlagenen Wege folgen und die auf rigide Weise eine Praxis perpetuieren, so wie sie immer schon gewesen ist, machen es unwahrscheinlich, daß effektive und menschenfreundliche Dienstleistungen erbracht werden (Schein 1971).[21]

Reform lag in den späten Sechzigern und Siebzigern in der Luft. Die neuen Professionellen, die ich in meiner Studie erfaßt habe, unterstützten, ganz allgemein gesprochen, die liberale Sozialpolitik[22], die populär geworden war. Und die den Armen und Unterpriviligierten helfen sollte.

Natürlich standen nicht alle neuen Professionellen dieser Jahre in

21 Flexibilität als Begriff und Phänomen ist in der Erforschung von Professionellen und ihren Berufswegen bisher vergleichsweise wenig beachtet worden. Andere Variablen, wie Arbeitszufriedenheit und Identifikation mit der Wohlfahrtseinrichtung, in der man arbeitet, haben mehr Aufmerksamkeit gefunden. Aber Hall (1976) hat darauf hingewiesen, daß »Anpassungsfähigkeit« – das heißt, die Fähigkeit, neue Fertigkeiten und neues Wissen zu erwerben – Eingang in die Erforschung von Karrierewegen finden sollte.

22 Der Autor verwendet den Begriff »liberal« in einem Zusammenhang, der sich von der gegenwärtigen deutschen Situation wesentlich unterscheidet. Er wird in den USA wie in guten alten deutschen Zeiten als Gegenbegriff zu »konservativen Positionen« verwendet und markiert eine Sensibilität für soziale Probleme und die Bereitschaft, sich an ihrer aktiven Bearbeitung zu beteiligen, die auf mehr soziale Gerechtigkeit zielt – ist also eher mit der historischen sozialdemokratischen Position zu vergleichen als mit dem, was wir augenblicklich in Deutschland unter dem Markenzeichen »liberal« verstehen. (C.W.M.)

gleicher Weise hinter dem Konzept sozialen Wandels und sozialer Reformen, aber die meisten tendierten dazu, sich selber als »liberal« einzustufen und glaubten, daß Veränderungen der amerikanischen Gesellschaft seit langem überfällig waren. Die »Bürgerrechtsbewegung« und der »Kampf gegen die Armut« berührten viele Teilgebiete unserer Gesellschaft. Dazu gehörten die personenbezogenen menschlichen Dienstleistungen. Liberale Reformer begannen sich kritisch mit der Gesundheitsversorgung, dem Bildungssystem und dem Rechtssystem zu beschäftigen – und sie fanden, daß diese Felder voller Ungerechtigkeiten und Ineffektivitäten waren. Die Verantwortlichen in diesen Feldern reagierten auf die vorgetragene Kritik und forderten ihrerseits Reformen. Die neuen Professionellen in meiner Studie sind während ihrer universitären Ausbildung mit einer Reihe dieser kritischen Stimmen konfrontiert worden. Sie erhielten Informationen über die Nachteile traditioneller Praxis und wurden in Vorlesungen und Seminaren auf ein neues Denken orientiert. Sie waren mehr oder weniger entschlossen, das Profil und den Charakter ihrer Berufe zu verändern. Sie wollten »Agenten des Wandels« werden.

Aber wie erging es diesen jungen Idealisten, wenn sie erst einmal mit der »wirklichen Welt« konfrontiert werden würden? Eine oftmals vorgetragene Kritik an der sozialen Arbeit besagt, daß Praktiker dazu neigen, selbstzufrieden und konservativ zu werden. Wenn sie erst einmal eine Reihe von Jahren berufstätig gewesen sind, fühlen sie sich von Veränderungen bedroht und unterlaufen alle Anstrengungen zur Reform. Die neuen Professionellen in meiner Studie waren entschlossen, diesem konservativen Bilde nicht zu folgen. Sie wollten offen und flexibel bleiben. Sie wollten nicht wie jene ausgebrannten Veteranen werden, von denen sie an der Universität gehört hatten. Sie wollten dem Gruppendruck älterer Kollegen widerstehen, der sie auf die alten Pfade zwingen sollte. Sie würden an den neuen Idealen festhalten, die sie in ihren Seminaren kennengelernt hatten. Sie würden Innovatoren sein, und sie würden es bleiben, egal, was dann passieren könnte.

Zehn Jahre später, als ich mich auf die Nachfolgestudie vorbereitete, bat ich Studierende in einem meiner Seminare, Vermutungen zu äußern, wie sich diese Professionellen im Laufe der Zeit verändert haben könnten. Eine der Studierenden sagte:

> »Ich wette, sie sind rigide geworden und ablehnend gegenüber Veränderungen. Sie werden viel vorsichtiger und zögerlicher sein, das Boot zu schaukeln, in dem sie sitzen. Vielleicht sind sie Innovatoren gewesen, als sie jung und idealistisch waren. Aber jetzt werden sie den Status quo verteidigen.«

Als ich dieser 23jährigen Studentin zuhörte, als sie ihre Prognose abgab, erkannte ich ein Stereotyp wieder, das viele von uns über diejenigen haben, die sich der Mitte ihres Lebens nähern, und dennoch fand ich es schwierig, dieser Einschätzung zu widersprechen. In den Sechzigern waren es in der Tat die Jungen, die den Wandel befürworteten, während die Älteren und Etablierteren jede Veränderung blockierten. Es wird allgemein vermutet, daß Menschen konservativer werden, wenn sie in die Jahre kommen. Radikale werden Gemäßigte, Liberale werden Konservative und professionelle Helfer werden etabliert und rigide. Das sagt der allgemeine gesunde Menschenverstand. Aber wie zutreffend sind diese Meinungen?

Die Untersuchungen zu Kreativität und Innovation in den Naturwissenschaften scheinen diese Sichtweise zu bestätigen. Naturwissenschaftler und Mathematiker leisten ihre wichtigsten Beiträge zur Weiterentwicklung der Wissenschaft als junge Erwachsene. Und das würde nahelegen, den Höhepunkt menschlicher Flexibilität am Ende der 20er und zu Beginn der 30er Jahre eines Menschen zu vermuten. Untersuchungen über die Entwicklung Erwachsener scheinen jedoch diese Alltagswissen zu erschüttern. Haan hat 1989 verschiedene Längsschnittstudien über die Entwicklung von Erwachsenen zusammengefaßt und bemerkt, daß Menschen zwischen ihrer frühen erwachsenen Phase und ihrem frühen Mittel-Alter immer innovativer werden und gut mit Unsicherheiten leben können. Fiske und Chiriboga haben 1990 an einer der ehrgeizigsten dieser Längsschnittsuntersuchungen mitgewirkt. Sie haben herausgefunden, daß Männer wie Frauen im Laufe der Zeit weniger rigide und flexibler geworden sind.

Aber es könnte sein, daß Angehörige helfender Berufe, besonders solche, die im öffentlichen Dienst tätig sind, einen speziellen Fall darstellen. Bürokratien, so sagt man, führen zur Verknöcherung der in ihnen arbeitenden Menschen.[23] Und Professionelle im öffentlichen Dienst sind, neben allem anderen, Bürokraten (Prottas 1980). Wurden nun die Professionellen in meiner Studie im Laufe der Zeit rigider, haben sie ihren Wunsch nach Innovation für immer vergessen, wurden sie unempfindlich gegen Experimente und sozialen Wandel?

Unterschiedliche Reaktionen auf Veränderungen

Allgemein gesprochen, kann man sagen, daß meine Professionellen im Laufe der Zeit flexibler wurden und bereitwilliger gegenüber Experimenten. Lehrer neigten dazu, sich neuen Themen und Verfahrensweisen im Klassenzimmer zu öffnen. Professionelle in der Sozialpsychiatrie hielten weniger rigide an einem speziellen theoretischen Ansatz oder einer speziellen Technik fest. Die Professionellen wurden bereiter, zu experimentieren und neue Chancen zu ergreifen, als sie es als Anfänger gezeigt hatten.[24]

---

23 Bray u.a. (1974) fand heraus, daß die Manager in einer der weltgrößten Bürokratien – dem Kommunikationstrust AT & T – innerhalb der ersten acht Jahre ihrer innerbetrieblichen Karriere immer ridiger wurden. Die Flexibilität im Hinblick auf Zielverfolgung und Toleranz gegenüber Unsicherheiten nahm während dieser Periode kontinuierlich ab.

24 Es sollte an dieser Stelle daran erinnert werden, daß diese Ergebnisse, wie andere auch, auf den Wahrnehmungen und Glaubenssätzen basieren, die die befragten Personen selber geäußert haben. Es ist möglich, daß sie in der Praxis weniger flexibel und experimentierfreudig waren, als sie im In-

Eugenia Barton hat es so ausgedrückt, als ich sie fragte, ob sie sich im Verhältnis zum Anfang ihrer Berufstätigkeit als mehr oder weniger flexibel erleben würde:

> »Oh, ich bin viel flexibler, viel flexibler. Ich denke, daß Inflexibilität der Furcht entspringt. Wenn Sie befürchten, die Klasse zu verlieren, dann machen Sie Fehler, dann folgen Sie einem sehr rigiden Plan. Wenn Sie erst einmal ihren Stoff gelernt haben und sich ihm gegenüber entspannter fühlen, ist es viel einfacher zu experimentieren – es ist nicht mehr so bedrohlich.«

Diese größere Bereitschaft zu experimentieren scheint mit der Selbstgewißheit positiv zu korrelieren, welche die Professionellen in der zweiten Befragung fühlten. Das sagte beispielsweise der klinische Sozialarbeiter Nick Fisher:

> »Ich denke, ich bin meiner selbst jetzt viel sicherer und kann deswegen neue Sachen versuchen. Ich probiere beispielsweise emotionale Dinge aus, die ich mir früher niemals zugetraut hätte. Ich fühl mich inzwischen auf diesem Gebiet einfach viel wohler.«

Und die Lehrerin Victoria Goble sagte:

> »Ich denke mir, wenn man selbstsicherer wird, dann ist man bereit, mehr zu riskieren. Und in dem Maße, indem ich bereit bin, mehr zu riskieren, bin ich auch bereit, Neues auszuprobieren.«[25]

---

terview zu sein angaben. Die Forschungsmethode, die ich verwendete, war gewählt worden, um die Wahrscheinlichkeit zu minimieren, daß sich die Befragten in die Defensive gedrängt fühlten. Aber wir wissen nicht, inwieweit die Befragten ihr Selbstbild korrigierten, um sich in einem positiveren Lichte zu zeigen.

25 Diese Feststellung bestärkt die Voraussage von Schein aus dem Jahre 1971, daß die Innovationsbereitschaft am Beginn einer Karriere am geringsten ist, ebenso gering wie während wichtiger Veränderungen der eigenen Berufsrolle. Wenn Professionelle erst einmal etabliert und sicher sind, zeigen sie eine größere Bereitschaft für Innovationen. Diese Ergebnisse befinden sich in Übereinstimmung mit dem allgemeineren Prinzip, daß Rigidität, Konformität und Widerstand gegen Veränderungen im Zusammenhang mit Streß und Ängstlichkeit verstärkt werden (Nicholson 1984).

Aber es wäre falsch, daraus die Schlußfolgerung zu ziehen, daß die Professionellen in jeder Hinsicht offener gegenüber Veränderungen geworden wären. Auf der einen Seite schienen sie bereitwilliger gegenüber Experimenten zu sein. Auf der anderen Seite waren sie aber auch skeptischer über die Bedeutungen und den Wert von Veränderungen geworden. Beispielsweise sagte die Oberstufenlehrerin Charlotte Noble:

> »Je älter ich werde, um so mehr sage ich mir: ›Also nach meiner Erfahrung habe ich alle diese Sachen ausprobiert, und sie haben nicht funktioniert. Deswegen werde ich das jetzt nicht noch einmal versuchen.‹ Ich bin allerdings flexibel und versuche mich an neuen Ideen, wenn meine Erfahrung mir sagt, daß es laufen könnte.«

Ein anderer Lehrer, Calvin Miller, klang in seinen Äußerungen noch ablehnender gegenüber Veränderungen, als er sagte:

> »Ich hab dieser Tage gedacht, daß das Problem unserer Schulen möglicherweise darin besteht, daß wir zu viele unterschiedliche Sachen gleichzeitig versuchen, ohne an einer Sache festzuhalten. Plötzlich ist mir die Idee gekommen, daß bei uns jedes Jahr alles anders ist. Immer wieder neue Wege, wie wir mit Disziplinproblemen umgehen oder der Abwesenheit von Schülern. Es ist so, als ob wir uns jedes Jahr von neuem fragen würden: ›Welcher Philosophie folgen wir in diesem Jahr?‹ Aber vielleicht ist es so, daß die Schulen besser einem einzigen konsistenten System oder Modell folgen sollen.«

Es scheint auf den ersten Blick, daß sich diese Aussagen widersprechen würden. Dieselben Individuen, die von sich selber sagen, sie wären offen gegenüber Veränderungen an einem Punkt, scheinen an einem anderen Stelle des Interviews ausgesprochen widerständig gegenüber Veränderungen zu sein. Aber dann lernte ich zu differenzieren, daß die Befragten einerseits offener waren gegenüber einigen Formen von Veränderungen und daß sie sich gleichzeitig weniger offen gegenüber anderen Formen von Veränderungen zeigten. Konkreter gesagt: Die Professionellen schienen weniger bereit zu sein, Ideen zu erproben, die von anderen kamen, aber sie schienen bereiter zu sein, mit eigenen neuen Ideen zu experimentieren.

Der klinische Sozialarbeiter Nick Fisher war hilfreich bei der Klärung der komplexen Haltung Professioneller im Hinblick auf Veränderungen im Berufsvollzug. Zuerst sagte er, daß er jetzt eher bereit wäre zu experimentieren, weil er mehr Selbstvertrauen besäße. Dann sagte er, daß er gleichzeitig vorsichtiger und weniger bereit wäre,

> »sich mit halbgaren Sachen zu beschäftigen mit dem Argument: ›Das ist eine hübsche neue Idee, wollen wir sie doch mal ausprobieren‹.« Der offensichtliche Widerspruch löste sich auf, als er sagte: »In gewisser Weise sehe ich mich als jemanden, der wirklich pfiffig in der flexiblen Anwendung von Verfahren ist. Aber dann bin ich auch wieder rigide. Ich sage mir selbst: ›Ich mach die Sache so, wie ich sie gut kenne ... Ich bin nicht sicher, ob ich mich mit der Idee befreunden kann, etwas Neues zu machen, nur weil es neu ist‹. Ich denke, es passiert mir oft, daß ich mich gegenüber neuen Möglichkeiten verschließe. Wenn ich mich aber als jemanden sehen kann, der selber die neue Idee hat, dann bin ich möglicherweise eher bereit, das Risiko einzugehen.«

Wie man die Offenheit gegenüber neuen Möglichkeiten beibehält

Wie können wir Kreativität und Innovation in den helfenden Berufen unterstützen und verankern? Einmal, indem wir die Professionellen in den Prozeß der Innovation besser einbinden. Das Schlüsselwort heißt: »Es muß mein eigen sein.« Wenn eine andere Person eine neue Idee vorschlägt, wird der erfahrene Professionelle mit Skepsis reagieren. Wenn er selber derjenige ist, der die neue Idee denkt, dann ist er oder sie eher bereit, sie auszuprobieren.
Diese Reihenfolge ist unglücklicherweise nicht die Routine, mit der Reformen in Schulen und anderen Institutionen personaler

Dienstleistungen normalerweise implementiert werden. Die Reformen werden typischerweise von Wissenschaftlern, Politikern oder Administratoren formuliert. Ihre Umsetzung wird dann erfahrenen Professionellen übertragen. Wenn jedoch Lehrer und andere Professionelle in den personenbezogenen Dienstleistungen die Chance hätten, eine größere Rolle bei der Planung zu spielen, gäbe es möglicherweise mehr Reformen in den personenbezogenen Dienstleistungen.

Ein zweiter Weg, um erfahrene Professionelle offener für Innovationen zu machen, besteht darin, sie wieder in den Anfänger-Stand zu versetzen: erfahrene Professionelle in neue herausfordernde Situationen zu bringen, und das alle fünf Jahre von neuem. Das ist beispielsweise Carol Potter passiert. Sie hatte mehrere Jahre als Unterstützungslehrerin gearbeitet und war in dieser Rolle ausgesprochen glücklich, in der sie individuell mit jeweils einem Schüler für ein oder zwei Stunden die Woche arbeitete. Dann erfuhr sie eines Tages, daß sie für das nächste Schuljahr eine eigene Klasse übernehmen sollte. Sie war schokkiert. Jetzt sollte sie mit einem Mal mit einer Menge Kinder gleichzeitig zusammenarbeiten – und das jeden Tag und fünf Tage in der Woche. Das war in der Tat eine völlig neue Rolle. Und sie war mit dieser Rolle überhaupt nicht einverstanden. Sie war nahe daran zu kündigen. Aber am Ende entschied sie, es zu versuchen.

Auf ihrer verzweifelten Suche nach einer Hilfe fand sie eine andere Lehrerin in dem Distrikt, die einige Jahre lang in selbstorganisierten Klassen gearbeitet hatte. Carol ging zu ihr und versicherte sich ihrer Hilfe. Sie erzählte mir im Interview, daß sie sich selber wieder wie eine junge Studentin gefühlt habe. Sie war hungrig nach jedem Ratschlag, den ihr die erfahrene Lehrerin geben konnte, und sie war glücklich, daß dies auch geschah. In diesem Schuljahr traf sich Carol mindestens einmal die Woche mit der hilfreichen Lehrerin, um zu berichten, wie sich die Klasse entwickelte, und um Hilfe in bezug auf die Probleme zu erhalten, mit denen sie konfrontiert war. Carol war ein gutes

Beispiel, wie eine erfahrene Professionelle in die Lage versetzt werden kann, flexibler und offener im Hinblick auf neue Lernprozesse zu reagieren. Sie befreundete sich mit der Rolle, wieder neu anzufangen und sich neu zu orientieren. Retrospektiv sagte sie, daß ihr das gutgetan hätte, es hielt ihr Interesse an der Arbeit wach, und es half ihr, offener im Hinblick auf die Aneignung neuer Ideen und Techniken zu werden.
Allerdings gibt es eine wichtige Voraussetzung für diesen Prozeß: Professionelle, die in neue Rollen geworfen werden, brauchen mehr Unterstützung und Anleitung, um ihren Streß auf bearbeitbarem Niveau zu halten. Wie Nicholson 1984 bemerkte, produzieren hohe Beigaben von psychologischem Streß Konformität und Widerstand gegenüber Veränderungen. Veränderungen in der Rollenzuweisung machen Professionelle nicht offener für neue Ideen, wenn den Professionellen nicht geholfen wird, mit dem Streß fertig zu werden, der die Veränderung begleitet. Carol Potter hatte Glück, als sie kollegiale Hilfe erhielt. Am Ende war ihr Rollenwechsel eine ausgesprochen positive Erfahrung. Ohne die Unterstützung kann eine erzwungene Veränderung der Berufsrolle zu größerer Rigidität im Umgang mit der Realität führen. Um flexibel zu bleiben, brauchen Professionelle Veränderungen von Routinen, Herausforderungen und Unterstützung.

7. Warum soll man eigentlich arbeiten?

Zu Beginn ihrer Arbeit war das Problem beruflichen Engagements für die Professionellen in meiner Studie keine Frage. Die Arbeit war für sie von zentraler Bedeutung. Sie waren froh, daß sie ihre formelle Ausbildung beendet hatten, und sie warteten unruhig darauf, ihre Kenntnisse in die Praxis umzusetzen. Sie wollten so gut sein, wie immer sie sein konnten. Aber ihrer selbst unsicher und voller Angst vor dem Mißerfolg verwendeten sie viele Stunden darauf, die Lücken in ihren Kenntnissen und ihren Fertigkeiten zu füllen. Arbeit war für sie alles.

Am Ende des ersten Jahres jedoch veränderte sich ihre Bindung. Frustrationen und Fehlschläge hatten viele dazu gebracht, ihre Prioritäten neu zu überdenken. Sie schraubten das Engagement gegenüber der Arbeit zurück und investierten Energie und Zeit in andere Aktivitäten. Sie wurden zurückhaltend gegenüber der Forderung, zusätzliche Zeit in eine mit der Arbeit verbundene Tätigkeit zu investieren – falls sie dafür nicht entschädigt würden. Sie wurden empfänglicher gegen extrinsische Belohnungen – beispielsweise Geld. Sie waren keine idealistischen Professionellen mehr. Sie waren auf dem Wege, entfremdete Arbeiter zu werden.

Als ich sie zwölf Jahre später wieder interviewte, bemerkte ich, daß einige von ihnen sich nach dem ersten Jahr in einem gewissen Umfang erholt hatten. In dem Maße, in dem ihr Selbstvertrauen gewachsen war und in dem sie Wege gefunden hatten, um ihre Arbeit ertragreicher zu machen, wurden sie wieder interessierter und eingebundener in ihre Arbeit. Aber sie wurden nie wieder so engagiert, wie sie zu Beginn gewesen waren, und der Grund, warum sie arbeiteten, hatte sich verändert. Die Professionellen hatten nun den Anspruch, daß ihre Arbeit interessant und herausfordernd sein möge. Sie wollten nicht den Sinn ihrer Arbeit um den Preis von Statussicherheit und Geld aufgeben. Auf der anderen Seite wurden diese extrinsischen Belohnungen für ihre Arbeit im Laufe der Zeit immer interessanter. Sie waren nicht in die Krankenpflege oder die soziale Arbeit gegangen, um Status zu gewinnen und ein Vermögen zu machen, aber irgendwo auf dem Wege, den sie zurückgelegt hatten, änderte sich dies.

Die wachsende Bedeutung von Status und Prestige

Das Gefühl von Kompetenz blieb weiterhin bedeutsam für die Professionellen. Der klinische Sozialarbeiter Nick Fisher faßte es so zusammen:

> »Wenn eine Beratungsstunde gut läuft, dann taut mich das auf. Und dann habe ich das Gefühl von Zuversicht und – es klingt fast blöd – als wäre ich ein Künstler, der sein eigenes Werk gestaltet ... Ja, handwerkliche Tüchtigkeit, das ist ein guter Begriff, um es auszudrücken: handwerkliche Tüchtigkeit. Und das bringt mir ein gewisses Maß an Befriedigung, so als wäre ich ein guter Handwerker.«[26]

Kompetente Berufsausübung und das Vermeiden der demütigenden Erfahrungen, die mit dem Versagen verbunden sind, waren, noch nach einem Jahrzehnt beruflicher Erfahrung ein wichtiger Gesichtspunkt für die nun berufserfahrenen Professionellen.[27]

---

26 Professionelle sind selbstverständlich in dieser Frage keine Besonderheit. Das Gefühl von Kompetenz ist für die meisten Arbeitenden bedeutsam. Die Verbindung zwischen Kompetenz bei der Arbeit und Selbstwertgefühl wird kulturell hergestellt. Wie Macoby (1988, 72) hervorgehoben hat, hängt »in den Vereinigten Staaten unsere Selbstachtung zu sehr von der Wiederholung erfolgreicher Arbeit ab.«

27 Arthur/Kram (1989, 295) schlußfolgern, daß am Anfang ihrer Karriere das grundlegende Bedürfnis der meisten Berufstätigen darin besteht, kompetent zu erscheinen. Dieses Bedürfnis tritt im Laufe der Zeit gegenüber anderen Zielen zurück, aber »vorangegangene Bedürfnisse werden dabei weder vergessen noch insgesamt geleugnet ....«

Die Oberstufenlehrerin Victoria Goble räumte ein:

> »Ich hab manchmal einen Albtraum im Herbst, daß ich meiner Klasse einen Auftrag erteile. Und dann sehen sie mich alle an und sagen: ›No‹!«

An dieser Stelle kicherte sie und gab zu: »Das scheint mir ein Zeichen zu sein, daß ich gegenüber meiner Arbeit immer noch sehr angespannt bin.«

Wenn wir unterstellen, daß die Entwicklung eines Gefühls von Kompetenz immer noch eine wichtige Voraussetzung für die Berufszufriedenheit der Professionellen war, wie kamen sie dazu, sich als erfolgreich einzustufen? Für Lehrer, Beraterinnen in der Sozialpsychiatrie und andere helfende Berufe ist die Arbeit mit Klienten oftmals nicht besonders gut geeignet, das Gefühl von Selbstbewußtsein und Wirksamkeit zu erzeugen. Status und Prestige innerhalb der Gruppe der Kollegen stellen demgegenüber wesentlich deutlichere Marksteine für den eigenen Erfolg dar. Einige Individuen ragen in jeder professionellen Gemeinschaft wegen ihrer Erfolge heraus. Einige erlangen sogar nationale Beachtung. In dem Maße, in dem die Professionellen meiner Studie die Grundlagen ihres Berufs beherrschten, begannen sie von einem Erfolg auf höherer Basis zu träumen. Es kann für Professionelle schwierig werden, sich ihr Streben nach Status und Prestige bewußt zu machen. Die Fixierung auf solche Gegenstände verletzt kulturelle Normen. Wie Sarason (1988, 75) bemerkt hat,

> »ist es richtig, daß die Beteiligung an Wettbewerben und Wettkämpfen in unserem Lande allgemein ermutigt und belohnt wird. Es ist in Amerika gleichzeitig wahr, daß wir gelehrt werden, daß es unangemessen wäre, die eigene Konkurrenzfähigkeit all zu sehr in Erscheinung treten zu lassen. Wir kleiden sie deshalb in eine Vielzahl von Gewändern, die uns selber und anderen gegenüber verbergen, wie sehr wir davon abhängen, daß wir besser sind als andere, wie inbrünstig wir uns danach sehnen, auf dem Gipfel des Erfolgs zu thronen.«

Die intensiven biographischen Interviews, die wir verwendet haben, um Daten für unsere Studie zu sammeln, waren besonders hilfreich, um diese Haltungen über die Bedeutung des Status zu erforschen. Im Laufe der Interviews schienen meine Gesprächspartner zu entdecken, daß ich selber mehr daran interessiert war, aus ihren Erfahrungen zu lernen, als über diese Erfahrungen Urteile abzugeben. Und Schritt für Schritt fingen sie an, etwas über sich selber preizugeben, das sie normalerweise verschweigen würden. An dieser Stelle tauchten Kommentare über ihr Bedürfnis nach Status auf. Das biographische Interview ebnete den Weg und machte es für meine Gesprächspartner leichter, über die Frage, wie bedeutend Status für sie geworden war, zu reden.

Als der klinische Sozialarbeiter Nick Fisher seine berufliche Karriere begann, bedeutete für ihn »Prestige« sehr wenig. Aber während des zweiten Interviews, 12 Jahre später, gab er zu, daß es in der Zwischenzeit für ihn an Bedeutung zugenommen habe. An einem Punkt seiner Karriere sei es für ihn entscheidend gewesen, als »anerkannter Experte« gesehen zu werden, als eine Person, die sichtbar und profiliert innerhalb der professionellen Gemeinschaft gestanden habe. Nick formulierte es während des Interviews so:

> »Natürlich freue ich mich darüber, wenn die Leute mich wertschätzen. Ich mag die Leute, mit denen ich arbeite, ich mag es, wenn sie meinen Namen kennen und wenn ich das Gefühl habe, daß ich eine gute Arbeit mache und von ihnen eine positive Rückmeldung erhalte. Wenn sie beispielsweise sagen: ›Na ja, Sie sind der Experte, und Sie wissen, was Sie da machen‹. Und ›wenn Fisher sagt, daß ist soundso, dann ist es auch so und dann ist es auch so, wie es passieren wird‹. Dabei habe ich immer ein sehr gutes Gefühl.«[28]

---

28 Kanter (1989, 51) bemerkte, daß Aufwärtsbewegungen innerhalb der Profession weitgehend auf der »Reputation für größere Kunstfertigkeiten« ba-

Eines der schlagendsten Beispiele für die Veränderung von Status und Prestige im Laufe der Zeit lieferte Margaret Williams. Margaret war ursprünglich Rechtsanwältin geworden, um den Armen zu helfen. Die Armengesetze waren eine Möglichkeit, die Gesellschaft gerechter und humaner zu machen. Und obwohl sie an einer renommierten juristischen Fakultät studiert hatte, weigerte sich Margaret, sich auf höherrangige Planstellen zu bewerben. Aber sie erfuhr einen bleibenden »Realitätsschock« während ihres ersten berufspraktischen Jahres. Als ihr Idealismus und ihr Engagement schwanden, wuchs ihr Bedürfnis nach Status und Anerkennung durch die Kollegen. Als ich sie zum zweiten Mal interviewte, war sie sich völlig darüber im klaren, wie sehr sich ihre Prioritäten geändert hatten. Sie praktizierte nun in einem der eher konservativen Bereiche der Rechtspflege. Sie befaßte sich ausschließlich mit finanziellen Streitfragen. Sie sagte:

> »Ich glaube, ich bin jetzt eine nationale Autorität in meinem Spezialgebiet. Ich bin Vorsitzende der nationalen Vereinigung von Rechtsanwälten in diesem Bereich geworden, und ich kriege wirklich große Fälle auf den Tisch. Mich erreichen Anrufe aus allen Teilen des Landes von anderen Rechtsanwälten, die wissen möchten, wie ich die Sache sehe. Ich bin jetzt Expertin auf einem Gebiet, das anerkannt wird. Das mag sich finanziell nicht immer auszahlen, aber ich werde von einer Menge Leute respektiert.«

Später im Interview räumte Margaret ein, daß für sie die Anerkennung und das Prestige bedeutsamer geworden wären als die Hilfe für andere Menschen.

---

siert. Maccoby (1988) kommentierte, wie wichtig die »externe Wertschätzung« für Professionelle sei. Gowler/Legge (1989) haben argumentiert, daß Erfolg in der Karriere für alle Arbeiter auf ihrer Reputation beruht und daß die Reputation im wesentlichen auf der wahrgenommenen Expertenschaft und den Erfahrungen der Arbeiter basiert. Die Unterschiede zwischen Professionellen und anderen Typen von Werktätigen bestehen nach Kanter darin, daß die Reputation der Professionellen von der Wahrnehmung durch ihre Kollegen abhängt, während die Wahrnehmung der Vorgesetzten für die Nichtprofessionellen von größerer Bedeutung ist.

»Es ist wie ein Spiel. Ich hasse es, die Entwicklung so zu formulieren, aber genauso ist es ... Wenn ich meine großen Fälle gewinne, dann ist das wie eine Feder an meinem Hut. Natürlich ändert das nicht die Welt, es macht auch das Leben für die meisten Menschen nicht besser. Es ist einfach nur eine Feder an meinem Hut. Und genau das ist es, worum ich mich im Augenblick kümmere.«[29]

Margaret kümmerte sich nun nicht mehr darum, »die Welt zu verändern« oder sich für Gerechtigkeit einzusetzen. Ihr primäres Motiv an diesem Punkt ihrer Karriere war, das »Spiel zu gewinnen« und »Federn an ihrem Hut zu sammeln.«

Die Veröffentlichung von Beiträgen in professionellen Fachzeitschriften, Hauptreferate bei Konferenzen und andere hervorgehobene Aktivitäten sind für Professionelle beliebte Wege, um sich der Fachöffentlichkeit vorzustellen und den eigenen Status zu erhöhen. Deshalb suchten die Professionellen in meiner Studie zunehmend an diesem Punkt ihrer Entwicklung nach Möglichkeiten, um ihre Reputation durch Publikationen und öffentliches Auftreten zu erhöhen. Wenn sie damit erfolgreich waren, erwies sich die damit verbundene Reputation als wirkungsvoll. Die Krankenschwester Jessica Andrews sagte in diesem Zusammenhang:

»Ich habe einen Artikel publiziert. Es war in einer renommierten Fachzeitschrift. Inzwischen liebe ich es zu schreiben ... Ich bin von der Zeitschrift ALPHA zweimal abgedruckt worden, seitdem ich hier arbeite. Die Leute kamen nach der Veröffentlichung zu mir und sagten: ›Das ist ja wunderbar‹. Ich werde noch heute nach einem Beitrag gefragt, den ich vor zehn Jahren veröffentlicht habe. Die Anfragen kommen aus Ägypten, Kanada und Israel.«

---

29 Kanter bemerkte 1989, daß eine professionelle Wertschätzung weitgehend auf der Arbeit beruht, die jemand tut. Professionelle gewinnen Prestige, indem sie herausfordernde, bedeutsame oder lohnende Aufträge erhalten, die eine erweiterte Anwendung der Fertigkeiten voraussetzen, welche die Kompetenz der Professionellen definieren (Kanter 1989, 511).

Das Einkommen ist ein anderer Indikator für den relativen Status in unserer Gesellschaft. Als meine Professionellen in die mittlere Phase ihres Berufslebens eintraten und neue Verpflichtungen übernahmen, haben sich ihre finanziellen Bedürfnisse natürlicherweise erweitert. Aber ihre zunehmende Fixierung auf finanzielle Fragen war stärker als ihr tatsächlicher Bedarf an Geld. Das Einkommen ist eine greifbare Größe, um Status, Erfolg und Selbstwert zu messen. Professionelle, die weniger Geld verdienen als ihre Kolleginnen und Kollegen, müssen sich dauerhaft gegen Gefühle der Minderwertigkeit und der Scham zur Wehr setzen.

Margaret Williams war ursprünglich sorglos im Umgang mit Geld. In ihrem ersten Jahr als Pflichtanwältin sagte sie, sie würde sich um den geringen Status und die mickrige Entlohnung, die mit ihrer Arbeit verbunden seien, einfach nicht kümmern. Sie hatte das Gefühl, »sie könne gut leben« und hatte »keine Beschwerden«. Ihr Blick auf die Situation hatte sich zwölf Jahre später verändert. Sie erklärte, warum für sie das Einkommen bedeutsamer geworden wäre:

> »Ich werde noch immer bezahlt wie jemand, der vor einem Jahr oder vor zwei Jahren die Universität verlassen hat. Und das hat mich auch daran gehindert, einen Job in der Wirtschaft zu finden. Die Leute wundern sich einfach und sagen: ›Also jemand, der Jura studiert hat, der beide Examen hat und der seit zwölf Jahren berufstätig ist – der verdient heute nicht mehr als 30.000 Dollar – was ist da falsch gelaufen?‹«

Aber Margaret machte sich keine Gedanken über ihr Einkommen, weil sie das vielleicht von einem besseren Job abgehalten hätte. Sie redete die ganze Zeit darüber, wie Menschen sie aufgrund ihres niedrigen Einkommens bewerteten. Und während sie immer wiederholte, daß sie das nicht kratzte, wurde offensichtlich, daß es für sie von großer Bedeutung war. Ihre Selbstachtung litt unter der einfachen Tatsache, daß sie nicht genügend Geld verdiente. An einem Punkt drückte sie dies auch aus. Sie sagte:

> »Diese Gesellschaft bewertet Menschen nach der Menge des Geldes, das man verdient. Wenn ich mich daran orientieren würde, dann müßte ich mir eingestehen, daß mein Leben ein kompletter Flop war. Deshalb kann ich einfach nicht denken, daß Geld von wirklicher Bedeutung ist.«

Aber ein paar Minuten später kehrte Margaret spontan zu diesem Thema des Geldes und seiner Verbindung mit dem Selbstwertgefühl zurück:

> »Ich denke, es ist wirklich traurig, daß die Gesellschaft denkt, mit mir wäre etwas nicht in Ordnung, weil ich nicht genug Geld verdiene ... Es ist sehr schwierig, mit Leuten zu tun zu haben, die denken, ich sei keine gute Rechtsanwältin, nur weil ich nicht genügend Geld verdiene.«[30]

Margaret machte den Versuch, das Einkommen als eine unbedeutende Größe zu betrachten. Sie hatte damit wenig Erfolg. Viele der Leute, mit denen sie zu tun hatte, waren entgegengesetzter Meinung. Weil ihr Gehalt zu niedrig war, mußte sie dauernd das Gefühl bekämpfen, daß ihr Leben ein voller Mißerfolg geworden wäre.

Lehrer verdienen gewöhnlich wesentlich weniger als Rechtsanwälte. Aber auch sie empfinden eine starke Verbindung zwischen Einkommen und Selbstwert. Der Ehemann der Oberstufenlehrerin Eugenia Barton beispielsweise war ein Manager, der für eine große Gesellschaft arbeitete, die Familie hätte sehr gut mit seinem Einkommen allein auskommen können. Aber für

30 Margarets Ansicht über die Verbindung zwischen Geld und Status werden weithin geteilt. Maccoby hat 1988 bemerkt, »Bezahlung und öffentliche Wertschätzung sind die höchsten Formen gesellschaftlicher Anerkennung« (121).

Eugenia war die Höhe ihres Gehaltes dennoch bedeutsam, weil sie etwas über ihren Status aussagte:

> »Ich glaube, daß der Respekt, der einer Lehrerin entgegengebracht wird, in direkter Beziehung zu ihrem Gehalt steht. Und ich verstehe das heute wesentlich besser, als ich es früher verstanden habe.«

Status und der symbolische Wert des Geldes als Zeichen für sozialen Status haben für Eugenia eine große Bedeutung gewonnen.[31]

Zunehmendes Alter ist nicht die einzige Variable, welche eine größere Orientierung an Status und Anerkennung durch Dritte bewirkte. Die Professionellen, die ich untersuchte, waren auch durch den historischen Wandel beeinflußt – oder konkreter: durch die zunehmende Bedeutung, die »Geld und Ruhm« als bedeutsame Ziele des menschlichen Lebens während der achtziger Jahre erhielten. Untersuchungen über Professionelle und College-Studenten, die Professionelle werden wollten, enthüllten eine deutliche Umorientierung der Haltungen während dieser Zeitspanne. In den frühen Siebzigern waren College-Studenten stärker damit befaßt, ihre Arbeit als »sinnvoll« einzuschätzen. Mitte der achtziger Jahre jedoch hatten sich College-Studenten auf die Zielsetzung, »sich finanziell gutzustellen« und »Möglichkeiten für den Aufstieg« zu erhalten, umorientiert (Stark 1988). Die helfenden Berufe standen also in einer Ent-

31 Die Zunahme der Bedeutung der Höhe des Gehaltes in der Erziehung und Bildung wird ebenfalls in den achtziger Jahren lokalisiert. 1988 beispielsweise berichtete der amerikanische Rat für Erziehung von der Zunahme der Bedeutung finanzieller Sicherung für Studienanfänger. Der selbe Trend wurde auch im Hinblick auf ältere Lehrer deutlich. Zwischen den frühen Siebzigern und den Mittachtzigern erhöhte sich die Bedeutung des Einkommens, während die Bedeutung einer »interessanten und bedeutsamen Arbeit« abnahm. Das haben Trendberichte des National Oppinion Research Centers (Stark 1988) nachgewiesen. Geldverdienen ist ein bedeutender Wert geworden.

wicklung, die durch soziale Kräfte und psychologische Veränderungen den Wert von Status und Prestige gegenüber anderen Werten in den Vordergrund gestellt hatte.

Die zunehmende Bedeutung von Herausforderung und Anregung

Wenn extrinsische Motive wie Geld, Status und Prestige für Menschen an Bedeutung gewinnen, dann scheint es so zu sein, daß intrinsische Motive wie Herausforderung, Stimulierung und die Möglichkeiten, hochbewertete Fertigkeiten nutzen zu können, an Bedeutung verlieren – mindestens war es genau dies, was ich in meiner Untersuchung erwartet hatte.[32]
Die aktuellen Resultate, die ich mit meiner Forschung erheben konnte, widersprachen dem. Ich fand heraus, daß jemand intrinsische Belohnungen hoch bewerten und gleichzeitig extrinsische Belohnungen akzeptieren kann. Obwohl für meine Gewährspersonen Status und finanzielle Kompensationen an Bedeutung gewonnen hatten, stieg für die meisten meiner Professionellen die Bedeutung intrinsischer Belohnungen an. In ei-

32 Diese Erwartung – daß die Professionellen sich mit zunehmendem Alter weniger durch intrinsische Motive bewegen lassen würden – war auch durch vorgängige Untersuchungen unterstützt worden. Rhodes beispielsweise faßte 1983 alle Untersuchungen über die Beziehungen zwischen Alter und »Wachstumsmotivation« zusammen und fand, daß es dazu eine inverse Korrelation geben würde. In anderen Worten: Je älter Menschen werden, desto geringer wird ihr Bedürfnis nach Herausforderung und sinnvoll sich selbst rechtfertigender Arbeit. Diese Beziehung als Korrelation ist schwach, und sie basiert auf Studien über unterschiedliche Arbeitsbereiche. Rhodes glaubt auch, daß die Beziehung nicht auf akademisch gebildete Angestellte zutrifft. Alderfer und Guzzo (1979) fanden das gleiche Muster in einer Studie über leitende Angestellte. Sie untersuchten Betriebswirtschaftsstudenten und erfahrene Manager und fanden, daß das Bedürfnis nach persönlichem Wachstum im Laufe der Zeit abnahm. Es gab lediglich eine Zunahme während der mittleren Lebensspanne.

nigen Fällen, wenn meine Interviewpartner zwischen den beiden Formen der Belohnung wählen sollten, entschieden sie sich dafür, einen höheren Status, Prestige und Geld aufzugeben zugunsten von Jobs, die ihnen mehr intrinsische Belohnungen versprachen.

Die ehemalige Oberstufenlehrerin Alice Harris beispielsweise gab mir eine klare und lebendige Beschreibung ihrer intrinsisch motivierten und belohnten Arbeit. In der Beschreibung ihrer Karrieremöglichkeiten sagte sie:

> »Eine Zeitlang dachte ich, ich würde etwas im künstlerischen Bereich tun und es würde okay sein. Aber auch wenn ich etwas in der Öffentlichkeitsarbeit täte für eine größere Gesellschaft oder ein kleines Unternehmen, würde das okay sein. Aber jedes Mal, wenn ich in ein Museum gehe oder eine Besuchergruppe durch das Museum führe, bin ich so glücklich und liebe das so sehr, daß ich mir immer wieder sage: ›Hier bin ich in meinem Element. Hier werde ich wirklich lebendig‹. Es ist, als ob mir etwas Wunderbares zustoßen würde, und ich bin so glücklich, daß ich das tun kann. Wenn ich von dieser Erfahrung wieder nach Hause zurückkomme, sage ich mir immer: ›Ich kann nicht einfach nur ein Öffentlichkeitsarbeiter sein. Ich muß etwas machen, das mit Kunst zu tun hat‹.«

Ähnliches zeigt Alice, wenn sie darüber spricht, wie sehr sie es liebt, die Besucher in ihrem Museum zu führen und einführende Vorträge zu halten. Wenn sie das tut, so sagt sie, »erwache ich zu neuem Leben«. Und »bin glücklich«. Damit signalisiert sie jene intrinsischen Belohnungen, die sich einfach dadurch einstellen, daß man eine Arbeit macht, die man liebt.

Diese Professionellen waren zu Beginn ihrer Karrieren davon ausgegangen, daß ihr Beruf intrinsisch motivierend wäre. Während des ersten Berufsjahres aber überwog die Notwendigkeit, einfach zu überleben. Sie waren so sehr von der Notwendigkeit gefangen, sich selber in Szene zu setzen, kompetent zu erscheinen und sich auch so zu fühlen, daß ihnen wenig Zeit blieb, sich mit dem Gedanken zu befassen, ob diese Arbeit in sich befriedigend wäre. Aber im Laufe der Zeit vergrößerte sich ihre Chance, intrinsische Befriedigung in ihrer Arbeit zu finden. Und wenn dies erst einmal geschah, dann wurde ihnen klar, wie wichtig das für sie wäre. Es war in der Tat eine aufsteigende Spirale: Je mehr sie intrinsische Befriedigung erlebten, um so mehr wollten sie diese Erfahrung wiederholen und um so stärker wurde dies eine Motivation für die weitere Arbeit. Die Krankenschwester Angela McPherson beispielsweise antwortete auf meine Frage, ob die intrinsische Befriedigung für sie immer schon bedeutsam gewesen sei:

> »Na, ich denke, ich bin mir dessen einfach stärker bewußt geworden, weil ich in den letzten vier Jahren häufiger Gelegenheit hatte, die Erfahrung einer inneren Befriedigung zu machen. Ich hab immer schon gedacht, daß so etwas wichtig wäre. Aber jetzt spielt es eine überwältigende Rolle. Und ich bin mir dessen viel bewußter als früher.«[33]

Aber berufliche Reife und Entwicklung waren nicht die einzigen Kräfte, die an der Entwicklung sowohl intrinsischer als auch extrinsischer Aspekte der Arbeit Professioneller beteiligt waren. Zeitgeschichtliche Faktoren spielten ebenfalls eine Rolle. Campbell und Moses (1986) bemerkten, daß für Manager in den fünfziger Jahren der Aufstieg die vorrangige Motivation gewesen sei. In den frühen Siebzigern neigten junge Manager dazu, sich

---

33 Eine empirische Studie über Akzentverschiebungen von Ärzten in der Bewertung der Befriedigung in ihrem Beruf kam zu ähnlichen Ergebnissen. Blackburn und Fox (1983) fanden, daß die Wertschätzung ihrer Probanden eng mit intrinsischen Motivationen zusammenhing. Diese Befriedigungen, die sie »akademisch« nannten, wurden während der ersten Phase ihrer Berufstätigkeit rarer, aber sie stiegen in den nächsten zehn Jahren deutlich an. Wenn sich Ärzte erst einmal erfolgreich niedergelassen haben, sind sie in der Lage, ihre Aufmerksamkeit auf einige der intrinsischen Verstärkungen zu richten, die ihre Praxis mit sich bringt – intellektuelle Stimulierung, die Befriedigung, die es bringt, neue Techniken zu erlernen und die Möglichkeiten, mit neuen Methoden zu experimentieren.

mehr für die Frage zu interessieren, ob ihre Tätigkeit sie mit intrinsischen Befriedigungen in ihrer Arbeit versorgte. In den Achtzigern gab es eine Wiederbelebung der Wertschätzung gelungenen Aufstiegs, aber die innere Befriedigung blieb weiter von Bedeutung. Es scheint so, als seien für die gegenwärtige junge Generation von Managern sowohl intrinsische als auch extrinsische Verstärkungen und Belohnungen von Bedeutung. Die Professionellen, die ich in meiner Studie untersuchte, waren Teil derselben Kohorte und wurden offensichtlich von den gleichen sozialen und zeitgeschichtlichen Kräften bewegt.

Der Balanceakt: Arbeit, Familie und Freizeit

Die Professionellen hatten ein zunehmendes Bedürfnis, eine bessere Balance zwischen ihrer Arbeit und den anderen Bereichen ihres Lebens herzustellen. Trotz der Bedeutung, die sie den intrinsischen Befriedigungen aus ihrer Arbeit zumaßen, schauten sie mit zunehmendem Ärger auf das Ausmaß an Zeit und Energie, das sie in eben diese Berufsarbeit steckten. Und sie wollten, daß die Arbeit eine weniger dominante Rolle in ihrem Leben spielen möge.

Nick Fisher war einer von denen, die sehr stark daran interessiert waren, diese Balance zwischen Arbeit und privatem Leben herzustellen. Früher hatte er die meiste verfügbare Zeit und Energie in die Arbeit gesteckt. Sie war für ihn das Zentrum seines Lebens. Für ihn war kein anderes Ziel von ähnlicher Bedeutung wie die Aufgabe, ein kompetenter Professioneller zu sein. Aber im Laufe der Zeit verstärkte sich in ihm das Gefühl, daß andere Aspekte seines Lebens mindestens ebenso bedeutsam wären. Die Bedeutsamkeit dieser Balance äußerte er mit besonderer Deutlichkeit, als er mit mir über die Notwendigkeit eines gesünderen Lebens sprach:

»Vor sieben Jahren gab es einen Punkt in meinem Leben, an dem ich vor der Entscheidung stand, auf nationaler Ebene tätig zu werden. Da gab es einen Kollegen, der zwei gute Bücher in dem Felde geschrieben hatte, in dem auch ich arbeitete. Und er war dabei, sich eine Domäne aufzubauen. Und dazu reiste er durch die Lande und hielt überall teure Seminare ab. Und ich war an dem Punkt, es ähnlich zu machen wie er. Als ich damals mit der Luftwaffe groß ins Geschäft gekommen war. Und da wurde mir klar, daß ich auf diesem Weg nicht weitergehen könne.«

Ich fragte Nick, warum er auf diesem Weg nicht weitergehen könne.

»Na gut, ich kenne Leute, die das so machen. Sie verbringen ein Drittel des Jahres in Flugzeugen, ein Drittel – oder vielleicht sogar die Hälfte – in Hotels und leben aus dem Koffer. Also dieses ganze Zeug – fremden Leuten um den Bart gehen, damit sie sagen: ›Sie sind ja wirklich großartig, Sie wissen so viel, Sie sind so erfolgreich‹ – das ist wirklich nicht mein Ding. Ich sehne mich nicht nach Anerkennung. Mein Ego ist nicht so wackelig, daß ich die dauernde Bestärkung durch Fremde brauche. Ich will nicht hören, daß ich die größte Erfindung bin, seitdem es das geschnittene Brot im Supermarkt gibt. Ich weiß, ich könnte das alles auch. Ich bin clever genug, um mich auf diese Weise zu präsentieren und meine Zuhörer zu mir rüberzuziehen. Ich bin auf diesem Gebiet wirklich erfahren. Aber als ich das seinerzeit gemacht habe, habe ich mich schrecklich einsam gefühlt. Ich wollte nicht dauernd aus dem Koffer leben. Und ich war die ganze Zeit so schrecklich müde und gelangweilt. Es war keine Herausforderung mehr, es war die Sache einfach nicht wert. Ich habe überhaupt nichts mehr gefühlt. Man geht zurück ins Hotel, man guckt Fernsehen oder geht aus und schläft mit irgend jemandem. Und genau das wars, was ich die ganze Zeit getan habe. Aber wenn ich sehe, wie hart Leute arbeiten müssen, um Bücher zu schreiben und sie an den Mann zu bringen ... Der Kollege beispielsweise, von dem ich gesprochen habe, der arbeitet wirklich schwer an seinem Erfolg. Und wenn man mit ihm spricht, dann macht er den Eindruck eines Verrückten. Oh Junge, ich möchte nicht so werden wie er. Ich möchte sehen, wie mein Sohn groß wird, ich möchte auf Berge steigen und eine schöne Zeit haben. Und natürlich genügend Geld ....«

Für Nick waren Status und Prestige eine anziehende Sache. Und sie waren erreichbar. Aber der Preis, den er dafür bezahlen wollte, hatte seine Grenze. Eine gesunde Balance zwischen Arbeit, Familie und Freizeit war am Ende für ihn wichtiger als »die größte Sache seit der Erfindung des geschnittenen Brotes im Supermarkt zu sein.«[34] Wenn die Professionellen dreißig oder vierzig Jahre alt geworden sind, gibt es zwei Veränderungen, die diesen Wunsch nach einer Balance zwischen Arbeit und Freizeit unterstützen. Zum einen werden sie Eltern. Viele von ihnen haben den Kinderwunsch aufgeschoben, bis sie um die Dreißig herum waren. Bis zur Geburt ihres ersten Kindes waren sie gewöhnlich von ihrer Arbeit absorbiert. Aber nach der Geburt des ersten Kindes war es schwierig, ihr intensives Engagement an der Arbeit aufrechtzuerhalten. Die Erziehung des Kindes war nicht nur eine Aufgabe, die nicht ignoriert werden konnte, sie war auch von einer so großen Attraktivität, daß sie mit den Attraktionen der Berufsarbeit konkurrieren konnte.

Die Oberstufenlehrerin Charlotte Noble beispielsweise war mehr als fünf Jahre von ihrer Arbeit aufgefressen worden. Das änderte sich schlagartig, als sie ihre Tochter geboren hatte.

> »Nach der Geburt habe ich einfach keine Extraarbeit mehr übernommen. Habe nur noch das Nötigste gemacht. Vorher beispielsweise habe ich die gesamte PC-Arbeit an der Schule koordiniert.

---

34 Es gibt eine Reihe von Forschern, die herausgefunden haben, daß Professionelle der Familie und anderen Interessen außerhalb der Berufsarbeit mehr Bedeutung beimessen, wenn sie sich in ihren Berufskarrieren etabliert haben (Bailyn 1977; Bartolome/Evans 1979; Bray u.a. 1974; Hall 1986; Tamir 1989). Suran/Sheridan 1979 beispielsweise schlagen vor, vier Phasen in der professionellen Entwicklung ins Auge zu fassen. Während der dritten Phase, die gewöhnlich zwischen dem 30. und dem 50. Lebensjahr stattfindet, würde es von besonderer Bedeutung, eine Balance zwischen der Berufskarriere und dem persönlichen Leben zu finden. Die meisten meiner Professionellen waren in genau dieser Phase ihrer beruflichen Entwicklung.

Das bedeutete auch eine Menge Bürokratie beim Bestellen der Software, in der Beratung durch die verschiedenen Anbieter und all dieses Zeug – ich hab damals mindestens einen Job und einen halben dazu gehabt. Und dann habe ich mich runtergekürzt auf die allernotwendigste Unterrichtsarbeit.«

Charlotte fuhr fort, mir zu erklären, daß nicht nur die Arbeitszeit sich deutlich veränderte, die sie in ihren Beruf investierte. Ihre Sichtweise auf die Arbeit änderte sich ebenfalls deutlich. Der Unterricht war nun nicht mehr der zentrale Punkt ihres Lebens, sondern lediglich noch eines von verschiedenen konkurrierenden Interessen:

»Ich denke mir, daß ich heute den Unterricht als eine Sache begreife, die ›meine Karriere‹ ist. Und dieser Unterricht ist etwas anderes als ›mein persönliches Leben‹. Als ich in der Schule anfing, war ich noch nicht verheiratet, aber ich habe auch nicht mehr nach neuen Freunden gesucht. Die anderen Lehrer an meiner Schule – das waren alle meine Freunde. Die Schule war so etwas wie mein ganzes Leben. Aber als ich dann hierher gezogen bin, als ich kurz darauf heiratete und ein eigenes Haus hatte, einen Ehemann und andere Dinge, die in mein Leben traten, schrumpfte die Schule ins Verhältnis 9 zu 5 mit ein paar Zusatzleistungen – die Clubarbeit oder so etwas. Aber sie war nicht länger mein ganzes Leben. Und ich hab mich mit meinen Schülern außerhalb des Unterrichts kaum mehr abgegeben. Ich bin nicht mehr zum Fußball gegangen, nur um mir die Spiele anzusehen. Ich hatte einfach nicht mehr die Zeit für so etwas. Als ich noch alleine war, habe ich solche Dinge genossen. Aber die Zeiten ändern sich. Ich habe eben noch eine Menge andere Verpflichtungen. Und ich bin nicht mehr 22.«[35]

---

35 Die Rolle der Kinder bei der Reduzierung der Zeit, die für die Berufskarriere aufgewendet wird, verdeutlichte sich an einer Geschichte über Andrew Stein, einem Kandidaten für das Amt des New Yorker Oberbürgermeisters, die seinerzeit durch die Presse ging (Roberts 1993). Stein hatte sich gerade entschieden, sich im Alter von 48 Jahren aus der Politik zurückzuziehen, in der er seit seinem zweiundzwanzigsten Lebensjahr aktiv gewesen war. Er erklärte das so: »Meine beiden Jungen, Ben und Jake, sind jetzt sieben und fünf. In vier Jahren werden sie neun und elf sein. Und

Die Wiederentdeckung von Verantwortungen für die Organisation des Familienlebens war nicht die einzige Ursache für eine Überprüfung der Prioritätenliste meiner Gewährspersonen. In dem Augenblick, in dem sie in die Mitte ihrer Lebensphase eintraten, wurde einigen von ihnen die Tatsache bewußt, daß die Zeit verstreicht und daß sie selber sterblich wären. Das führte zu einer Neubewertung von Prioritäten. Das Ergebnis war oftmals das Gefühl, daß nicht alle Dinge im Lote wären und daß es mehr Harmonie zwischen den Teilbereichen von Arbeit, Familie und Freizeit geben solle.

Van Maanen (1977) hat eine Anzahl von Faktoren benannt, die von der Überbetonung der Arbeit zu anderen interessanten Aspekten des Lebens außerhalb von Arbeit und Beruf in der Mitte beruflicher Karrieren führen könnten. Zusätzlich zu den dann einsetzenden Veränderungen in der Familiensituation gibt es so etwas wie eine Plateau-Phase – das Gefühl, daß man nun eine bestimmte Ebene des beruflichen Erfolgs erreicht hat und daß es keine weiteren Gelegenheiten für zusätzlichen Aufstieg geben wird. Van Maanen vermutet, daß diese Wegwendung von der Arbeit als einem zentralen Lebensinteresse auch in Verbindung gesehen werden könnte mit einer zunehmenden Tendenz in der Mitte des Lebens, bisher nicht dominante Bedürfnisse auszudrücken – eine Beobachtung, die wir C.G. Jung verdanken.
Aber auch Änderungen im »Zeitgeist« sind ein bedingender Faktor. Amerikaner sind in den letzten zehn Jahren zunehmend

---

dann sagt man sich doch, willst du die Teilnahme an ihrer Entwicklung eigentlich verpassen?« Und er fuhr fort: »Die Freude an meinem politischen Agieren in der Öffentlichkeit ist immer wieder gedämpft worden durch die Junioren-Wettbewerbe im Fußball, die ich auslassen mußte, die Schultheater-Aufführungen und die Schachturniere, zu denen ich nicht gehen konnte. Es gibt eben mehr Dinge im Leben als nur die Politik …« Stein war ein kommunaler Berufspolitiker exakt in dem Alter, in dem auch meine Gewährspersonen waren. Er drückte die Gefühle der gesamten gesellschaftlichen Gruppe aus, der er angehörte.

damit beschäftigt gewesen, eine Balance zwischen Arbeit und Freizeit herzustellen. Kerr (1991) berichtet von einer Untersuchung amerikanischer Arbeiter, die gezeigt habe, daß 77% von ihnen mehr Zeit brauchten, um mit der Familie und den Freunden zusammen zu sein und daß 72% mehr Zeit für die Arbeit an sich selber verwenden wollten. 1975 haben 60% der befragten Amerikaner zu erkennen gegeben, daß sie genügend Freizeit hätten. Diese positive Aussage hat sich im Laufe der achtziger Jahre entscheidend verändert.

Obwohl die Professionellen den dringenden Wunsch hatten, eine bessere Balance im Umgang mit der Zeit in ihrem Leben herzustellen, fanden viele die Verwirklichung dieses Wunsches schwierig. Angela McPherson sagte, daß sie nicht besonders erfolgreich gewesen wäre, ihr berufliches Engagement zurückzuschrauben. Sie drückte damit eine allgemeine Mängelrüge aus. Die Oberstufenlehrerin Eugenia Barton beispielsweise sprach beredt davon, wie wichtig es für sie gewesen wäre, ein Leben außerhalb des Schulzimmers zu führen, wo man nicht nur auf eingefahrenen Gleisen die immer wieder gleichen Unterrichtsstunden plant und wo die Balance nicht nur für die Lehrerin, sondern auch für die Schüler von Vorteil sein könnte. Aber dann fügte sie mit einem naiven Lächeln hinzu:

> »Ich habe immer noch mit einigen Routinedingen meine Mühe, beispielsweise mit dem Lesen. Ich fühl mich immer schuldig, weil ich nur im Sommer lesen kann. Ich fühl mich wirklich schuldig, wenn ich ein Buch zur Hand nehme, das ich im Winter genieße. Ich denk dann immer, ich sollte lieber an einer Sache arbeiten, die im direkten Zusammenhang mit der Schule steht ... Ich hab mich einfach noch nicht dazu durchgerungen, eine Lektüre zu akzeptieren, die nicht der Arbeit, sondern lediglich dem Vergnügen dient.«

In anderen Fällen war es nicht das schlechte Gewissen, das die Professionellen davon abhielt, das psychische Engagement in die Berufsarbeit zurückzuschrauben. Viele fanden es eher schwierig, auf die Reputation zu verzichten, die ihnen aus der

Arbeit zuwuchs. Die Krankenschwester Gloria Bennett beispielsweise sprach über die Bedeutung, welche die Balance zwischen Arbeit und Freizeit für sie in den vergangenen Jahren gewonnen habe. Sie hatte beschlossen, ihr berufliches Engagement zu reduzieren und neue Interesse außerhalb des Berufs zu entdecken und zu entwickeln. Dann entschied sie sich auf der Suche nach stärkeren Stimulierungen, Herausforderungen und einem höheren sozialen Status für einen Beruf, der mehr Status vermitteln würde als ihre Arbeit als Schwester. Sie entschied sich für die Jurisprudenz. Als ich sie für die Nachfolgestudie interviewte, war sie immer noch eine Vollzeit-Krankenschwester im Verwaltungsdienst, aber sie nahm auch an einer abendlichen Vollzeitausbildung für Juristen an der Universität teil.[36]

Die extrinsischen und die intrinsischen Belohnungen der Arbeit erlangten für alle befragten Professionellen im Laufe der Zeit erhöhte Wertschätzung und Bedeutung. Die Professionellen wollten mehr Erfolg, mehr Anerkennung, mehr Geld – und mehr Erfüllung im Leben – als jemals zuvor. Aber sie wollten auch

---

36 Professionelle zahlen augenscheinlich einen Preis für die Reduzierung ihres seelischen Engagements an der Arbeit. Bailyn (1977) hat die Kosten errechnet, die mit der Balance zwischen Arbeit und Familie verbunden sind. In ihrer Ingenieur-Studie hat sie eine Gruppe identifiziert, die sie »Anpaßler« nannte. Damit waren Individuen gemeint, die ihre Lebensmitte aus der Arbeit verlagerten und mehr Zeit und Energien in Familie und Freizeitaktivitäten konzentrierten. Sie fand, daß diese »Anpaßler« sich selber im Vergleich mit anderen Ingenieuren im kreativen Denken und in der Identifizierung und Lösung von Problemen als weniger fähig einstuften. Sie fühlten sich auch weniger gut geeignet, neue Dinge zu lernen. Wenn sie mit ihrem Beruf unzufrieden waren, war es weniger wahrscheinlich, daß sie ihn wechselten, als das bei Nicht-Anpaßlern der Fall war. In anderen Worten – sie waren passiver bei der Arbeit und fühlten sich selbst im Erreichen von Zielen und in der Selbsteffizienz weniger gut geeignet. Auf der anderen Seite waren solche »Anpaßler« erfolgreicher in einem positiven Familienleben. Ihre Ehepartner waren zufriedener und zeigten weniger Konfliktbereitschaft, und die »Anpaßler« waren zufriedener mit ihrem Familienleben.

mehr Möglichkeiten, um Interessen außerhalb ihres Berufes zu verfolgen. Wie viele andere Amerikaner während der achtziger Jahre hatten sie das Gefühl, sie wollten eigentlich »alles und alles gleichzeitig« – eine interessante und bedeutungsvolle Arbeit, die Freude machte und die auch genügend Geld und soziale Anerkennung mit sich brachte, ohne daß sie mit anderen Interessen ihres Lebens und mit anderen Verpflichtungen in Konkurrenz liegen würde. Aber in welchem Umfang waren sie in der Lage, diese idealen Ziele erfolgreich zu erreichen? Mit dieser Frage will ich mich im nächsten Kapitel beschäftigen.

Nachtrag: Gibt es Unterschiede zwischen Männern und Frauen?

Als Antwort auf einen Artikel, den ich über die Ergebnisse dieser Studie geschrieben habe, fragte mich ein Rezensent, ob ich nicht die Unterschiede zwischen Männern und Frauen in der Studie ignorieren würde. Ich mußte zugeben, daß ich nicht systematisch nach solchen Unterschieden gesucht hatte. So ging ich zurück zu meinen Daten, um zu schauen, ob Frauen beispielsweise im Hinblick auf ihre Karriere andere Sichtweisen als Männer entwickelt hatten. Ich konnte keine großen Unterschiede entdecken, und dies überraschte mich.

Neuere Forschungen haben immer wieder betont, daß Frauen weniger stark an der Berufsarbeit und der Berufskarriere orientiert sind als Männer – und daß sie dafür mehr Zeit und Energie in den Haushalt und die Verantwortlichkeiten des Familienlebens investieren.[37]

---

37 Beispielsweise fanden Fiske und Chiriboga (1990), daß Arbeit häufiger für Männer eine Hauptquelle von Streß darstellt, während Familienleben und Gesundheit eine häufigere Streßquelle für Frauen ist, selbst wenn diese Frauen genauso berufstätig sind wie die Männer. Roberts und Newton (1987) fanden heraus, daß Verbindungen und Beziehungen bedeutender

Aber eines der Probleme mit diesen neueren Studien ist, daß sie bei den Vergleichen zwischen Männern und Frauen nicht die Unterschiede in den untersuchten Berufen und ihrem Status und den Lebensumständen konstant halten. Wenn Männer und Frauen in denselben Berufen arbeiten und dieselben Anspannungen, Anforderungen und Chancen erfahren, sind die Unterschiede im Anspruchsniveau an die Arbeit und das Leben nicht erwähnenswert. In meiner Studie, in der alle Befragten in helfenden Berufsfeldern begannen, gibt es eine vergleichsweise geringe Diskriminierung von Frauen.[38]

Die Rechtsanwälte könnten da eine Ausnahme darstellen. Historisch gesprochen, werden die Rechtspflegeberufe von Männern dominiert, und es gibt eine Diskriminierung von Frauen, die sehr gut dokumentiert worden ist. Auf der anderen Seite arbeiteten die Rechtsanwältinnen in meiner Studie in neuen öffentlichen Rechtspflegeeinrichtungen, als sie in den Beruf eintraten. Wenn man beispielsweise an das »Armenrecht« als an ein ausgewiesenes neues Feld der Rechtspflege denkt, hat dort die Zahl der Frauen in der Zeit meiner Untersuchung deutlich zugenommen und den Zustand der Parität mit den männlichen Kollegen nahezu erreicht.

Die Männer schienen etwas mehr an Status und Prestige orientiert zu sein als die Frauen. Aber selbst dieser Unterschied verschwand in dem Augenblick, in dem ich Frauen ohne Kinder mit den Männern verglich. Für Rechtsanwältinnen wie Shana

---

für Frauen waren, während beruflicher Aufstieg und Autonomie wichtigere Ziele für die Männer waren. Diese Ergebnisse stimmen mit gegenwärtigen Theorien der weiblichen Entwicklung überein (Gallos 1989). Andere Studien zeigen, daß Frauen weniger an Aufstiegsmobilität interessiert sind als Männer und daß sie mehr daran interessiert sind, Arbeitsverpflichtungen und Familienverantwortung miteinander zu harmonisieren (Gallos 1989; Perun und Bielby 1981).

38 Dies mag einer der Gründe sein, warum die Unterschiede in den Haltungen von Männern und Frauen gegenüber Aufstieg, Status und Familie nicht so groß waren, wie man sie gemeinhin vermuten könnte.

Phillips und Margaret Williams, für Schwestern wie Gloria Bennet, Angela McPherson, Rebecca Simpson und für Mitarbeiterinnen im Gesundheitsdienst wie Karla Adams gab es keine erkennbaren Unterschiede zwischen ihrem Streben nach finanziellem Erfolg und Status und demjenigen der Männer. Nur dort, wo Frauen die Rolle des verantwortlichen Elternteils in der Familie mit Kindern übernahmen, wurde ihr Interesse an beruflichem Aufstieg und Erfolg stärker gedämpft als bei den Männern, die gleichzeitig Väter waren.[39]

In einigen Studien scheinen Frauen weniger stark auf konventionellen beruflichen Erfolg orientiert zu sein als Männer. Das hat möglicherweise weniger mit ihren Chromosomen zu tun und mehr mit Unterschieden in ihren Möglichkeiten und den Unterstützungen, die sie am Arbeitsplatz erfahren. Ohne wirkliche Erfolge in der Gleichstellung der Geschlechter haben Frauen in Berufsfeldern wie dem Ingenieurwesen und dem Bankgewerbe mehr Hindernisse im Hinblick auf ihren Aufstieg zu überwinden als ihre Geschlechtsgenossinnen in Berufsfeldern der sozialen Arbeit und der Pflege. Wenn Frauen deshalb weniger Wert auf traditionellen beruflichen Erfolg legen, mag das als eine rationale Weise betrachtet werden, um sich an eine unfreundliche soziale Realität anzupassen.

---

39 Andere Forscher haben vermutet, daß eine Reihe von externen Faktoren die relative Bedeutung der Arbeit und der Freizeit für Männer und Frauen berührt. Fiske/Chiriboga (1990) haben herausgefunden, daß Männer das Gefühl hatten, daß in dem Augenblick, in dem sie sich dem mittleren Alter näherten, Aufstieg für sie von geringerer Bedeutung war, während die Bedeutung des Aufstiegs für Frauen während dieser Periode unverändert blieb. Andere Forscher haben herausgefunden, daß die relative Bedeutung der Arbeit vs. der Nichtarbeit für Frauen davon abhing, ob diese Frauen Kinder haben oder nicht (Neugarten 1968; Rubin 1970). In einer besonders interessanten Studie fanden Roberts und Newton (1989), daß für Frauen, die zwischen zwanzig und dreißig Jahren Karriere besonders betonten, während ihrer dreißiger Jahre Heirat, Familie und Freunde eine bedeutsamere Rolle spielten. Umgekehrt gewann für Frauen, die sich in ihren Zwanzigern auf Ehe und Kinder konzentrierten, die Karriere in ihren Dreißigern größere Bedeutung.

8. Trotz allem: die beste Zeit des Lebens

Wenn wir uns vergegenwärtigen, was die Professionellen von ihrer Arbeit erwarten: Status, Prestige, intrinsische Motivierung und Balance zwischen Arbeit, Familienleben und Freizeit – so müßte man eigentlich annehmen, daß sie die meiste Zeit über sehr frustriert werden würden. Aber dies war nicht der Fall. Viele der Gewährspersonen, die ich untersucht habe, hatten, langfristig gesehen, Arbeitsplätze gefunden, an denen sie die meisten ihrer Bedürfnisse und Wünsche erfüllt sehen konnten – wenigstens zu einem annehmbaren Teil. Einige sagten darüber hinaus, daß sie gegenwärtig die beste Situation ihres bisherigen Lebens durchleben würden und daß sie niemals zuvor ein solches Maß an Befriedigung erlebt hätten.

Das Leben und die Befriedigung in der Arbeit: Keine Zeit war wie die Gegenwart

Man sagt, die Jugend sei die beste Lebensphase in unserer Gesellschaft. Sie sei die Zeit, in der wir noch nicht durch Verantwortung und gesellschaftliche Zwänge zu Boden gedrückt werden würden. Unser Leben würde noch vor uns liegen, und die Möglichkeiten, die es enthalte, schienen ohne Grenzen zu sein. Wenn wir, so sagt man, uns unserem mittleren, Alter nähern, so werde unsere Unzufriedenheit mit der Last zunehmen, die mit beruflicher Arbeit, Elternschaft und Familienverantwortung verbunden wäre. Wir würden uns zunehmend als in unseren beruflichen Verpflichtungen eingesperrt vorkommen. Und mit unserem Gefühl für die verrinnende Zeit verbinde sich das Bewußtsein, daß die Optionen schwinden. Diese populäre Konzeption unserer Entwicklung in der Zeit erwies sich in meiner Studie als ein Mythos für die meisten der untersuchten Berufe. Wenn sich meine Gewährsleute an ihr vergangenes Leben erinnerten, so sagten viele, daß die Gegenwart ihre bisher beste Zeit wäre. Sie zeigten sich weit mehr zufrieden mit ihrem Leben und ihrer Berufskarriere nach zwölf Jahren beruflicher Praxis, als sie es in den Anfängen ihrer Berufsarbeit gewesen waren. Natürlich gab es Probleme und Beschwerden, aber wenn man alle die negativen Erfahrungen zusammennimmt, so war das Leben für sie noch niemals so erfüllt gewesen wie gerade jetzt.

Die Oberstufenlehrerin Eugenia Barton war eine von denen, die ihre Karriere im fortgeschrittenen Alter begonnen hatten. Eugenia hatte geheiratet, als sie noch am College studierte, sie war dann aus dem College ausgeschieden und zu Hause geblieben, bis ihr drittes Kind auf den Weg gebracht worden war. Erst als sie dreißig Jahre alt war, ging sie an die Hochschule zurück, um ihr Studium abzuschließen und ihr Staatsexamen zu machen. Sie war dreiunddreißig, als sie ihre erste Lehrerstelle annahm. Als ich sie nach zwölf Jahren wiedertraf, war sie Mitte vierzig. Ihr jüngstes Kind war neunzehn, und sie war inzwischen Großmutter geworden.

Während unseres Interviews betonte Eugenia verschiedene Male, wie zufrieden sie mit ihrer beruflichen Entwicklung und ihrem Leben sei. Als wir um den Eßtisch saßen und die Enkelin im Nebenzimmer spielte, sagte Eugenia:

> »Ich fühl mich sehr wohl. Ich bin wirklich glücklich mit meinem Leben und meinem Job. Und ich habe keine anderen Ambitionen ... Ich möchte nichts anderes tun als das, was ich gerade jetzt eh schon tue. Ich möchte nichts anderes lehren als das, was ich lehre. Ich fühl mich rundherum wohl.«

Einer der wirklich wichtigen Gründe dafür, daß die Professionellen in ihrer gegenwärtigen Situation so allgemein glücklich waren, lag in ihrer Arbeitssituation. Verglichen mit den ersten Jahren ihres beruflichen Werdegangs war die gegenwärtige Periode in den meisten Fällen wesentlich besser als die Anfänge. Gewöhnlich hatten die Befragten mehr Entscheidungsfreiheit, ihre

Beziehungen zu Kollegen waren enger und unterstützender und wohl auch wichtiger, sie fühlten sich ihrer selbst sicherer als damals. Natürlich war nicht jeder, den ich interviewte, mit allen Aspekten seiner Arbeit gegenwärtig in der gleichen Weise zufrieden. Aber diejenigen, die sehr unzufrieden waren, waren eine deutlicher Minderheit. Zwölf Jahre zuvor waren die Zufriedenen in einer deutlichen Minderheit.[40] Es gab drei Gründe, warum die Arbeitssituation für die meisten der von mir untersuchten Professionellen eine bessere geworden war. Einmal bedeutet zunehmendes Alter in den meisten Berufen bessere Arbeitsbedingungen. Beispielsweise werden erfahrene Lehrer meistens vielversprechenderen Klassen zugeteilt als neue Lehrer. Rechtsanwälte sind gewöhnlich in der Lage, sich zu hoffnungsvollen und interessanten Fällen hochzuarbeiten. Zweitens scheinen die Professionellen im Laufe der Zeit eher zufrieden zu sein, weil sie ihre Erwartungen und Hoffnungen auf ein realistisches Maß zurückgeschraubt haben. Solange sie idealistische Anfänger waren, haben sie viel und teilweise Unmögliches von ihrer Arbeit verlangt. Ihre Erwartungen an intrinsische Motivationen, an unterstützende Arbeitsbedingungen und an die Sinngebung durch Arbeit waren oftmals unrealistisch hoch. Im Laufe der Zeit haben sich viele davon überzeugen lassen, daß ihre Erwartungen unrealistisch hoch waren, und sie haben angefangen, sich auf eine mittlere Ebene einzupendeln. Indem sie dies taten, verringerte sich die Lücke zwischen dem »Idealen« und dem

40 Viele andere Studien zeigen, daß Menschen im allgemeinen zufriedener werden, je mehr sie sich aus ihrer Jugendphase entfernen und die mittlere Periode ihres Lebens erreichen. Fiske und Chiriboga (1990) haben herausgefunden, daß Erwachsene in ihren Ansichten über die Zeit wesentlich positiver werden und daß die Berufszufriedenheit und die Selbstsicht auf die eigene Wirksamkeit zwischen den Jahren einundzwanzig und fünfunddreißig erheblich zunimmt. Sie fanden heraus, daß junge Erwachsene von mehr Streß berichteten als Ältere. Rhodes (1983) reinterpretierte mehr als sechzig Studien, die positive Korrelationen zwischen zunehmendem Alter und Arbeitszufriedenheit signalisierten – in anderen Worten: Menschen, die älter werden, zeigen größere Zufriedenheit mit ihrer Arbeit.

»Realen.« Und das war einer der Gründe, weswegen ihre Zufriedenheit zunahm.[41]
Raelin (1985) erwähnte bei der Diskussion der Frage, warum ältere Arbeiter mit ihrer Arbeit mehr zufrieden sind, als jüngere, zwei Gründe als mögliche Erklärungen. Einen Grund nannte er den »Alterungseffekt.« Ältere Arbeiter korrigieren ihre Erwartungen nach unten, je älter sie werden. Den anderen Effekt nannte er den »Karriereentwicklungseffekt.« Ältere Arbeiter haben sich ihren Weg auf bessere Arbeitsplätze gebahnt. Raelin erwähnte eine andere mögliche Erklärung, die er den »Kohorteneffekt« nannte. Menschen, die in den Dreißigern groß geworden sind, hatten bescheidenere Erwartungen an die Arbeit und an das Leben als jene, die in den Sechzigern groß geworden sind. Tamir (1989) bot eine andere Erklärung an: Menschen erreichen ihren kognitiven Gipfel in mittleren Jahren; deshalb sind sie dann glücklicher mit ihrer Arbeit und ihrem Leben, weil sie besser in der Lage sind, den Herausforderungen zu begegnen, mit denen sie sich auseinandersetzen müssen.

Die Einsichten in die Möglichkeiten des beruflichen Fortkommens verbessern sich

Es gibt noch einen anderen Grund, warum die Professionellen im Laufe der Zeit zufriedener mit ihrer Arbeit wurden: Zunehmende Einsicht in die Möglichkeiten des gewählten Berufes half den Professionellen, optimale Arbeitssituationen zu identifizie-

41 Die Bemerkung, die Professionellen würden anfangen, ihre Erwartungen nach unten zu korrigieren, scheint in Widerspruch zu dem zu stehen, was ich im vorangegangenen Kapitel über die Zunahme des Wunsches nach sowohl intrinsischen als auch extrinsischen Motivationen und Belohnungen geschrieben habe. In der Wirklichkeit gibt es da aber keinen Widerspruch. Eine Arbeit, die interessant ist, wurde für die Professionellen beispielsweise bedeutsamer, aber das Ausmaß der Stimulierungen, welche zum Gefühl der Bedeutsamkeit führten, verminderte sich im Laufe der Zeit.

ren. Mit Einsicht in die beruflichen Möglichkeiten meine ich das Ausmaß, in dem ein Mensch sich bewußt macht, welcher Typ von Arbeit Befriedigung verschafft, welcher Typ von Arbeit Bequemlichkeit mit sich bringt und welcher Typ von Arbeit Erfolg verspricht.[42] Im Laufe der Zeit wuchs das Ausmaß der Karriereeinsicht der Professionellen beträchtlich. Gleichzeitig wuchs die Bereitschaft, Karriereentscheidungen auf der Basis von Erreichbarkeit und Verträglichkeit zu treffen. In den früheren Phasen ihrer Berufsentwicklung waren meine Gewährsleute eher geneigt gewesen, Entscheidungen über neue Arbeitsplätze und Arbeitsbedingungen auf der Basis dessen zu treffen, was man von ihnen am neuen Arbeitsplatz erwartete, und nicht so sehr auf der Basis dessen, was für sie, unter Berücksichtigung ihrer eigenen Interessen und ihrer eigenen Fähigkeiten, von Belang wäre.

Douglas Furth beispielsweise ging ursprünglich in die öffentliche psychiatrische Versorgung, weil er mit Leuten arbeiten wollte und das Gefühl hatte, daß es gewinnbringend wäre, mit denen zu arbeiten, die emotionale Probleme hatten. In dieser Entscheidung war ein starkes Maß an moralischer Verpflichtung enthalten. Er brauchte viele Jahre zunehmender Unzufriedenheit, ehe er realisierte, daß er für Psychotherapie mit diesem Personenkreis einfach nicht geeignet war. Dann wurde er Berufsberater, und in diesem Beruf war er wesentlich glücklicher. Er gab zu, als er darüber nachdachte, daß er in der Frühzeit seiner beruflichen Karriere eine Menge von blinden Flecken über sich selbst hatte. Für ihn bedeutete Einsicht in realistische Kar-

42 London (1985) erfand dafür den Terminus »Karriereeinsicht« und definierte ihn auf eine ähnliche Weise wie ich. Er meinte die akkurate und realistische Einschätzung der eigenen Fertigkeiten, Interessen und Fähigkeiten für unterschiedliche Rollen im Arbeitsprozeß. Er argumentierte auch, daß Karriereeinsicht die Wahrnehmung von Erfolg und Zufriedenheit bereichert.

rieremöglichkeiten ein besseres Verständnis dessen, was er mochte und was er im Hinblick auf die Arbeit nicht ausstehen konnte.

Für die Krankenschwester Gloria Bennett bedeutete Einsicht in die eigene Karriere die Entdeckung dessen, was sie selber am besten konnte. Sie begann als Schwester im öffentlichen Gesundheitsdienst und war während der ersten zwei Jahre ihrer Berufstätigkeit vergleichsweise zufrieden. Aber sie brauchte nicht lange, um die Frustrationen zu erleben, die mit dem Fehlen von stimulierenden Berufserfahrungen verbunden waren. Sie verließ den öffentlichen Gesundheitsdienst und arbeitete während der nächsten Jahre in unterschiedlichen Positionen. Die meiste Zeit war sie frustriert und unglücklich mit ihrer Arbeit. Ihre Jobs waren entweder zu einfach und ohne stimulierende Herausforderungen, oder sie waren zu schwierig und für sie »unmöglich« zu bewältigen. Auch sie hinterließen nichts als Frustrationen und das Gefühl, versagt zu haben.
Als ich Gloria zwölf Jahre später wieder interviewte, hatte sie die Krankenpflege innerlich aufgegeben und war berufsbegleitend an die Universität zurückgekehrt, um durch ein Studium der Rechtswissenschaften einen Berufswechsel vorzubereiten. Trotzdem sagte sie mir, daß ihre gegenwärtige Aufgabe in der Pflegeorganisation bei weitem die beste sei, die sie jemals in der Krankenpflege gehabt habe. Die Aufgabe sei herausfordernd, aber sie hatte auch das Gefühl, etwas zu leisten und voranzukommen. Als ich sie frage, warum sie sich als so erfolgreich erleben würde, antwortete sie:

> »Ich glaube, ich bin mit der Zeit reifer geworden, ich reflektiere besser und bin auch in der Lage zu formulieren, was ich für angemessen halte, wo ich gut bin, wo ich nicht gut bin – und all diese Sachen.«

Mit zunehmender Einsicht in ihre Berufsentwicklung hatte Gloria ein besseres Verständnis davon entwickelt, worin sie »wirklich gut war«. Das hat ihr geholfen, am Ende eine optimale Position in der Krankenpflege für sich selber zu finden.

Diese Einsicht in berufliche Möglichkeiten ist häufig eine unfreiwillige Einsicht. Ein gutes Beispiel dafür ist Jesse Michaels. Jesse gehörte zu den Leuten, die Jura studierten, um die Welt zu verändern. Er arbeitete ein paar Jahre in Washington, war dann der Washingtoner Szene überdrüssig und fand einen Job bei einer großen Versicherungsgesellschaft. Aber es war noch immer der gleiche Typ von Arbeit, der ihn beschäftigte. Seine Aufgabe war es, den Ereignissen in Washington aufmerksam zu folgen und der Versicherungsgesellschaft wichtige Veränderungen in der Bundesgesetzgebung zu signalisieren, sofern sie die Versicherungsbranche betrafen.

Ein paar Jahre lang befaßte sich Jesse mit der Analyse gesetzgeberischer Tätigkeit in Washington. Dann kam ein neuer Präsident an die Spitze der Versicherungsgesellschaft und ordnete eine Reorganisation an. Plötzlich fand sich Jesse auf einem eher traditionellen juristischen Arbeitsplatz. Ursprünglich hatte er gegenüber dieser Versetzung ausgesprochene bittere Gefühle. Er hatte das Gefühl, daß er viele Jahre investiert hatte, um eine spezialisierte Kompetenz zu entwickeln. Und nun wurde er aufgefordert, dies alles wegzuwerfen und eine Arbeit zu machen, wie er sie zum letzten Male in der Ausbildung an der Universität kennengelernt hatte. Aber der neue Job erwies sich als befriedigender und gewinnbringender, als er dies erwartet hatte.

»Ursprünglich wollte ich das überhaupt nicht machen«, sagte er. »Ich hatte das Gefühl, meine Zukunft würde in der Beeinflussung der Bundesgesetzgebung in Washington liegen. Ich hatte nicht die Absicht, mich wieder mit traditioneller Rechtspflege zu beschäftigen und traditionelle Anwaltsarbeiten zu verrichten. Aber es stellte sich dann heraus: Je mehr ich es tat, um so mehr mochte ich es. Ich hatte einfach vergessen, wie sehr ich bestimmte Dinge in der universitären Ausbildung gemocht hatte. Wie sehr ich die Formulierung von Verträgen liebte, wie sehr ich Verhandlungen mit Kontrahenten mochte ... Je mehr ich das tat, um so mehr mochte ich es. Und ich begann es wieder richtig zu lieben. Das alles hat sich für mich sehr positiv entwickelt. Ehrlich. Es war überraschend, weil ich ursprünglich mit dem mir verordneten Wechsel überhaupt nicht zufrieden war. Aber im nachhinein betrachtet, hab ich es wirklich genossen.«

Im Laufe der Zeit begriffen verschiedene Professionelle, daß viele der Werte und Hoffnungen, die an ihre Karriere gebunden waren, nicht wirklich die ihren waren. Ein Teil ihrer zunehmenden Einsicht in Karrieremuster und Karrieregesetze schloß Lernprozesse ein, welche Präferenzen wirklich die ihren waren und was sie von anderen rein äußerlich übernommen hatten. Der ehemalige Sozialarbeiter Sherman Reynolds faßte es in die folgenden Worte:

»Ich denke, ich habe im Laufe der Zeit meine persönlichen Grenzen besser zu definieren gelernt. Ich denke, ich bin zu dem Verständnis gekommen, was ich wirklich will und welche Dinge ich einfach von anderen übernommen habe ... Was also von außen auf mich zugekommen ist und nicht wirklich zu meinen eigenen Werten gehörte.«[43]

Wenn mit zunehmendem Berufsalter die Arbeitsbedingungen besser werden, werden auch die Erwartungen realistischer. Eine größere Einsicht in Karrieregesetze führt zu Veränderungen, welche die Paßgenauigkeit zwischen den Professionellen und ihrem Job erhöhen. Die Professionellen werden effizienter in ihrer Arbeit, und in dem Maße, in dem ihr Sinn für Effizienz zunimmt, erleben sie sich als vertrauensvoller und sicherer. Das wiederum führt zu einer größeren Selbstsicherheit und Selbsteffizienz. Diese positive Spirale macht ihr Arbeitsleben immer befriedigender.

---

43 Schein (1978) hat auch beobachtet, daß Menschen gewöhnlich im Laufe der Zeit bewußter über ihre Talente, Werte und Bedürfnisse im Hinblick auf die Arbeit nachdenken können. Dies sei das Ergebnis unterschiedlicher Arbeitserfahrungen.

Die dunkle Seite: der Umgang mit Karrierezwängen

Allgemein gesprochen, waren meine Professionellen zufrieden. Aber es gab da einige Regenwolken am Himmel. Diejenigen, die vor kurzem einen Karrieresprung nach oben gemacht hatten beispielsweise, mußten in gewisser Weise wieder von vorn anfangen. Erneut wurden sie mit einigen der Frustrationen konfrontiert, die auftauchen, wenn man ein Anfänger ist. Einige drückten auch ihr Bedauern über die Vergangenheit aus, obwohl sie mit ihrem Leben vergleichsweise zufrieden schienen. Die Krankenschwester Anita Warren beispielsweise war hoch zufrieden mit der Art und Weise, wie sich ihre Laufbahn entwickelt hatte, aber sie bedauerte es, daß sie nicht Medizin studiert hatte, als sie noch jünger gewesen war und das Studium für sie eine realistische Alternative dargestellt hatte. Aber die meisten Kopfschmerzen bereiteten meinen Professionellen innere und äußere Zwänge, die mit der Berufskarriere zusammenhingen. Und die viele von ihnen daran hinderten, Dinge zu tun, die ihnen sehr am Herzen lagen.

Der Oberstufenlehrer Calvin Miller war jahrelang ein Fußballtrainer an der Universität gewesen, ehe er in ein anderes Bundesland gezogen war. Hier wollte er wieder Fußballer trainieren, aber er entdeckte, daß er dies nicht mehr tun konnte.

> »Um in diesem Land Trainer an einer Universität zu werden, muß man eine Lizenz haben. Das irritiert mich. Ich müßte gewissermaßen wieder die Schulbank drücken und eine bestimmte Zahl von Unterrichtsstunden absitzen ... Das macht mich wütend. Ich hab zehn Jahre Erfahrung als Trainer auf dem Buckel und eine nationale Trainerlizenz. Trotzdem verlangt man von mir, daß ich wieder diese blöden Kurse belege, um mich erneut lizensieren zu lassen.«

Die erlebten Zwänge waren sowohl interner als auch externer Natur.

Jesse Michaels, der erfolgreiche Rechtsanwalt, der jetzt in einer

großen Versicherungsgesellschaft tätig war, träumte davon, seinen Arbeitsplatz zu verlassen und sich selbständig zu machen. Er wollte auch mehr Zeit auf gesellschaftlich sinnvolle Aktivitäten verwenden. Beispielsweise den sozialen Wohnungsbau zu niedrigen Mieten für bedürftige Familien. Aber er sah die Risiken, die mit der Selbständigkeit verbunden waren oder mit der Arbeit in einer gemeinnützigen Wohnungsbaugesellschaft. Und er war nicht bereit, die Sicherheit aufzugeben, die ihm seine gegenwärtige Stellung bot.
Als ich Jesse fragte, ob er jemals an einen Wechsel in seinem Berufsleben gedacht habe, antwortete er:

> »Ich denke, ich möchte eigentlich eine gemeinnützige Arbeit machen ... Wenn ich in Ruhe darüber nachdenken, würde ich etwas machen wollen, von dem andere Leute profitieren könnten.«

Und nach einer langen Pause:

> »Auf keinen Fall wäre es etwas, das mit Versicherungen zu tun hat. Das, was finanziell und vom Standpunkt meiner Karriere geboten erscheint, ist nicht der Stoff, aus dem meine Träume gemacht sind.«

Nachdem er das gesagt hatte, sah er mich einfach an, lächelte ein wenig und zuckte die Schultern. Es schien ihm unnötig zu sein, weitere Worte über den Gegenstand zu verlieren.

Für andere Professionelle waren familiäre Verpflichtungen eine Beeinträchtigung des hohen Maßes an Befriedigung, das sie in der gegenwärtigen Phase ihrer Entwicklung erlebten. Rebecca Simpson beispielsweise wäre gern wieder an die Universität gegangen, um ihren Doktor zu machen. Sie hatte lange genug in der Forschung gearbeitet, um zu wissen, daß dies ihr eigentliches Ding war. Aber sie fühlte sich in ihrem gegenwärtigen Beruf eingesperrt, weil sie für ihren Mann sorgen mußte, der noch studierte.

Merton Douglas, der ehemalige Oberstufenlehrer, war mit seinem Job als Berater für eine größere Bank außerordentlich zufrieden. Für einen Rechtsanwalt, der erst vor zwei Jahren sein Abschlußexamen gemacht hatte, war eine so anerkannte Position ungewöhnlich. Aber es gab andere Dinge, die Merton seiner gegenwärtigen Tätigkeit vorgezogen hätte.

»Ob ich jemals wieder in einer Schule unterrichte?« fragte er sich selbst. »Ich glaube, ich werde das noch einmal tun. Ich liebe es zu unterrichten. Ich liebe es, Menschen zu trainieren. Ich weiß nicht, ob es wieder der Schulunterricht sein würde, aber auf jeden Fall würde es etwas mit der Lehre zu tun haben ...«

Ich fragte Merton, was ihn daran hindern würde, diesen Wechsel vorzunehmen. Er sagte:

»Vielleicht bin ich zu konservativ ... Ich will wahrscheinlich nicht dieses Risiko eingehen, solange wir nicht auf ein zweites Einkommen zurückgreifen können. Es ist wegen der Verpflichtung, die ich meiner Familie gegenüber fühle. Wahrscheinlich werde ich noch für die nächsten zehn Jahre in einem gut bezahlten Job bleiben ...«

Merton und seine Frau hatten gerade ihr erstes Kind bekommen. Sie hatten entschieden, daß seine Frau zu Hause bleiben und sich um das Kind kümmern würde, während er arbeiten und die Familie finanziell unterhalten sollte. Deshalb hatte Merton den Eindruck, daß sich in den nächsten zehn Jahren in seiner Situation nicht viel ändern könnte.

Merton, Calvin, Jesse und Rebecca waren nicht die einzigen Professionellen, die sich verändern wollten und die gleichzeitig den Eindruck hatten, daß ihnen dies nicht möglich sei. Dennoch fühlten sich die meisten Professionellen im allgemeinen zufrieden – auf jeden Fall zufriedener als am Ende ihres ersten Berufsjahres. Während die meisten mit ihrer Entwicklung zufrieden waren, gab es ein paar unter ihnen, die sich in besonderer Weise von den anderen unterschieden. Nicht deshalb, weil sie zufriedener gewesen wären, engagierter oder enthusiastischer, sondern weil sie ursprünglich zu den am meisten enttäuschten und frustrierten Berufsanfängern gehört hatten. Diese Professionellen hatten sich von einem Praxisschock erholt, der die Züge eines veritablen Burnouts getragen hatte. Im dritten Teil meines Buches werde ich mich auf ihre Geschichten konzentrieren.

III. Teil: Wie sie mit dem Burnout fertig wurden

9. Strategien gegen Burnout: Wie man größere professionelle Autonomie und Unterstützung gewinnt

Es ist mir wichtig, noch einmal die Botschaft zu unterstreichen, daß sinnvolle Arbeit allen Professionellen hilft, sich ihr Engagement und ihre klientenorientierte Zuwendung zu erhalten. Aber es ist schwierig, in einer Arbeitssituation sinnvolle Arbeit zu leisten, die kein hinreichendes Maß an Autonomie gewährt. Die Krankenschwester im öffentlichen Gesundheitsdienst Jessica Andrews:

> »Die Arbeitsatmosphäre, die für mich die meiste Befriedigung enthält, ist ganz klar die Möglichkeit, Probleme auf meine eigene Weise zu lösen ... Ich möchte nicht wie eine Person wirken, die kontrolliert. Aber ich brauche natürlich die Chance, die Dinge unter Kontrolle zu behalten. Ich glaube, das geht uns allen so.«

Psychologe Mark Connor drückte die gleichen Gefühle aus. Ich fragte ihn: »Was beeinflußt deine Arbeitszufriedenheit am meisten?« Er antwortete ganz spontan:

> »Wenn ich ein gewisses Gefühl der Kraft verspüre, Entscheidungen über das zu treffen, was ich selber tue und tun werde ... In der Lage zu sein und die Freiheit zu haben, das zu bestimmen, was ich den Tag über tue, nicht jeden Augenblick einen Chef über mir zu spüren.«

Für beide, für Mark und Jessica, ist Autonomie eine der wichtigsten Voraussetzungen für das Erlebnis einer erfüllten Arbeit.

Die berufszufriedensten und zugewandtesten Profis haben in der Tat ein hohes Maß an Autonomie an ihrem Arbeitsplatz erfahren können. Sie hatten die Möglichkeit, ihren eigenen Weg zu gehen. Größere Autonomie gab ihnen auch mehr Möglichkeiten, spezielle Interessen zu kultivieren, aber nicht jede meiner Gewährspersonen war so glücklich.

Bürokratische Stolpersteine und Organisationspolitik

Die Professionellen, die am Ende den öffentlichen Dienst verließen, machten oft bürokratische Stolpersteine als Hauptgrund für ihre Entscheidung verantwortlich. Je länger sie tätig waren, um so mehr litten sie unter der Bürokratie und unter Einmischungen durch Dritte.

Als ich sie bat zu beschreiben, warum sie den öffentlichen Dienst verlassen habe und eine Immobilienmaklerin geworden sei, betonte Karla Adams die Bürokratie und das Fehlen jeglicher Autonomie. Sie war als Sozialarbeiterin in einer großen staatlichen Einrichtung für geistig Behinderte tätig gewesen:

> »Der Hauptgrund für meine Kündigung und meine Entscheidung, den Beruf zu wechseln, war die totale Unzufriedenheit mit unserem Psychiatrie-System, mit dem öffentlichen Dienst und mit den Bürokratien. Ich war so frustriert von der ständigen Notwendigkeit, mit dem Kopf gegen die Wand zu rennen, ohne daß ich damit irgend etwas bewirken konnte.«

Bürokratien sind häufig voller Konflikte, und diese Konflikte – politische Insiderkämpfe, eifersüchtige Auseinandersetzungen wegen nichts und wieder nichts und andere Formen bürokratischer Kriegsführung – kosten im Laufe der Zeit ihren Preis. Einige meiner Profis waren von dem angewidert, was sie selber mit leichtem Spott »die Politik« nannten.

Sarah Prentiss war eine von denen, die von der Politik desillusioniert wurden.

»Ich sah die Realität all dieser Grabenkämpfe und der Straßensperren und ihrer persönlichen Auseinandersetzungen. Es konnte sein, daß jemand eine neue Idee hatte, aber aus dem einen oder anderen Grund wurde diese Idee nicht akzeptiert. Und dann kam eine andere Person und hatte die gleiche Idee, und sie wurde akzeptiert und umgesetzt ... Und dann hört man die ganze Zeit etwas von diesem lächerlichen Grabenkrieg zwischen den beiden Leuten, die die gleiche Idee hatten – und das ist der Grund, weshalb am Ende nichts passiert und nichts sich verändert. Ich meine, ich finde das alles lächerlich. Aber ich weiß, daß es überall in unseren staatlichen Verwaltungen passiert. Aber ich halte es alles für unreifen Kram ...«

Sarah Prentiss dachte, daß diese Art von unreifer Politik ihr in der Agentur begegnete, weil sie eine »kommunale Dienststelle« war. Aber der Jurist Jesse Michaels hatte ähnliche Erfahrungen an seinem Arbeitsplatz gemacht, und der war in einer privaten Versicherungsgesellschaft. Als ich ihn fragte: »Was sind für Sie die größten Quellen für Streß und Unzufriedenheit gewesen?« sagte er:

»Ich glaube es waren im Hinblick auf Unzufriedenheit und Streß die politischen Quertreibereien ...«

Jesse beschrieb einen kürzlichen Vorfall. Er hatte einige Tage damit zubringen müssen, Informationen zu sammeln, um seinen Chef gegen eine Kritik zu schützen, die von dem Vizepräsidenten gekommen war, der für den Verkauf verantwortlich zeichnete.

»Für mich sind das«, beklagte sich Jesse, »politische Quertreibereien. Solche Vorgänge helfen nicht, auch nur eine zusätzliche Versicherungspolice zu verkaufen. Aber es stiehlt uns drei Tage unserer Arbeitszeit, nur um zu rechtfertigen, was wir im letzten Jahr getan haben. Mein Chef will das nicht, ich will das nicht, aber wir müssen es halt machen. Der Vize sagt, ›macht es‹, und wir haben es eben zu machen. Es ist nichts weiter als Zeitverschwendung.«

Als die politische und ökonomische Unterstützung für die personenbezogenen Dienstleistungen während der achtziger Jahre schwand, verschärften sich organisatorische Konflikte und politischer Druck.

Gloria Bennett entschied sich gerade wegen solchen Drucks, ihre Position in der Gesundheitspflege aufzugeben und Rechtsanwältin zu werden. Sie beschrieb, wie Budgetkürzungen und Entlassungen das Betriebsklima in dem Krankenhaus beeinflußt hatten, in dem sie zuletzt gearbeitet hatte:

»Wir haben jetzt eine Reihe von sehr schwierigen Jahren. Sehr sehr schwierigen Jahren, weil wir eine erste Serie von Kündigungen erlebt haben ... Das war sehr schmerzlich ... Wir haben die Bürokratie von ihrer schlimmsten Seite gesehen ... Es war ein Krankenhaus im Rahmen des öffentlichen Dienstes. Die Schwestern waren alle gewerkschaftlich organisiert. Und das hat die Sache noch zehnmal schlimmer gemacht.«

Von allen Konflikten, die Professionelle zu überstehen hatten, waren jene am frustrierendsten, die sich auf das Arbeitgeber-Arbeitnehmer-Verhältnis bezogen. Die Professionellen, die ich untersucht habe, standen dabei zwischen den Fronten. Einer der ehemaligen Oberstufenlehrer, Merton Douglas, sagte, daß das hohe Niveau des Konfliktes und die Animosität zwischen der Lehrergewerkschaft und der Schulverwaltung für ihn eine Hauptquelle für den erfahrenen Streß gewesen sei. Während meines zweiten Interviews mit ihm beschrieb er einen besonders bitteren Streik, der sieben Jahre vorher stattgefunden hatte:

»Ich werde das niemals vergessen. Wir haben ein Jahr lang in Perkinsville gestreikt. Und es war ein miserabler Streik. Wir haben den Ausstand im März ausgerufen. Und sechs Wochen später waren wir noch immer im Streik. Es wurde ganz deutlich, daß die Schulverwaltung den Streik einfach aussitzen wollte. Wir sind deswegen zur Arbeit zurückgekehrt und haben sie so wieder aufgenommen, wie wir sie verlassen haben, unter den Bedingungen des Arbeitsvertrages vom letzten Jahr. Unsere Aktion hat nichts bewegt. Sie hat lediglich das Schuljahr ausgeweitet. Die Verwaltung sagte: ›Na ja, ihr Jungs habt sechs Wochen gestreikt, und wir werden deshalb das Ende des Schuljahres hinausschieben. Ihr werdet den ganzen Donnerstag und Freitag unterrichten – und nicht nur halbtags. Und dann werdet ihr einen zusätzlichen halben Unterrichtstag am Freitag haben. Ihr werdet dann die Abschlußarbeiten schreiben lassen und sie am Nachmittag zensieren. Eure Noten werden bis nachmittags um fünf bei uns sein. Ihr wißt jetzt, wie es geht und werdet nach Hause gehen und alles unternehmen, damit wir zur rechten Zeit Eure Zensurenvorschläge haben.‹

Mein Gott, war das eine Aufregung. Die Lehrer von der Gewerkschaft machten bei uns die Runde und sagten: ›Ihr dürft die Zensuren nicht bis Freitag Nachmittag liefern. Ihr müßt bis Montag damit warten‹. ›Warum?‹ Ich habe einem der Jungs von der Gewerkschaft gesagt: ›Ich hab meine Noten gegeben. Ich verwende ein Computerprogramm für die Jahresabschlußprüfungen. Ich bin mit allem fertig geworden. Alles was ich noch machen muß, ist die Ergebnisse auszudrucken. Ich hab das fertig, noch bevor die Kids aus dem Schulbus ausgestiegen sind.‹ Aber der Typ von der Lehrergewerkschaft sagte: ›Mann, das interessiert mich nicht. Du kannst die Zensuren nicht einreichen. Wenn Du sie bis fünf Uhr am Freitag einreichst, werden wir niemals zu dem alten Vertrag zurückkehren können, den wir früher hatten. Wir werden niemals wieder zwei halbe Tage und einen vollen Tag Unterrichtsbefreiung für die Fixierung der Jahresabschlußzensuren bekommen‹.«

Merton hielt einen Augenblick inne. Dann lehnte er sich in seinem Stuhl zurück und sagte:

»Das ist eine jener anderen schönen Erfahrungen, die ich mit meiner Unterrichtstätigkeit verbinde: Die Quertreibereien der Gewerkschaften und all diese kleinen Grabenkämpfe ...«

In der Tat hatte es dieser ehemalige Lehrer mit zwei Institutionen und ihren unterschiedlichen Spielregeln zu tun: dem Schulsystem und dem Gewerkschaftssystem. Jedes dieser Systeme forderte seine Loyalität, jedes dieser Systeme begrenzte seinen Freiheitsspielraum. Zusammengenommen schufen sie eine Situation, in der Merton sich bei jeder seiner Bewegungen in Ketten gelegt fühlte.[44]

---

44 Die psychologische Bedeutung von Kontrolle und Autonomie ist in der psychologischen Forschungsliteratur ein hervorragendes Thema gewesen. Hunderte von Studien haben die Bedeutung der Möglichkeit persönlicher Verfügungsgewalt im Hinblick auf Arbeitszufriedenheit, Motivationen und Gesundheit dokumentiert (beispielsweise Deci 1980; Rodin und Langer 1977; Seligman 1975), aber Autonomie und Selbstkontrolle sind von besonderer Bedeutung für Professionelle (Abrahamson 1967; Raeling 1985). Bledstein (1976) schrieb in einem Buch über die »Kultur des Professionalismus«: »Der Professionelle schützt seine wertvolle Autonomie gegen alle Angriffe nicht im Namen eines irrationalen Egoismus, sondern im Namen seiner speziellen Zugangsweise zu dem Universum und seinem speziellen Platz in ihm. In dem System menschlicher Dienstleistungen, und das ist das höhere Ideal, widerstrebt der Professionelle allen Zumutungen der Institutionen und allen Zugriffen auf seine Unabhängigkeit, kommen sie nun von Regierungsbürokratien, Universitätsverwaltungen, kommerziellen Firmen und ihren Verwaltungen oder ehrenamtlichen Vertretern der Gemeinden – ja selbst von seinen eigenen professionellen Standesvertretungen« (S. 62). Viele Studien haben die disfunktionalen Effekte beschränkter Autonomie auf Professionelle dokumentiert. Lipp (1980) beispielsweise stellte fest, daß Mitarbeiter in der Psychiatrie in besonderer Weite frustriert worden waren, wenn sie das Gefühl hatten, daß jemand auf eine besondere Weise therapiert werden sollte, aber wenn sie dieses Gefühl nicht realisieren konnten, weil ein anderer die Therapievorschriften formulierte. Verschiedene Studien haben die Bedeutung professioneller Autonomie für die Burnout-Prävention unterstrichen (Friedman 1991; Jackson, Schwab und Schuler 1986; O`Driscoll und Schubert 1988). Auf der Basis dieser Ergebnisse hat Burisch (1993) argumentiert, daß das Fehlen autonomer Entscheidungsfreiheit die entscheidende Wurzel für »professionellen« Burnout wäre.

Die Rolle von Autonomie bei der Genesung vom Burnout

Die Professionellen, die sich von frühem Burnout erholt haben, und auch diejenigen, die nie unter ihm leiden mußten, haben es immer verstanden, demoralisierende bürokratische Widerstände zu vermeiden und organisierten politischen Interessen aus dem Weg zu gehen. In den meisten Fällen mußten sie ihren Arbeitsplatz wechseln, aber am Ende hatten sie Arbeitsumstände, in denen sie ein hohes Maß an Autonomie vorfanden.

Mark Connor zum Beispiel beschrieb seinen ersten Arbeitsplatz als »eine Art Diktatur« und sagte, daß er sich »absolut kraftlos gefühlt habe«. Als er kündigte und einen Arbeitsplatz als Psychologe an einer anderen Schule annahm, änderte sich die Situation auf dramatische Weise.

> »In meinem neuen Schuldistrikt stand uns immer der Zugang zur Entscheidungsfindung offen. Der Direktor fällte zwar die endgültige Entscheidung, aber wir haben ihm vorher vorgetragen, was wir für richtig hielten, und das hat häufig seine Entscheidungen modifiziert. Deshalb denke ich, wir hatten eine Art von Macht, und wir haben noch heute in diesem Distrikt einen Teil der Entscheidungsgewalt auf unserer Seite.«

Aber Mark hatte nicht nur den Zugang zur Entscheidungsgewalt seines Direktors, er hatte auch ein großes Maß eigener Autonomie am Arbeitsplatz.

> »Das war das Angenehme an dieser Schulverwaltung. Sie erlaubte mir im Alltag, zu entscheiden, was ich tun wollte.«

Überlastung ist eine häufige Klage Professioneller die in institutionellen Zusammenhängen tätig sind – zu viel Arbeit und zu wenig Zeit, um diese Arbeit auf verantwortungsvolle Weise zu schaffen. Mark entdeckte, daß ein größeres Maß an Autonomie ihm half, den Druck der Arbeit zu reduzieren, der ihn an seinem ersten Arbeitsplatz geplagt hatte:

»Schauen Sie, ich wähle aus und entscheide jetzt. Wenn ich das Gefühl habe, ich sei überlastet, dann schränke ich einfach den Publikumsverkehr ein. Wenn ich Schüler berate, dann kann ich eine Kurzzeitberatung wählen oder ich entscheide mich, sie für eine halbe Stunde bei mir zu haben oder für 20 Minuten ... Deshalb habe ich jetzt nicht länger das Gefühl eines allzu großen Drucks.«[45]

Die Oberstufenlehrerin Eugenia Barton, eine andere Gewährsperson, die sich von frühen Formen ihres Burnouts erholt hatte, erzählte mir, wie wichtig für sie professionelle Autonomie gewesen sei. In der Diskussion, was sie am meisten an ihrem Unterricht geschätzt habe, sagte sie:

»Ich mag diese Unabhängigkeit. Wir können uns über viele Schulrektoren und Superintendenten beklagen und über alle Arten von Schulbürokratien. Aber wenn man die Tür zu dem eigenen Klassenzimmer zumacht, ist man wirklich unabhängig. Ich hatte niemals einen Schulleiter, der mich auch nur nach dem Inhalt dessen gefragt hätte, was ich in meiner Klasse lehrte. Ich war in einer sehr unabhängigen Situation, und ich hab das gemocht.«

Eine Zunahme an professioneller Autonomie war auch für die Krankenschwester Angela McPherson von Bedeutung. Als Supervisorin in der Krankenpflege fand sie es schwierig, nur durch ihre »Untergebenen« tätig zu werden, statt die Pflegearbeit selbst zu verrichten. Supervision, die ihre formale Autorität erweiterte, schien auf der aktuellen Schiene ihre professionelle Autonomie zu reduzieren. Sie war plötzlich abhängiger von anderen, als wenn sie selber ein Teil des Pflegepersonals gewesen

45 Diese Veränderungen passierten innerhalb der drei Jahre nach dem ersten Burnout. Professionelle, die an ungünstigen Arbeitsverhältnissen über eine längere Zeit festhalten, reagieren nicht so prompt und positiv auf eine Veränderung späterer Arbeitsverhältnisse. An einem bestimmten Punkt wird der Burnout eine so prägende Erscheinung, daß eine Änderung des Arbeitsplatzes keinen positiven Effekt mehr bewirkt.

wäre. Glücklicherweise blieb Angela in dieser ihrer ersten Position als Supervisorin nicht allzu lange.[46]

Nach dreijähriger Praxis übernahm sie eine Stelle innerhalb der Zentralverwaltung ihrer Agentur, die ihr wesentlich mehr Autonomie gab. Sie verbrachte die meiste Arbeitszeit damit, allein an neuen und besonderen Projekten zu arbeiten. Als sie sich schließlich selbständig machte und Beraterin für die Planung von Pflegeleistungen wurde, erweiterte sich ihre professionelle Autonomie noch einmal um einen qualitativen Sprung. Alle Professionellen, die ich untersuchte und die sich von einem frühen Burnout erholt hatten, arbeiteten unter Bedingungen, unter denen sie ein hohes Maß an Autonomie innerhalb von wenigen Jahren in ihrer Karriere erfuhren. Diese Autonomie schien aber gleichzeitig ein kritischer Faktor in ihrer Erholung von der Burnout-Erfahrung zu sein.

Unterstützende Arbeitsbedingungen

Selbst erfahrene professionell Tätige brauchen ein bestimmtes Maß an Unterstützung in Verbindung mit ihrer autonomen

---

46 Es mag fachkundige deutsche Leserinnen und Leser verblüffen, daß hier eine sehr traditionelle Vorstellung von Supervision formuliert worden ist. Sie verweist auf eine frühe Phase der Entwicklung des Berufes, als jeweils wenige hauptamtliche und ausgebildete Kräfte mit einer Fülle von ehrenamtlichen oder unausgebildeten, aber bezahlten Kräften im Bereiche personenbezogener sozialer Dienstleistungen tätig waren (seit dem Ende des 19. Jahrhunderts). Inzwischen gehen wir in der deutschen Fachliteratur davon aus, daß Supervision eine professionelle Interaktion zwischen ausgebildeten Helferinnen und Helfern einerseits und zusätzlich weitergebildeten Supervisorinnen und Supervisoren andererseits ist. Die Beschreibung der Enttäuschung von Angela, als sie aus der Handlungsrolle in die Beratungsrolle übergewechselt war, scheint zu zeigen, daß sie auf ihre neue Rolle als Supervisorin nicht hinreichend vorbereitet war oder diese Rolle nicht hinreichend internalisiert hatte oder aber sie ist eine Folge der traditionellen Lesart, mit »Supervisorin« ist eigentlich nur die »Vorgesetzte« gemeint. (C.W.M.)

Handlungsfähigkeit. Sie brauchen das Gefühl, daß die Institution, für die sie tätig sind, ihren Arbeitsbeitrag als wichtig schätzt und anerkennt. Sie brauchen sowohl greifbare als auch emotionale Unterstützung, um ein hohes Maß an Engagement und Zuwendung aufrechtzuerhalten. Die Professionellen, die von einem frühen Burnout in ihrer beruflichen Entwicklung betroffen worden sind, haben diese Unterstützung ursprünglich nicht erhalten, aber wir haben sie letztlich doch gefunden, ehe sie das Feld verließen, nachdem sie wirklich ausgebrannt worden sind.

Zuwendung und Vertrauen des Chefs

Die Vorgesetzten eines Professionellen sind von besonderer Bedeutung bei der Entscheidung, wie unterstützend die allgemeine Arbeitssituation für den Profi ist. Die Frage des Zutrauens ist dabei von besonders kritischer Bedeutung. Einige Professionelle in meiner Untersuchung genossen ein besonders hohes Maß an Vertrauen von seiten ihrer Vorgesetzten. Andere waren nicht so glücklich. Die, denen die Unterstützung durch ihren Chef fehlte, verloren in der Regel nicht ihren Job, aber sie litten unter ihrer Situation.

Rebecca Simpson beispielsweise war eine Professionelle, die nicht das Zutrauen und den Respekt ihres Chefs besaß. Sie beschrieb uns, wie zerstörerisch dieser Zustand auf sie gewirkt hatte. Rebecca hatte sich zu einer vergleichsweise hohen Position innerhalb einer großen Agentur der öffentlichen Gesundheit emporgearbeitet. Aber dann passierte etwas, das die Beziehung zwischen ihr und dem Direktor des Pflegebereiches verdüsterte. Ich gebe wieder, wie Rebecca die Situation beschrieb:

> »Ich glaube ... ein Teil der Wirkung, welche die Situation auf mich hatte, war, daß ich Initiative und Kreativität verlor. Ich fing an, ein gegebenes Problem zu lösen. Ich entwickelte eine neue,

> vielleicht sogar eine innovative und kreative Lösung. Aber diese Lösung stieß auf taube Ohren. Und ich hatte das Gefühl, ich würde einen Großteil meiner Kreativität und Initiative nach einer Weile verlieren, und ich fing an, mich im Hinblick auf mich selber nicht sehr gut zu fühlen ... Ich hätte lieber diesen ganzen Ärger vermieden, weil er mir nichts gebracht hat, nicht für mein Selbstvertrauen, nicht für mein Selbstbild und nicht für irgend etwas.«

Die Krankenschwester in der öffentlichen Gesundheitsversorgung Jessica Andrews hatte eine ausgesprochen gute Beziehung zu ihrem Chef. Dies war eine wichtige Quelle für die Unterstützung ihrer Arbeit in den ersten zehn Jahren ihrer beruflichen Entwicklung. Jessica war eine der wenigen Professionellen, die den frühzeitigen Karriere-Burnout umgangen und ihre Zuwendung zum Beruf in die zweite Dekade ihrer Tätigkeit herübergerettet hatte. Während der ganzen Zeit arbeitete sie für einen Vorgesetzten, der einen großen Respekt für ihre Fähigkeit entwickelt zu haben schien und der diesen Respekt auf unterschiedliche Weise auch mitzuteilen in der Lage war.
Jessica war in einer Agentur des öffentlichen Gesundheitswesens groß geworden, in der sie lange Zeit gearbeitet hatte. Sie wurde allgemein als Protegé der Pflegedirektorin angesehen. Jessica bemerkte im Interview, daß sie beide sehr ähnlich in ihrem Arbeitsziel gewesen wären. Sie bemerkte auch, daß ihre Chefin sie zum Essen eingeladen habe und zu ihr gesagt habe: »Sie sind die Person, mit der ich am meisten übereinstimme.« Nachdem sie mir dies erzählt hatte, lächelte Jessica und fügte hinzu: »Mein Chefin denkt, ich sei wunderbar. Und das ist das wunderbarste Unterstützungssystem, über das ich verfüge.«
Die Tatsache, daß jemand die Unterstützung des Chefs oder der Chefin besitzt, läßt sich in »politische Unterstützung« übersetzen. Jessica beschrieb einen anderen Anlaß, der illustrieren sollte, wie wichtig es sei, die Unterstützung des Chefs zu haben. Sie hatte mit dem lokalen Sheriff einen Streit über die Art und Weise angefangen, in der Krankenschwestern im Gefängnis behandelt worden waren. Ihr Chef unterstützte sie ohne Zögern.

»Ich bin sofort zum Chef gegangen und habe gesagt, das ist passiert, und wenn Sie wollen, daß ich zurückgepfiffen werde, dann bitte sehr! Aber er verdient einen Schuß vor den Bug. Er hat sich außerhalb der Grenzen seiner Zuständigkeit bewegt. Und ich erhielt in dieser Position Unterstützung. In der Tat: Mein Chef ging zum Sheriff und brachte ihn dazu zuzugeben, daß er im Unrecht gewesen sei. Und er hat so etwas später niemals noch einmal versucht.«

Es gibt eine Reihe von Faktoren, die die Qualität der Beziehungen zwischen Professionellen und ihren Vorgesetzten bestimmen. Vom Standpunkt des Vorgesetzten werden diese Beziehungen im wesentlichen durch die Kompetenz und Handlungsweise ihrer Untergebenen bestimmt. Der Untergebene auf der anderen Seite neigt dazu, alle Probleme, mit denen er konfrontiert ist, auf die unrealistischen Erwartungen oder Vorurteile seines Chefs zurückzuführen. Einem Außenstehenden gegenüber scheinen die Probleme häufig aus einer ungenügenden Übereinstimmung der beiden zu bestehen. »Die Chemie stimmt dann eben nicht.«[47]

Externe Faktoren sind auch von Bedeutung. Wie ich im 2. Kapitel erwähnt habe, ist die öffentliche Unterstützung für die personenbezogenen Dienstleistungen seit jeher ambivalent gewesen und hat während der letzten fünfzehn Jahre kontinuierlich ab-

---

47 Es gibt für diesen interaktionistischen Blick eine Reihe von wissenschaftlichen Unterstützungen. Graen, Novak und Sommercamp haben in einer 1982 veröffentlichten Untersuchung gezeigt, daß derselbe Vorgesetzte von verschiedenen Untergebenen auf eine sehr unterschiedliche Weise bewertet worden ist. Die Untergebenen, die für den gleichen Vorgesetzten arbeiten, unterscheiden sich in der Tat in ihren Wahrnehmungen mehr als zwei Untergebene, die für zwei unterschiedliche Vorgesetzte arbeiten. Graen u.a. glauben, daß dies die Bedeutung eines engen Austausches zwischen dem Leiter und seinen Untergebenen begründet. Wenn Untergebene und Vorgesetzte sich wechselseitig das geben, was sie brauchen, um ihre Ziele zu erreichen, entwickelt sich die Beziehung positiv. Die Qualität der Beziehung wird durch einen wechselseitigen Austauschprozeß von Zielen und Belohnungen bestimmt.

genommen. Die schwindende Unterstützung hat bedeutet, daß die Verwaltungen selber unter erheblichen Streß geraten sind. Ihr Streß ist häufig genauso groß, wenn nicht größer gewesen als der Streß ihrer Untergebenen. Aber gestreßte Vorgesetzte haben häufig Schwierigkeiten, Vertrauen in ihre Untergebenen zu setzen und dieses Vertrauen auch aufrechtzuerhalten.
Auf der anderen Seite unterscheiden sich die Leitungskräfte in Verwaltungen in ihrem Führungsstil. Selbst unter angespannten Verhältnissen, wo die Kosten des Mißerfolgs hoch sind, gibt es Vorgesetzte, die ihren Untergebenen mehr oder weniger zutrauen, daß diese sich verantwortlich verhalten.[48] Professionelle, die unter solchen Vorgesetzten arbeiten, genießen mehr Unterstützung und Vertrauen, und die Wahrscheinlichkeit, daß sie Burn-

48 Douglas McGregor formulierte 1960 ein Modell für Führungsverhalten, das auf den unterschiedlichen Menschenbildern von Vorgesetzten basierte. Er entwickelte zwei unterschiedliche Menschenbilder, die er Theorie X und Theorie Y nannte. Theorie X ist die eher pessimistische. In ihr werden Menschen als von Anfang an faul und egoistisch vorgestellt. Was sie brauchen, ist eine starke und konsequente Führung, lückenlose Überprüfung ihrer Performance und die Drohung mit empfindlichen Strafen, um sie dazu zu bringen, das zu tun, was getan werden muß. Das andere Menschenbild, Theorie Y, stellt Menschen als von Anfang an selbstmotiviert und selbstverantwortlich vor. Menschen wollen ihre Arbeit gut machen. Wenn sie in einer positiven, sie unterstützenden Umgebung tätig werden können, werden sie verantwortlich und qualifiziert arbeiten und wenig Bedarf an externen Belohnungen und symbolischer Ermutigung haben. McGregor erkannte, daß im praktischen Leben viele Berufstätige nicht mit der positiven Sichtweise der Theorie Y übereinstimmten. Aber er erklärte dies dadurch, daß er vermutete, die Erwartungen der Leitenden an ihre Mitarbeiter würden sich entwickeln wie sich selbst erfüllende Prophezeiungen, deren Voraussagen vor allem deshalb eintreten, weil sie vorher als Voraussagung formuliert worden waren und das Verhalten der Kontaktpartner im vorhinein bestimmten. Wenn ein Vorgesetzter an die Theorie X glaubt, dann wird er oder sie die Mitarbeiter so behandeln, daß ihre Integrität und ihr Engagement entmutigt werden. Die Mitarbeiter werden anfangen, sich so zu verhalten, wie die Theorie X es vorausgesagt hat. Umgedreht werden Leitende, die an die Theorie Y glauben, so handeln, daß ihre Mitarbeiter ermutigt werden, sich verantwortlich, selbstmotiviert und engagiert zu verhalten.

out-Symptomen unterliegen, wird geringer sein. Sie mögen deutliche Streß-Symptome zeigen, aber die vertrauensvolle Beziehung zwischen Chef und Profi wird ihnen helfen, gemeinsam und effektiv zusammenzuarbeiten, um mit nahezu jedem beliebigen Problem fertig zu werden.[49]

Die Bedeutung von Anerkennung und Feedback

Manche Vorgesetzte meinen, daß erfahrene Profis kein positives Feedback mehr benötigen würden, um ihre Arbeitsmotivation aufrechtzuerhalten. Aber meine Untersuchung zeigte, daß Professionelle selbst nach zehn Jahren auf deutliche Signale von Lob und Anerkennung angewiesen sind. Die Profis konnten Zuwendung und Engagement in ihrer Arbeit sogar noch steigern, wenn sie die deutliche Wertschätzung der geleisteten Arbeit erfuhren.

Ein gutes Beispiel dafür war die Oberstufenlehrerin Victoria Goble. Sie erhielt besondere Anerkennung für zwei spezielle Curriculum-Projekte, die sie initiiert hatte. Die erste Wertschätzung kam, als sie Drittmittel für die Entwicklung ihrer Projekte erhielt. Gesteigerte Anerkennung erhielt sie, als das Landesministerium für Schule und Erziehung ihre Curriculum-Entwicklungsarbeit als exemplarisch einstufte und auszeichnete. Diese Wertschätzung war, wie sie es ausdrückte, ein »wirkliches Hoch

---

49 Foner (1994) hat gezeigt, daß Verwaltungsleiter selbst unter streßerzeugenden Umständen unterstützend und bedächtig gegenüber ihren Angestellten handeln können. Die Forscherin arbeitete eine Reihe von Monaten als teilnehmende Beobachterin in einem Pflegeheim. Sie sah, daß sich die Gruppenleiterinnen der Pflegekräfte in ihren Führungsstilen beträchtlich unterschieden, obwohl sie doch alle den gleichen strukturellen Bedingungen unterlagen. Pflegekräfte, die unter Gruppenschwestern arbeiteten, die freundlich und bedachtsam handelten, waren zufriedener, weniger gestreßt und eher bereit, Anleitung zu akzeptieren – selbst wenn sie unter anspruchsvollen Gruppenschwestern mit hohen Pflegestandards arbeiteten.

in meinem Leben«. Die Befriedigung, verbunden mit dieser Anerkennung war »einfach wahnsinnig«. Das war übrigens eine Anerkennung, die für die Professionellen in meiner Studie ziemlich einmalig war.[50]

Aktives Interesse des Chefs

Es fällt leicht einzusehen, wie streßerzeugend ein fordernder und überkritischer Chef für einen Professionellen sein kann und wie wertvoll es ist, eine Anleitung zu haben, die vom Vertrauen in die Fähigkeiten des Mitarbeiters ausgeht. Aber administrative Unterstützung bedeutet oft mehr als pures Vertrauen, daß der Profi seinen Job schon machen werde. Professionelle wollen auch, daß ihre Vorgesetzten ein aktives Interesse an ihrer Arbeit zeigen.

Die Sonderschullehrerin Carol Potter, die sich vom Burnout erholt hat, sagte eine Reihe von positiven Dingen über das Interesse ihres gegenwärtigen Chefs an ihrer Arbeit:

> »Er ist sehr, sehr interessiert daran, mehr über Behindertenpädagogik zu erfahren. Er nimmt an allen Versammlungen mit den Eltern teil, er ist Spitze im Umgang mit diesen Eltern ... Der Umgang kann ja ziemlich ätzend sein, sehr emotional ... Aber er benimmt sich wirklich verständnisvoll und unterstützend. Ich erlebe ihn als wirkliche Hilfe. Ich glaube auch, daß ich in der Zusammenarbeit mit ihm eine Menge gelernt habe.«

Professionelle wünschen sich in der Regel einen Chef, der fähig und bereit ist, Barrieren abzubauen, die ihnen im Wege stehen. Sie möchten einen Vorgesetzten, der methodisch erfahren genug ist, um ihnen technische Unterstützung zu geben, und der als Person ein Beispiel darstellt, an dem man lernen kann.

---

50 Maccoby (1988) schrieb, daß es für professionelle Experten bedeutend sei, als Profis respektiert zu werden und daß »externe Wertschätzung« in diesem Zusammenhang von besonderer Bedeutung wäre.

Es gibt noch einen anderen wichtigen Weg, auf dem Vorgesetzte Professionelle und ihre Arbeit unterstützen können. Organisationen werden aus verschiedenen Grünen dysfunktional und erzeugen dann eine Menge Streß.[51]
Wenn Vorgesetzte versuchen, Dysfunktionalitäten in ihrer Einrichtung zu vermeiden oder abzubauen, dann unterstützen sie die Tätigkeit der Professionellen auf eine weitere und wichtige Weise.

Der Chef von Mark Connor beispielsweise holte sich außenstehende Berater, um die Arbeitsumstände so gesunderhaltend und unterstützend wie möglich zu gestalten. Mark beschrieb es so:

> »Als ich meine Arbeit hier begann, habe ich entdeckt, daß sie regelmäßig Treffen mit auswärtigen Beratern hatten, um die Beziehungen der Mitarbeiter zu verbessern, Kommunikationsfertigkeiten zu trainieren und die Zusammenarbeit zu pflegen. Wir haben uns jeden Monat getroffen. Unsere Vorgesetzten haben an den Treffen teilgenommen.«

Marks Chef war sich offensichtlich bewußt, daß Kommunikationsprobleme und Konflikte die Arbeitsumstände schwierig machen können. Deshalb ergriff er Maßnahmen, um zu verhindern, daß ihm eben die Auswirkungen dieser Probleme aus den Händen glitten. Die auswärtige Beratung war also eine Maßnahme, um sicherzustellen, daß die Arbeitsumstände ihre unterstützende Wirkung behielten.

---

51 Dieser Begriff aus dem strukturellen Funktionalismus bedeutet: eine Wirkung haben, die der eigentlich erwünschten Wirkung einer Sache oder Maßnahme widerspricht bzw. diese Wirkung zunichte macht. Im Gegensatz dazu ist der Begriff »funktional« dem Ziel der Sache im Interesse des Funktionierens des Gesamtsystems entsprechend. Der dritte Begriff »nonfunktional« meint eine Sache oder Maßnahme, die der Erhaltung des Systems weder dient noch ihr hinderlich im Wege steht. (C.W.M.)

Damit Verwaltungsleiter ihre Mitarbeiter unterstützen können, müssen sie selber wirksame Kommunikationspartner für ihre eigenen Vorgesetzten bzw. für andere Gleichgestellte, von denen sie in gewisser Weise abhängig sind, sein. Mark Direktor beispielsweise schien in dieser Dimension von Leitungsstärke vorbildlich zu sein. In meinem Interview mit Mark habe ich meine Verwunderung ausgedrückt, daß die Schulverwaltung auswärtige Berater bezahlen würde. Ich fragte, ob dies ein Zeichen für die Fähigkeit des Direktors sei, politische Unterstützung innerhalb des Schulsystems zu mobilisieren. Mark stimmte dem sofort zu:

> »Ja, auch politisch gesehen hatte er große Power. Er wußte, wann er eine Trumpfkarte ausspielen konnte und wann er sie zurückhalten mußte. Er wußte, was gespielt wurde. Er hatte den Durchblick. Ja – den Durchblick hatte er ... Er wußte, was er tat.«

Die Erfahrungen von Mark zeigen, daß menschenfreundliches Verhalten der Leitung nicht immer ausreicht, um Professionelle mit jener Art von Unterstützung zu versorgen, die ihre Arbeit und ihr Engagement lebendig erhält. Verwaltungsleiter müssen auch effektive Mediatoren innerhalb des Systems sein, um für ihre menschenfreundlichen Führungsstile und Reformprogramme die notwendige politische Unterstützung zu sichern.

Arbeit und Familie: der Ruf nach Flexibilität

Überall dort, wo innerhalb einer Familie beide Partner in anspruchsvollen Berufen arbeiten, gibt es die Notwendigkeit, den verstärkten Arbeitsdruck in Beruf und Haushalt durch Flexibilität im Umgang mit den daraus zu erwartenden Konflikten zu minimieren. In dieser Kunst waren die Professionellen, die dem Burnout widerstanden oder sich von ihm auf deutliche Weise erholten, glücklicher und hatten auch eine bessere administrative Unterstützung. Die Lehrerin Victoria Groble profitierte von einem ungewöhnlichen Maß an Verständnis und Unterstützung für ihre besonderen Probleme als berufstätige Mutter.

Als Victoria schwanger wurde, nachdem sie drei Jahre als Lehrerin gearbeitet hatte, setzte sie zunächst mit der Arbeit aus und beabsichtigte, die nächsten Jahre mit ihrem Kind zu Hause zu bleiben. Das Kind wurde mit schweren Behinderungen geboren. Victoria hatte nach vierzehnmonatiger Pflege ihres Kindes das Gefühl, daß es für beide besser wäre, wenn sie zur Arbeit als Teilzeitkraft zurückkehren würde. Die Verwaltung ihrer alten Schule war damit einverstanden, obwohl sie bei ihrem Ausscheiden aus dem Dienst kein Versprechen abgegeben hatte, sie wieder einzustellen. Für die nächsten fünf Jahre paßte sie den Umfang ihrer Unterrichtstätigkeit an den Gesundheitszustand ihres Kindes an. Die Verwaltung blieb erstaunlich flexibel im Eingehen auf ihre jeweiligen Bedürfnisse. Diese Art von Flexibilität und Sensibilität für eine berufstätige Mutter bedeutete eine wichtige Form administrativer Unterstützung.

Administrative Unterstützung bei der Weiterbildung

Vorgesetzte, die viel von den Sachen verstehen, die ihre Mitarbeiter leisten, sind eine wichtige Quelle für professionelles Lernen und professionelle Entwicklung. Aber es gibt Grenzen, jenseits derer sie nicht mehr in der Lage sind, das Lernbedürfnis der Mitarbeiter zu befriedigen. Die Professionellen, die in meiner Studie nach zehnjähriger Tätigkeit als engagiert und zufrieden herausragten, hatten sich während dieser Zeit auch fortbilden können.

Sarason hat in einer Studie 1988 bemerkt, daß Einrichtungen personenbezogener Dienstleistungen »ihre Existenz durch das rechtfertigen, was sie für andere tun, und nicht durch das, was sie für die Entwicklung der eigenen Mitarbeiter leisten. Aber gerade wenn die Bedingungen für die eigene Weiterentwicklung

der Mitarbeiter ungünstig sind oder völlig fehlen, sinkt die Qualität der Dienstleistungen für andere gewaltig« (1988, 376). Mit anderen Worten: Es besteht eine direkte Verbindung zwischen persönlicher Weiterentwicklung und professioneller Dienstleistung. Professionelle, die ermutigt werden, zu lernen und zu wachsen, werden mit hoher Wahrscheinlichkeit engagiert und zugewandt bleiben.
Die zugewandtesten und engagiertesten und wohl auch zufriedensten Professionellen in meiner Studie waren durch ihre Institutionen ermutigt, manchmal sogar gedrängt worden, zusätzliche und weiterführende Fortbildungsveranstaltungen zu besuchen. Das war eine andere Form administrativer Unterstützung.

Die stimulierende Wirkung gleichgesinnter Kollegen

Professionelle entwickeln einmalige Perspektiven auf ihre Arbeit – Perspektiven, die von ihren professionellen Kollegen geteilt werden können. Für alle diejenigen, die nicht selber Angehörige der jeweiligen Profession sind, ist es schwer zu verstehen, »was dort wirklich geschieht«. Deswegen sind die Kollegen unserer Professionellen von besonderer Bedeutung für die Bestimmung der Lebensqualität bei der Arbeit. Die Professionellen, die ich untersuchte und die am erfolgreichsten im Erhalt ihres Engagements und ihrer Zuwendung waren, waren gleichzeitig solche, die auf Kollegen getroffen waren, die in besonderer Weise stimulierend und unterstützend gewirkt hatten.

Die klinische Sozialarbeiterin Diane Peterson, von der ich gerade gesprochen habe, war schon an ihrem ersten Arbeitsplatz auf starke kollegiale Unterstützung getroffen. Dieser Faktor half ihr bei der Vermeidung frühen Burnouts und beim Erhalt ihres Enthusiasmus für die nächsten zehn Jahre:

»Die Leute sagen, daß man im Suchtbereich innerhalb von zwei Jahren ausbrennen kann. Aber meine Agentur ist für viele von uns eine Heimat geworden. Alle Berater sind auf unglaubliche Weise unterstützend füreinander ... Wenn jemand sagt: ›Also wirklich, ich arbeite zu viele Nächte. Würde jemand anderes meinen Vortrag am Donnertag übernehmen wollen?‹ Dann würden sich sofort drei von uns vieren freiwillig dafür melden. Für mich ist es wirklich meine Familie geworden. Ich bekomme von ihnen mehr Unterstützung, als ich jemals von meiner Schwester und meinen Eltern bekommen habe.«

Diane war offensichtlich nicht die einzige unter den Mitarbeiterinnen, die diese Gefühle hatte. Als sie am Ende nach zehn Arbeitsjahren die Agentur verließ, war sie an Dienstjahren immer noch die Jüngste.

Die Juristin Jean Chalmers profitierte ebenfalls von einem ungewöhnlich unterstützenden sozialen Klima in der Agentur, in der sie arbeitete. In der ursprünglichen Studie beschrieb sie ihre Kolleginnen und Kollegen als »sehr freundlich« und »wie eine Familie«. Man traf sich häufig auch außerhalb der Arbeit. Es gab so etwas wie eine kooperative, fast schon kollektive Unterstützung. Die Leute nahmen sich Zeit, um sich gegenseitig zu helfen. Das machte das Leben des einzelnen nicht nur angenehmer, es versetzte Jean auch in die Lage, von erfahreneren Kollegen zu profitieren.

Das aber heißt: Kollegen sind nicht nur eine Quelle von emotionaler Unterstützung, sie gewähren auch methodische und technische Anleitung. Professionelle brauchen eine solche Anleitung während aller Stationen ihrer Karriere. Sie soll helfen, zu lernen, zu wachsen und effizienter zu funktionieren.[52]

---

52 Es hat sich eine Unterscheidung zwischen »effektiv« und »effizient« durchgesetzt. Effektiv = eine Wirkung haben. Effizient = diese Wirkung mit angemessenen und sparsam verwendeten Mitteln erzielen. Also nicht über-

Diejenigen unter meinen Gewährsleuten, die während der zehn Jahre ihres beruflichen Wirkens Mentoren hatten und »gecoacht« wurden, waren erfolgreicher im Erhalt oder in der Wiedergewinnung einer hohen Ebene ihrer professionellen Performance, als sie es am Anfang gewesen waren.
Aber auch für schon erfahrene Professionelle sind kompetente Kollegen eine notwendige und hilfreiche Unterstützung. Es ist ja so, daß für Professionelle, wann immer sie ihre Rolle wechseln oder aus einer Rolle in eine andere Rolle übergehen, die Notwendigkeit von Unterstützung und Beratung besteht. Die Sonderschullehrerin Carol Potter ist dafür ein gutes Beispiel. Carol war einige Jahre lang Unterstützungslehrerin gewesen, und dann hatte sie eine in sich geschlossene Klasse übernommen. Das war für sie ein unerwarteter Wechsel, auf den sie überhaupt nicht vorbereitet war. Die Erfahrung erwies sich am Ende als positiv, aber nur deshalb, weil Carol eine unterstützende Kollegin fand, die ihr Coach und Mentor wurde:

> »Ich habe eine Menge Unterstützung aus dem Lehrerkollegium bekommen, insbesondere von einer Frau, die inzwischen meine beste Freundin geworden ist ... Sie hat mir eine Menge neuer Ideen gegeben, wie ich die Klasse organisieren könnte, und das hat mir handfeste Anregungen und Ideen gegeben, wie ich beispielsweise mit bestimmten Verhaltensproblemen in der Klasse umgehen könnte.«

Als ich Carol fragte, ob sie auch eine Mentorin gehabt hätte, bezog sie sich wieder auf diese Kollegin und sagte:

> »Ich glaub nicht, daß sie auf die Idee kommen würde, sich als meine Mentorin zu bezeichnen oder daß sie denken würde, ich könnte sie ›meine Mentorin‹ nennen. Aber ganz gewiß war sie es für mich. Und ich denke, sie war es vielleicht auch für andere Leute, weil sie eine Menge Erfahrung hat und in allem, was sie tut, außerordentlich gut ist.«

---

haupt zu wirken, sondern in einer optimalen Kosten-Nutzen-Relation. (C.W.M.)

Schlußfolgerungen: Autonomie und Unterstützung

Die Arbeitssituation war bei der Erholung von Symptomen des Burnout eine wichtige Komponente – ebenso wichtig wie der Inhalt der Arbeit. Die Professionellen, welche sich vom Burnout am deutlichsten erholt haben, hatten notwendigerweise ihren Berufseinstieg nicht in unterstützenden Arbeitszusammenhängen machen können. Aber innerhalb der ersten zwei oder drei Jahre hatten sie die Stelle gewechselt und waren auf eine Mischung aus Autonomie und Unterstützung getroffen. *Autonomie* und *Unterstützung* beschreiben gemeinsam auf eine gute Weise die Situation, die für positive Arbeitsanpassung in professionellen Berufen optimal ist.[53]

Autonomie und Unterstützung sind Oberbegriffe, unter denen sich sehr unterschiedliche Facetten der jeweiligen Arbeitssituation versammeln. Ich habe den Versuch gemacht, in einem Schaubild die verschiedenen Aspekte zusammenzustellen, die

---

53 Hall und Schneider (1973) weisen in einer extensiven Studie über das Arbeitsleben von Priestern nach, daß die beiden Qualitäten, die am bedeutsamsten für die positive Karriere-Entwicklung gewesen wären, Autonomie und Unterstützung waren. Sie fanden auch heraus, daß der Fall außerordentlich selten war, wo beide Arbeitsbedingungen besonders günstig waren. Jüngere Studien haben die Tatsache unterstrichen, daß die Unterstützung der Institutionen zusammen mit Autonomie eine bedeutsame Hilfe für die Arbeit Professioneller ist. Leiter und Maslach (1988) haben schlechte zwischenmenschliche Beziehungen zwischen Krankenschwestern in einem großen Krankenhaus als verschärfenden Faktor für Burnout identifiziert. O'Driscoll und Schubert (1988) entdeckten problematische Interaktionen zwischen der Zentrale und einzelnen Abteilungen einer Agentur als wichtigen Beitrag zur emotionalen Erschöpfung bei den Mitarbeitern einer sozialen Dienstleistungsagentur, während positive Interaktionen und Kommunikation innerhalb der Abteilungen mit starken Gefühlen persönlichen Wachstums verbunden wurden. Drory und Shamier (1988) haben eine größere Bandbreite unterschiedlicher Variablen überprüft und dabei herausgefunden, daß das Fehlen von Unterstützung durch das Management eine entscheidende Variable für Burnout-Symptome beim Vollzugspersonal einer Haftanstalt war.

von meinen Gewährspersonen erwähnt worden sind – Aspekte, die sich zu einem Bild von Autonomie und Unterstützung verbinden.
Die vielen unterschiedlichen Faktoren, die wir erwähnt haben, scheinen auch mit dem Thema professioneller Selbsteffizienz verwandt zu sein. Um sich in seiner Arbeit effizient zu fühlen, brauchen selbst erfahrene Berufsveteranen Hilfen, technische Unterstützung und verfügbare Ressourcen. Sie brauchen das Vertrauen ihrer Chefs und deren Glauben in ihre Leistungsfähigkeit und sie brauchen hinreichend Selbstbestimmung, um ihr Wissen und ihre Fertigkeiten effektiv einsetzen zu können. Wenn sie solche Arbeitsbedingungen vorfinden, haben sie das Gefühl, effizient zu arbeiten. Und unter solchen Arbeitsumständen erhalten sie ihr professionelles Engagement und ihre Zugewandtheit und Mitleidens-Fähigkeit.

Dimensionen von Autonomie und Unterstützung

Autonomie bedeutet die Befreiung von:

- den bürokratischen Strukturen des öffentlichen Dienstes: »Es geht eben alles seinen langen Gang.«
- der Notwendigkeit, alle Handlungsschritte in Aktennotizen festzuhalten, um sich selber zu schützen
- dem Schicksal, niemand zu sein, der zählt
- politischen Querelen zwischen konkurrierenden Fraktionen innerhalb des öffentlichen Dienstes
- dem Urteil von nichtprofessionellen Beamten, die dem eigenen professionellen Urteil widersprechen
- Rollenkonflikten unterschiedlicher Gruppen
- Konflikten zwischen der Leitung und den Mitarbeitern.

Unterstützung durch die Verwaltung bedeutet:

- Verständnis für die notwendigen Voraussetzungen professioneller Arbeit
- Verständnis für die Ressourcen, die man braucht, um seine Arbeit zu machen
- Sensibilität und Flexibilität gegenüber den Anforderungen des Partners und der Familie
- Wertschätzung für professionelle Arbeit
- Sensibilität bei der Kritik der Arbeit
- daß die Leitung dem Professionellen vertraut und dies auch erkennen läßt
- daß die Leitung ein aktives Interesse an der Arbeit zeigt
- daß sich die Leitung für die Interessen der Professionellen einsetzt und in dieser Rolle auch erfolgreich ist
- daß die Leitung klar und deutlich ihre Erwartung ausspricht
- daß sie diese Erwartungen mit den Fähigkeiten der Professionellen in Übereinstimmung bringt
- daß der Chef emotional stabil ist, ruhig und gelassen und mit einem Sinn für Humor ausgestattet
- daß der Chef den Profi nach seiner Einschätzung fragt – und nach Ideen, wie es weitergehen soll
- daß der Chef seine Sache versteht und technische Hilfe geben kann, wann immer sie vonnöten ist
- daß der Chef in der Lage ist, Querschüsse aus der Verwaltung zu verhindern und – wenn nötig – mit ihnen fertig zu werden
- daß der Chef da ist, wenn man ihn braucht
- daß der Chef offen und ehrlich ist
- daß es in der Verwaltung ein Klima gibt, das zur Fort- und Weiterbildung ermutigt.

Ermutigende und kollegiale Mitarbeiter bedeuten:

- emotionale Unterstützung
- intellektuelle Anregungen
- stützende Beratung.

10. Individuelle Voraussetzungen und vorberufliche Erfahrungen: Was der einzelne in die Arbeit einbringt

Im vorigen Kapitel habe ich Aspekte der Arbeitssituation diskutiert, die einigen Professionellen geholfen haben, sich vom Burnout zu erholen. Aber was haben die einzelnen Profis selber in diesen Prozeß eingebracht? Hatten sie persönliche Qualitäten, die ihnen geholfen haben, den Herausforderungen standzuhalten und sich zu erholen? Und welche Erfahrungen in ihrem bisherigen Leben haben ihnen geholfen, diese Qualitäten zu entwickeln?

Herausfordernde Erfahrungen vor dem Berufseintritt

Die Professionellen, die sich besonders gut von ihrem ursprünglichen Burnout erholt haben – oder die ihn von vornherein vermieden haben – schienen über eine größere Spannkraft zu verfügen. Wenn sie streßhafte Situationen und Enttäuschungen erlebten, nahmen sie eine sehr aktive Haltung ein. Sie suchten nach Wegen, mit diesen Schwierigkeiten fertig zu werden. Sie gaben nicht auf, und sie gaben nicht nach. Wenn sie alles getan hatten, um der Situation Herr zu werden, und die Arbeit dennoch reizlos fanden, wechselten sie den Arbeitsplatz. Traditionelle psychologische Theorien suchen in der Regel Erklärungen dafür in der frühen Kindheit dieser Personen. Der Charakter von Menschen wird während der ersten Jahre des Lebens geformt. Deshalb erscheint es vernünftig anzunehmen, daß die erwähnte Spannkraft eine Sache war, die zur gleichen Zeit entwikkelt wurde. An dieser Erklärung mag etwas dran sein, aber ich war auf der Suche nach anderen Wurzeln für die erfolgreiche Auseinandersetzung mit Schwierigkeiten bei einzelnen meiner Gewährsleute. Ich glaubte, daß spätere Erfahrungen ebenfalls zu der Fähigkeit eines Professionellen beigetragen haben, mit Streß und Frustrationen fertig zu werden.

Beim Studium der Lebensläufe der von mir untersuchten Professionellen fand ich, daß ich nicht bis in deren frühe Kindheit zurückgehen mußte, um erklären zu können, wie einige Professionelle ein größeres Maß an persönlicher Spannkraft in Krisensituationen zeigten als andere. Ich entdeckte, daß die Professionellen, die sich am besten vom Burnout erholt hatten, spezielle Erfahrungen während ihrer frühen Erwachsenen-Jahre gemacht hatten. Sie gingen nicht direkt in den später gewählten Beruf. Sie hatten vorher in anderen Feldern gearbeitet, ehe sie an die Universität zurückkehrten, um ihre professionelle Ausbildung zu beginnen. Oder sie hatten in der Zwischenzeit ein oder zwei oder mehr Kinder großgezogen, ehe sie die unterbrochene Ausbildung beendeten. Und sie waren erfolgreich gewesen bei der Bewältigung der Herausforderungen, die in ihren vorberuflichen Erfahrungen eine Rolle gespielt hatten.

Mark Connor beispielsweise hatte drei Jahre lang an einer innerstädtischen Schule unterrichtet, bevor er an die Universität zurückkehrte, um Psychologie zu studieren. Er beschrieb die Herausforderungen, denen er als Lehrer gewachsen sein mußte:

> »Ich versuchte herauszufinden, wie ich es vermeiden könne, eingezogen zu werden. Ich wußte, daß das Lehrerstudium eine Möglichkeit war. So kam ich ans Lehrerstudium und endete in einer Grundschule in Detroit. Ohne Erfahrungen im Grundschulbereich, ohne jemals an solchen Kursen teilgenommen zu haben. Im ersten Jahr habe ich gedacht, ich sollte vielleicht doch lieber zur Armee gehen. Es war schrecklich. Es war so schrecklich, daß ich manchmal dachte, ich solle vielleicht doch lieber nach Vietnam gehen. Hier in Detroit – das ist Vietnam! Mein erstes Jahr war wirklich hart. Mein zweites und drittes Jahr – die waren großartig, weil ich es am Ende doch geschafft habe. Ich hab am Ende gelernt, wie man die Kids behandelt. Ich hab gelernt, was ich zu tun habe. Ich hab gelernt zu unterrichten.«

Carol Potter hatte auch herausfordernde Arbeitserfahrungen, bevor sie Lehrerin wurde. Sie war fünf Jahre lang durchs ganze

Land gereist, hatte in verschiedenen Bundesstaaten gelebt und in einer Vielzahl von Jobs gearbeitet, ehe sie an die Universität zurückkehrte, um ihre Scheine fürs Lehrerstudium zu machen. In ihrem Fall waren die vorgängigen Erfahrungen herausfordernd im Hinblick auf Neuigkeit, Unterschiedlichkeit und jähe Wechselbäder, mit denen sie fertig werden mußte:

> »Ich hab eine Menge Sachen gemacht, bevor ich unterrichtet habe. Ich hab in einer Bank gearbeitet, dann bin ich auf einem Vergnügungspark gewesen – das war in Californien. Dann habe ich in Oklahoma gearbeitet – in einem Zentrum für Alkoholiker. Dort war ich Assistentin des Verwaltungsleiters. Ich hab eine Menge rumgejobbt ... Ich denke, ich wollte mir einfach die Hörner abstoßen und bin deshalb durch die Lande gezogen und hab viele verschiedene Sachen gemacht ... Es war eine Art Entdeckungsreise.«

Die anderen drei Profis, die sich vom Burnout erholt hatten, waren ebenfalls in herausfordernden Tätigkeiten gewesen, ehe sie ihren gegenwärtigen Beruf ergriffen hatten. Angela McPherson hatte viele Jahre als Schwester im öffentlichen Gesundheitsdienst gearbeitet, ehe sie ihren Master machte und in die Pflegeverwaltung eintrat. Und Eugenia Barton und Jennifer Talmadge hatten mehrere Kinder aufgezogen – auch eine herausfordernde Arbeitserfahrung.

Herausfordernde Arbeitserfahrungen schienen eine Hilfe bei der Erholung vom professionellen Burnout darzustellen. Einmal erlaubten sie den Profis, realistischere Erwartungen an ihre Arbeit und deren Erfolge zu stellen. Die Juristin Jean Chalmers beispielsweise – eine der wenigen Professionellen, die nicht im ersten Jahre ihrer beruflichen Praxis ausgebrannt war – begann ihre Arbeit mit realistischen Erwartungen und moderaten Zielen, weil sie einschlägige und vorgängige Arbeitserfahrungen besaß. Nachdem sie ihren Bachelor gemacht hatte, arbeitete sie im Vista-Programm, der inneramerikanischen Version des Friedens-Corps. Sie arbeitete ein Jahr lang mit Unterprivilegierten in einer innerstädtischen Nachbarschaft. Hier wurde ihr Interesse an der Rechtspflege geweckt. Als sie ihre Tätigkeit bei Vista beendet hatte, ging sie an die Universität, um Jura zu studieren, und arbeitete parallel dazu in einer von der Universität unterhaltenen innerstädtischen Praxisstelle. Diese zusätzliche Arbeit gab Studenten die Möglichkeit, mit Menschen aus den unteren Einkommensklassen zu arbeiten und dabei wirkliche Fälle des täglichen Lebens zu übernehmen.

Diese beiden praktischen Erfahrungen halfen Jean, realistischere Erwartungen gegenüber ihren Klienten zu entwickeln. Als sie dann Armen-Anwältin wurde, kannte sie ihre eigenen Grenzen und hatte den naiven Glauben überwunden, daß ihre Klienten tugendhaft und dankbar wären, nur weil sie selber Opfer von Armut und Ungerechtigkeit waren. Sie hatte weniger Illusionen als andere Rechtsanwälte in ihrer Lage. Ihre vorherigen Erfahrungen halfen ihr auch, ihre Arbeit mit realistischeren Zeitvorstellungen zu beginnen. Sie wußte, daß Veränderungen innerhalb des Rechtssystems nur sehr langsam durchzusetzen seien und auf einer Reihe von Kompromissen gründeten.
Jene Professionellen, die schon in unterschiedlichen Funktionen und Rollen gearbeitet hatten, profitierten von diesen Erfahrungen, weil sie bereits andere Optionen ausprobiert hatten. Die Lehrerin Carol Potter drückte es so aus:

> »Ich hab manchmal gedacht, daß es für mich ein wirklicher Vorteil gewesen ist, daß ich nicht direkt in die Unterrichtspraxis gegangen bin ... Sie haben mich gefragt, ob ich mir auch ein anderes Berufsfeld vorstellen könne als das der Erziehung und Bildung. Ich denke jetzt, daß ich mir das nicht mehr vorstellen kann. Aber das hängt damit zusammen, daß ich vorher andere Dinge ausprobiert habe und daß ich glaube, daß genau hier der Platz ist, an dem ich arbeiten möchte.«

Carol hatte Alternativen zum Unterrichten kennengelernt. Anders als manche ihrer Kolleginnen, die sich fragten, ob sie nicht in der Welt der Privatwirtschaft glücklicher geworden wären, konnte Carol darauf verweisen, daß sie diese Erfahrungen ja schon gemacht habe. Diese Erfahrungen hatten sie zu der Überzeugung gebracht, daß sie als Lehrerin glücklicher sein werde als in der Privatwirtschaft.

Aber der vielleicht größte Vorteil, den eine frühere Berufserfahrung für Professionelle in den helfenden Berufen geboten hatte, war die Tatsache, daß sie die Wahrnehmung für die eigene »Selbstwirksamkeit« gesteigert hatte. Diese Selbstwirksamkeit war eine wertvolle Ressource, die dem einzelnen half, mit den Schwierigkeiten und Prüfungen besser fertig zu werden, denen sie während der ersten Jahre ihrer professionellen Arbeit begegneten.

Einsichten in die Berufskarriere in einer frühen Phase der Tätigkeit

Die Professionellen, die sich am besten von ihrem anfänglichen Burnout erholten und die auch realistische Einschätzungen über ihre Stärken, Schwächen und Prioritäten besaßen, waren gleichzeitig auch solche, die klare und realistische Ideen davon hatten, was sie am liebsten tun würden und was sie am besten tun könnten. Und die diese Einsichten auch benutzten, um bessere Berufsentscheidungen zu treffen.

Ich habe bereits bemerkt, daß alle Professionellen im Laufe der Zeit größere und bessere Einsichten in die Gesetzmäßigkeiten ihrer Berufskarriere gewonnen hatten. Aber die Professionellen, die sich am raschesten und tiefgreifendsten vom Burnout erholten, entwickelten diese Einsichten früher als die anderen. Innerhalb der ersten zwei oder drei Jahren ihrer Berufstätigkeit hatten sie ein klareres und präziseres Bewußtsein davon entwickelt, was sie selber am liebsten tun würden und am besten tun könnten und was dies alles im Hinblick auf eine mögliche ideale Arbeitssituation bedeuten würde.

Jennifer Talmadge war eine von jenen Professionellen, die besonders schnell in der Lage war, die Art von Arbeit zu identifizieren, die sie am liebsten mochte. Sie brauchte nur ein einziges Jahr als Schulsozialarbeiterin, um herauszufinden, was ihr am meisten lag:

> »Ich mochte die Arbeit mit Gruppen und insbesondere die Arbeit mit Gruppen junger Mädchen ... Ich hatte schnell herausgefunden, daß mir das besonderen Spaß bereitete.«

In dem Interview nach zehn Jahren faßte Jennifer diesen Gedanken noch einmal in Worte:

> »Ich finde, man muß zunächst herausfinden, was für einen selber wichtig ist und wo man selber den besten Beitrag leisten kann ... Wenn man erst einmal herausgefunden hat, daß man eine besondere Neigung für irgend etwas hat, dann sollte man das auch machen. Ich denke, es gibt eine Menge Leute, die gehen in ein bestimmtes Arbeitsfeld nur deshalb, weil sie glauben, dort besonders viel Geld verdienen zu können. Sie gehen beispielsweise in die Gerontologie, weil es Geld für die Gerontologie gibt. Aber im Grunde haben sie überhaupt keine Lust, mit alten Menschen zu arbeiten.«

Obwohl Jennifer ihre »tatsächliche Berufung« frühzeitig in ihrer Berufsentwicklung entdeckte, testete sie diese Priorität immer wieder von neuem aus. Nachdem sie beispielsweise acht Jahre lang in ihrem Beruf gearbeitet hatte, begann sie sich Gedanken zu machen, ob es nicht lohnender wäre, den Beruf zu wechseln und in den Verkauf zu gehen. Um herauszufinden, was an dieser Vermutung dran sei, machte sie einen Versuch mit begrenzter Reichweite:

> »In unserer Stadt gab es eine Zeitung, die ich sehr mochte. Und ich dachte mir, ich gehe einfach herum und versuche, Anzeigen für diese Zeitung zu bekommen. Das machte ich auch. Ich machte es natürlich in meiner Freizeit. Ich ging zu den verschiedenen Firmen und in

die verschiedenen Geschäfte und versuchte, Anzeigen zu bekommen. Was ich dabei herausfand, war, daß ich diese Tätigkeit haßte. Aber es einfach mal zu versuchen – das hat mir Spaß gemacht.«

Jennifer entwickelte frühzeitig in ihrer Berufskarriere eine beträchtliche Einsicht in ihre eigenen Prioritäten. Sie erkannte, was sie am liebsten tun wollte, und sie wechselte den Beruf, um es auch wirklich tun zu können. Sie hörte dabei nicht auf, andere und neue Möglichkeiten auszuprobieren, nur um sicherzustellen, daß die Wahl, die sie getroffen hatte, noch immer Sinn für sie machte. Jennifers Karriereeinsicht half ihr, von frühen Formen des Burnouts loszukommen.

Die Entwicklung größerer Verhandlungskompetenz in Institutionen

Die erfolgreicheren Professionellen hatten auch ein gewisses Maß an »Verhandlungskompetenz«. Sie hatten gelernt, erfolgreich mit organisatorischem »Hickhack« und den damit verbundenen Konflikten umzugehen. Sie waren in der Lage, solche systemimmanenten Probleme auf eine distanzierte und eher analytische Weise anzugehen. Sie ließen sich nicht so leicht in belastende zwischenmenschliche Konflikte hineinziehen, überwanden leichter bürokratische Hindernisse und gewannen schneller Unterstützung für innovative und sinnvolle neue Projekte. Größere organisatorische Handlungsfähigkeit half ihnen, in ihrer Tätigkeit zufrieden zu sein und gleichzeitig engagiert zu bleiben.[54]

54 Dalton (1989) hatte argumentiert, professionelle Arbeitnehmer würden es schwierig finden, ein Gefühl für ihre eigene Wirksamkeit zu erhalten, ohne daß sie dabei »organisatorische Fertigkeiten und Fertigkeiten im Umgang mit anderen Menschen und deren Interessen entwickelten« (1989, 103). Er forderte dringlich, daß Professionelle sich jenseits einer nur technischen Kompetenz bewegen und dabei eine »breitere Perspektive entwickeln sollten, um ihre Ziele gerade in komplexen organisatorischen Zusammenhängen zu erreichen«.

Einige Beispiele institutioneller Handlungsfähigkeit

Die Lehrerin Victoria Goble lieferte mir ein besonderes Beispiel, wie institutionelle Handlungsfähigkeit helfen kann, daß Profis sich besser bei der Arbeit fühlen. Victoria hatte gesehen, wie wenig sich ihre Schule um weniger leistungsfähige Schüler kümmerte, die nicht dafür vorgesehen waren, später die Fachhochschule oder Universität zu besuchen. Sie unternahm eine Reihe von Anstrengungen, um das Curriculum und die unterrichtsdidaktischen Strategien für diese Gruppe von Schülern zu verbessern. Diese Bemühungen mündeten in ein mit 150.000 Dollar dotiertes Programm, um leistungsschwache Schüler in die Arbeit am Computer einzuführen. Die Arbeit an der Entwicklung eines solchen Programms wurde für sie zum lohnendsten und erfolgreichsten Teil ihrer gesamten Tätigkeit. Obwohl Victoria das Glück hatte, mit einer unterstützenden Verwaltung zusammenarbeiten zu können, war es klar, daß ihr Erfolg auch mit ihrer Initiative und ihrem Fingerspitzengefühl zusammenhing, mit dem sie zwischenmenschliche und organisatorische Prozesse behandelte. Es war nämlich durchaus so, daß sie auf dem Weg zum Erfolg auf beträchtlichen Widerstand stieß. Aber sie hatte auch gelernt, wie man die meisten solcher Schwierigkeiten überwindet:

> »Ich war an so vielen Projekten beteiligt, die es erfordern, daß ziemlich große Gruppen von Menschen ihre Haltungen verändern. Und eine der Folgen solcher Erfahrungen war es, daß ich mir einen schärferen Blick dafür angewöhnt habe, wie und warum sich Menschen ändern. Und ich denke, ich habe jetzt ein größeres Bewußtsein für die Umstände, die Veränderungen für Leute angenehmer und akzeptabler machen. Ich kenne aber auch die Umstände besser, die Veränderungen unangenehm machen. Ich kenne jetzt auch die Gründe besser, um deretwillen Menschen Veränderungen in Kauf nehmen, und ich weiß, wie man Menschen unterstützen kann, die dabei sind, diese Veränderungen umzusetzen.«

Gerade durch die Reflexion auf den Widerstand, den Menschen möglichen Veränderungen entgegenbringen, hatte Victoria allmählich Fertigkeiten gelernt, die ihr halfen, die Reformarbeit an ihrer Schule voranzutreiben.
Aber es waren nicht einfach nur »Fertigkeiten«, die Victoria in die Lage versetzten, Widerstand gegen Veränderungen zu überwinden. Von gleicher Bedeutung war ihr Vertrauen in ihre Fähigkeit, Veränderungen überhaupt erst einmal einzuleiten – das war ihre »organisatorische Selbst-Wirksamkeit«.

> »Ich hab mich zu der Überzeugung durchgerungen, daß Veränderungen, wenn sie einmal notwendig sind, auch wirklich gemacht werden müssen. Und dazu muß man einfach Wege finden, um diese Veränderungen in Gang zu setzen. Es mag etwas länger dauern, als man ursprünglich geplant hat, aber es muß geschehen. Und damit es geschieht, muß man eben dran bleiben und immer wieder Wege suchen, damit es klappt, bis es klappt.«

Ein zweites Beispiel fand ich in der Schilderung eines Profis, der ebenfalls an einer öffentlichen Schule tätig war – aber als Psychologe und nicht als Lehrer. Die meisten Schulpsychologen haben eine Menge Arbeit mit den verschiedenen Tests und der Auswertung dieser Tests und dem Formulieren von Gutachten. Das war – wie wir schon einmal gesehen haben – das Schicksal von Mark Connor während der ersten Jahre seiner Laufbahn als Schulpsychologe. Er sah seine eigenen Stärken eher in der Beratung für Schüler und ihre Familien, aber die Arbeit mit Tests und ihre Auswertung ließen ihm dafür wenig Zeit. Als Mark seinen Arbeitsplatz wechselte, verbesserte sich die Situation, aber das, was seine Arbeit wirklich bereicherte, war die Entwicklung eines internen Beratungslehrer-Programms, das er innerhalb seines Schuldistriktes auf die Beine gestellt hatte. Ein Grund, warum Mark in der Lage war, das neue Programm zu entwickeln, bestand darin, daß er eine Arbeitssituation vorgefunden hatte, die außergewöhnlich unterstützend war. Ein anderer Grund aber war seine organisatorische Handlungsfähigkeit. Mark begann, den Plan für das neue Programm zu formulieren, nachdem die Schulverwaltung die Erziehungsberater im Elementarschulbereich aus Etatgründen entlassen hatte. Dies war eine unpopuläre Entscheidung gewesen, aber die Verwaltung hatte keine Alternative zur ihr gesehen. Mark hingegen entwickelte eine Alternative. Er schlug vor, daß der Schuldistrikt ihn beauftragen solle, Studenten höherer Semester lokaler Fachhochschulen als Berater im Grundschulbereich einzusetzen. Sie würden von Mark supervisiert werden und sollten für ihre Tätigkeit Praxisscheine bekommen, die für ihr weiteres Studium relevant wären. Die einzigen zusätzlichen Kosten, die der Schulverwaltung entstehen würden, wäre die Bezahlung einer zusätzlichen halben Stelle für einen Psychologen, der die Aufgaben übernehmen sollte, die Mark aufgrund seiner zusätzlichen Belastung als Supervisor nicht selber tun könnte. Mark benutzte all seine Organisationskenntnisse und Fähigkeiten, um diesen Vorschlag durch die verschiedenen Kanäle der Verwaltung zu bringen und am Ende vor allem die Unterstützung der Leitungsebene sicherzustellen. Am Ende des ersten Jahres entschied sich Mark (auch aus strategischen Gründen), sein Programm zu evaluieren. Er befragte dazu Eltern, Lehrer, Schüler und Schulleiter. Die Ergebnisse waren extrem positiv, und die Schulverwaltung stimmte der Fortsetzung des Programms für ein weiteres Jahr zu. Sie bewilligte auch zusätzliche Honorare für die an diesem Programm teilnehmenden Studierenden und gab Mark eine zusätzliche Arbeitszeitermäßigung für die von ihm geleistete Arbeit.

Mark hatte die Absicht, das Programm noch weiter auszudehnen, aber die Verwaltung weigerte sich an dieser Stelle. Wieder benutzte Mark seine organisatorischen Fähigkeiten und entwickelte eine Strategie, um für zusätzliche Mittel politische Unterstützung zu mobilisieren.

»Sie wollten zwar auch das Programm erweitern. Aber das hätte noch mehr von meiner Arbeitszeit beansprucht. Dem zuzustimmen und dafür geradezustehen waren sie nicht bereit. Deshalb haben wir in diesem Jahr ein Rotationsprinzip eingeführt. Wir gewinnen die internen Beratungslehrer diesmal aus drei bestimmten Schulen und im nächsten Jahr aus drei anderen Schulen. Und ich habe den Schulleitern der alten Schulen gesagt, wenn sie das Programm in ihrer Schule fortsetzen wollen, dann müssen sie das Geld dafür aus einem bestimmten Etat nehmen, den ich kenne, und über den sie verfügen.«

Diese Strategie hatte eine Reihe von wichtigen Nebenwirkungen. Dadurch, daß Mark sein Programm auf drei neue Schulen erweiterte, gewann er die Unterstützung einer Reihe neuer Schulleiter und wies ihnen außerdem die Wege zur Finanzierung dieser Unterstützung. Das, was ursprünglich als Hindernis erschienen war – das Einstellen der weiteren Unterstützung innerhalb der Schulen, die bisher mit dem Programm befaßt waren –, erwies sich durch die Erweiterung des Einzugsbereiches als eine Garantie für expansive Wirkungen. Ein gutes Beispiel für die Überwindung organisatorischer Grenzen durch ihre Umdefinition in organisatorische Möglichkeiten.

Komponenten institutioneller Handlungsfähigkeit

Die Beispiele zeigen, daß es eine Reihe unterschiedlicher Komponenten gibt, die institutionelle Handlungsfertigkeiten bewirken. Da ist zunächst die Fähigkeit zu nennen, Konflikte entweder zu vermeiden oder zu lösen. Konflikte mit Kollegen und Vorgesetzten sind eine Hauptquelle von Streß und Burnout innerhalb aller personenbezogenen Dienstleistungsberufe. Die Fähigkeit, solche Konflikte zu antizipieren und mit ihnen umzugehen, ist ein bedeutsamer Teil der institutionellen Handlungsfähigkeit.

Zweitens muß die Fähigkeit genannt werden, organisatorische Unterstützung für die eigene Initiative zu erkennen und zu mobilisieren. Denn eine weitere Quelle für Streß und Burnout sind die Frustrationen, die mit der Wahrnehmung bürokratischer Barrieren verbunden sind, mit dem Fehlen von Ressourcen und dem Ausbleiben offizieller Gratifikationen. Wir haben ja gesehen, wie Mark Connor diese Schwierigkeiten überwunden hatte. Sowohl er als auch Victoria Goble schienen in der Lage zu sein, potentiellen Widerstand zu identifizieren und Wege zu finden, diesen Widerstand zu minimieren oder zu neutralisieren. Indem sie dies taten, gewann sie die Unterstützung für neue Initiativen, die sich an die vorhandenen Bedürfnisse von Klienten wandten, während sie gleichzeitig die eigene Berufstätigkeit bereicherten und stimulierten.

Und dann gibt es eine dritte Komponente institutioneller Handlungsfähigkeit: Sie betrifft eigentlich eher eine bestimmte Art des Denkens als eine spezielle Handlungstechnik. Victoria Goble repräsentierte diese Art des Denkens, als sie sich darauf bezog, sie habe einen wesentlich schärferen Blick auf Veränderungen gelernt und die Art und Weise, wie Menschen solche Veränderungen bewerkstelligen.

Rebecca Simpson schien diese neue Art des Denkens ebenfalls begriffen zu haben. Denn sie beschrieb ein Seminar zum Thema »Komplexe Organisationen«, das sie während ihres Studiums belegt hatte. In diesem Seminar hatte sie gelernt, mit der »Dynamik« der Entwicklung umzugehen und von ihr nicht gefangengenommen zu werden, sondern im Umgang mit ihr eine eigene Art von Spaß zu entwickeln. Diese letzte Komponente organisatorischer Handlungsfähigkeit betrifft eine neue Art des Denkens über organisatorische Barrieren und Konflikte, die es dem einzelnen Profi erlaubt, ein bestimmtes Maß an analytischer Distanz und nachdenklicher Reflexion zu gewinnen – und genau dies ist die Voraussetzung für problemlösende Haltungen innerhalb von organisatorischen Schwierigkeiten.

Ein Großteil des notwendigen professionellen Trainings bedeutet, daß diese problemlösende Haltung gelehrt werden muß – ganz gleich, ob es sich um das Halten eines Vortrags, die Beratung eines problemgeladenen Klienten oder die Präsentation eines schwierigen Falles vor Gericht handelt. Unglücklicherweise werden die Angehörigen der helfenden Berufe während ihres Studiums gewöhnlich nicht auf diese Haltung gegenüber organisatorischen Problemen vorbereitet, aber auf die eine oder andere Weise haben die erfolgreichen Professionellen in meiner Untersuchung diese Art des Denkens und Herangehens gelernt.[55]

Wie man aktiv die eigene professionelle Entwicklung vorantreiben kann

Die erfolgreichsten Professionellen waren unter beruflichen Umständen tätig, die es ihnen ermöglichten, weiter zu lernen und sich zu entwickeln. Aber dies war nur die eine Hälfte des Bildes. Denn die Professionellen, die von solcher Unterstützung profitieren sollen, müssen sich auch in die Lage versetzen, Lernerfahrungen mit einer offenen und aktiven Neugier anzunehmen. Vier von fünf der erfolgreichsten Professionellen in meiner Studie verfügten über diese Qualität. Sie sahen sich selber nicht als ein *in sich abgeschlossenes Produkt* an, nur weil sie die formale Ausbildung an der Universität abgeschlossen und ihr Diplom in der Tasche hatten. Sie erkannten die Notwendigkeit lebenslangen Lernens, nicht nur, um mit der fortlaufenden Ent-

55 Wenige Professionelle entwickeln ein solches organisatorisches Handlungsgeschick. Shinn, Rosario, Morch und Chestnut (1984) beispielsweise haben in einer Studie über Gruppentherapeuten herausgefunden, daß die meisten von ihnen mit ihrem beruflichen Streß dadurch zurande zu kommen versuchten, daß sie sich auf Interessen außerhalb des Berufssegmentes bezogen oder durch die »Beschwörung einer positiven Perspektive«. 20% versuchten, dem Konflikt zu entgehen, indem sie ihren Arbeitsplatz wechselten.

wicklung auf ihrem Gebiet Schritt halten zu können, sondern auch, um Enthusiasmus und Engagement für ihre Arbeit aufrechtzuerhalten. Diese Neugier und die Bereitschaft, dauernd neu zu lernen, war eine weitere bedeutsame persönliche Qualität, die bei der Erholung von frühen Formen beruflichen Burnouts eine Bedeutung gehabt hat.[56]

Die meisten der von mir untersuchten Professionellen hatten Workshops und Seminare besucht. Aber was die am meisten Engagierten und Zufriedenen von den anderen unterschied, war das Ausmaß dieser Fortbildungen. Die Professionellen, die nicht erfolgreich bei der Erholung vom Burnout waren, hatten gewöhnlich an extensiven Seminaren teilgenommen, an Trainingsprogrammen, die aus jeweils wöchentlichen Treffen bestanden, die sich über ein oder zwei Jahre erstreckten, oder sie hatten an einem längerfristigen berufsbegleitenden postgradualen Studium an einer Universität teilgenommen.

Mark Connor hatte an mehreren dieser intensiven postgradualen Trainingsprogrammen teilgenommen. Er beschrieb seine Erfahrungen wie folgt:

> »Ich belegte ein Programm mit zwei Gestalttherapeuten. Sie waren ausgezeichnet. Ich arbeitete vier Wochen lang acht Stunden am Tag während eines Sommers mit ihnen zusammen. Es war ein Programm für Fortgeschrittene. Es war ausgezeichnet. Ich war sehr angetan von dem Training. Am Morgen gab es einen Vortrag und einige didaktische Informationen. Am Nachmittag gab es eine therapeutische Sitzung. Und dazwischen hatten wir Dreiergruppen, bei denen wir selbst therapierten, während die Therapeuten uns beobachteten. Und auch das andere Programm war ähnlich

56 Dalton (1989) hat die Bedeutung individuellen Engagements bei der Entwicklung positiver Berufskarrieren betont, er schrieb, daß eine Fähigkeit, wechselseitige entwicklungsspezifische Beziehungen herzustellen »auch bedeutsam für die berufliche Befriedigung sei« (1989, 103).

strukturiert – Vorlesung, Dreiergruppe, Videoaufnahmen unserer Arbeit und schließlich die eigene Therapiesitzung ... Das war ein Ein-Jahres-Programm, und ich glaube, ich habe von dem auch eine Menge profitiert.«

Zusätzlich zur Teilnahme an solchen eher formellen Trainingserfahrungen suchten die erfolgreichsten Professionellen in meinem Sample andere weniger formelle Möglichkeiten des Lernens. Beispielsweise hatten sie während der ersten Jahre ihrer Berufstätigkeit Mentoren. Die weniger engagierten Professionellen hatten keine Mentoren. Selbstverständlich entscheidet die Situation am Arbeitsplatz darüber, ob man einen Mentor findet oder nicht. Aber genauso wichtig ist das subjektive Bedürfnis, sich nach einem solchen Mentor umzuschauen. Die Professionellen, die die Notwendigkeit, einen Mentor zu finden, kannten und die sich aktiv darum kümmerten, wurden auch fündig – außerhalb des Arbeitsplatzes oder an ihm.[57]

Die erfolgreichsten Professionellen in meiner Studie haben ihre eigene berufliche Entwicklung auf unterschiedlichen Wegen vorangebracht.

Carol Potter beispielsweise hat an kollegialem Erfahrungsaustausch und kollegialer Beratung teilgenommen, als sie gegen ihren Willen einem geschlossenen Klassenverband zugeordnet worden war:

»Ich hab mich darauf ziemlich gut vorbereitet. Wir haben hier eine spezialisierte Schule, wo sie Kids aus unterschiedlichen Teilen des Landes und mit unterschiedlichen Lernbehinderungen her-

---

57 In einer tiefgründigen Analyse des Mentorenprozesses hat Kram (1986) herausgefunden, daß die psychische Struktur einzelner Menschen ihre Bereitschaft beeinflußt, in eine mentorielle Beziehung einzutreten. Genauer gesagt: Die Vorstellung von Menschen über Autorität, Intimität, Selbstwertschätzung, Kompetenz, Konkurrenz oder auch Konflikt beeinflußt die Entwicklung einer mentoriellen Beziehung. Auch die Haltung gegenüber der Bedeutung der eigenen Arbeit und das Konzept von Lernprozessen als kollektiven Prozessen sind bedeutsam für die Entwicklung und für die Wirkungen der Arbeit mit einem Mentoren.

schicken. Ich hab deswegen versucht, mich über den Hintergrund der Lernbehinderungen so gut wie möglich zu informieren, zu beobachten und mit dem Lehrerkollegium zu reden.«

Carols Interesse, an anderen Programmen teilzunehmen und sich für eine neue Aufgabe langfristig vorzubereiten, war keine isolierte Erscheinung. Es stand exemplarisch für eine generelle Offenheit und ein generelles Interesse am permanenten Lernen. Carol hatte wie auch die anderen Professionellen, die sich erfolgreich vom Burnout erholt hatten, kontinuierlich nach Möglichkeiten Ausschau gehalten, um für ihren Beruf zu lernen und in ihm zu wachsen. Und sie war erfinderisch im Hinblick auf das Aufsuchen solcher Möglichkeiten, sowohl innerhalb der Arbeit als auch außerhalb der allgemeinen Arbeitssituation.

Formelle Trainingsprogramme, Mentoren und andere Lernerfahrungen helfen, die Wirkungen des Burnouts abzuschwächen. Einmal, indem sie die Professionellen mit den speziellen Werkzeugen versehen, die ihnen helfen, effektiver in ihrem Beruf zu arbeiten. Die Krankenschwester Angelika McPherson beispielsweise lernte auf diese Weise, wie man eine erfolgreiche Beratungsagentur auf die Beine stellt, und besuchte ein besonders ergiebiges Seminar zu diesem Thema. Aber solche Lernerfahrungen haben auch noch einen weiteren positiven Effekt. Sie versorgen die Teilnehmer mit intellektueller Stimulierung. Selbst wenn die Professionellen nicht alles unmittelbar umsetzen konnten, was sie in den Workshops gelernt hatten, so kamen sie doch mit Erfahrungen nach Hause, die den Enthusiasmus für ihre Arbeit erneuerten.

Krankenschwester Rebecca Simpson:

»Es war zu jener Zeit, als ich nicht besonders glücklich in meinem Beruf war. Er hat mich damals nicht stimuliert und mir auch nicht das gegeben, was ich brauchte. Aber ins Seminar zu gehen und Neues zu lernen – das hat mir eine Menge geholfen ... Es hat mir

> durch den Kontakt mit anderen Schwestern geholfen. Und es hat mir durch die Rückkehr zur theoretischen Reflexion geholfen und zur Notwendigkeit, wieder fremde Texte zu lesen. Es hat mir geholfen, eine etwas neue Perspektive auf meine eigene Arbeit zu entwickeln.«

Und die Professionellen in meiner Studie haben sich in ihrer grundlegenden Einstellung zum lebenslangen Lernen in gewisser Weise unterschieden. Einige von ihnen waren eher bereit und einsichtsvoller, sich kontinuierlichem Weiterlernen auszusetzen, als andere. Diejenigen, die das taten, hatten nach meinem Eindruck eine größere Chance, sich von beruflichem Burnout zu erholen und ihn in späteren Phasen ihrer beruflichen Entwicklung zu vermeiden. Intellektuelle Neugier war ein zuverlässiges Gegenmittel gegen »professionellen« Burnout.

Die Balance zwischen Arbeit, Familie und Freizeit

Eines der Kriterien, die ich versuchsweise für eine erfolgreiche Erholung von Burnout-Symptomen eingeführt habe, war »Engagement«. Aber so ein persönliches Engagement für die eigene Karriere ist etwas anderes als das totale Engagement für die Arbeit um den Preis einer Ausklammerung aller anderen Dinge dieses Lebens. Die erfolgreichsten Professionellen haben ein starkes Engagement in ihrer Arbeit gezeigt, aber sie haben dieses Engagement dadurch unter Kontrolle gebracht, daß sie eine Balance zwischen Arbeit und anderen Teilen ihres Lebens erfolgreich herzustellen versuchten. Die erfolgreichsten Professionellen haben familiäre Verpflichtungen und Freizeitaktivitäten als mindestens so wichtig angesehen wie ihre berufliche Karriere. Sie haben nicht einfach gearbeitet, um zu leben, wie es die anderen ausgebrannten Professionellen taten, aber sie haben auch nicht gelebt, nur um zu arbeiten.
Im Kapitel 7 hatte ich bemerkt, daß die meisten Professionellen daran interessiert waren, eine bessere Balance zwischen Arbeit,

Freizeit und Familie zu erreichen, nachdem sie sich der Mitte ihres Berufslebens genähert hatten. Aber nicht alle der von mir Untersuchten waren auf dieses Ziel hin orientiert, und einige waren erfolgreicher als andere, es zu erreichen. Die Professionellen, die sich am besten vom Burnout erholten – zusammen mit denjenigen, die ihn von vornherein vermieden hatten –, zeigten sich am ernsthaftesten daran interessiert, eine Balance zwischen Arbeit und »Nichtarbeit« zu schaffen.

Jennifer Talmadge aus der öffentlichen Gesundheitsversorgung stellte diesen Versuch, eine Balance zwischen den einzelnen Teilbereichen des Lebens herzustellen, exemplarisch vor. Sie war zum Zeitpunkt meiner Folgestudie eine der enthusiastischsten, engagiertesten und am meisten von ihrer Arbeit befriedigten Professionellen. Sie hatte rundum Spaß an ihrer Arbeit und dachte dauerhaft über neue Ideen und Projekt nach, aber sie machte alle Anstrengungen, die Zeit, die sie auf ihre Berufsarbeit verwendete, in bestimmten, definierten Grenzen zu halten, wohl wissend, daß es notwendig war, auch für ihre privaten Bedürfnisse Zeit vorzuhalten.

> »Ich habe mich erst kürzlich dafür entschieden, Zeit für mich selber zu erübrigen. Ich brauch nicht mehr Arbeit, als ich jetzt schon leiste. Deswegen habe ich angefangen, mir die Montage freizunehmen. Ich finde das großartig. Und dann habe ich beschlossen, auch noch die Freitage freizunehmen.«

Jennifer erklärte mir, daß sie an den Tagen, an den sie tatsächlich arbeiten würde, mindestens zehn Stunden oder mehr darauf verwendete. Aber sie hatte sich selber das Versprechen abgenommen, ihre Arbeit auf drei Tage in der Woche zu beschränken.

Die Sonderschullehrerin Carol Potter beschrieb, wie sie eine bewußte Entscheidung getroffen habe, ihrem Engagement für die Berufsarbeit Grenzen zu setzen. In ihrem Fall waren vor allem familiäre Verpflichtungen das vorrangige Motiv für diese Entscheidung. Sie war die Mutter von zwei sehr kleinen Kindern, und sie hatte das Gefühl, daß es für alle wichtig wäre, einen großen Teil ihrer Zeit und Energie auf die Sorge für diese Kinder zu richten. Ein Beispiel für diese Selbstverpflichtung, Berufsarbeit und Familienarbeit zu harmonisieren, war Carols Entscheidung, ihre Teilzeitbeschäftigung nach der Geburt ihres ersten Kindes aufzugeben. Sie hatte zusätzlich zu ihrer regulären Tagesarbeit als Lehrerin den Unterricht in einem Seminar des lokalen Colleges am Abend übernommen. Sie fand die Arbeit im College in besonderer Weise stimulierend, aber sie stellte fest, daß sie ihre Energien auf die Familie konzentrieren mußte.

> »Als ich Anna geboren hatte, habe ich die Arbeit am College noch für ein Semester fortgesetzt. Aber dann stellte ich fest, daß es einfach zu viel war – ich meine: Einen normalen Ganztagsjob, dazu die Abendarbeit am College und dann das Baby ... Das war einfach verrückt.«

Die Professionellen, die sich vom Burnout erholten, unterschieden sich nicht nur in ihrem Zeitbudget von den anderen – sie arbeiteten in der Tat auch weniger. Genauer gesagt: Sie arbeiteten teilweise weniger Stunden, als dies im Rahmen eines »Ganztags-Arbeitsplatzes« erwartet wird. Zwei von ihnen waren Lehrer, und einer war ein Schulpsychologe, der seine Arbeit bis um drei Uhr jeden Tages beendet hatte und der den Sommer über frei war. Sie hatten auch längere Urlaubszeiten während des Jahres, als dies für unsere Verhältnisse typisch ist. Eine andere war eine klinische Sozialarbeiterin (Jennifer Talmadge), die ihre Arbeitszeit auf drei Tage die Woche konzentriert hatte. Die vier Professionellen, die in meiner Untersuchung als besonders unglücklich und desengagiert registriert worden sind – zwei Juristen, eine Krankenschwester und eine klinische Sozialarbeiterin –, hatten einen Zwölfmonats-Job mit 40 Stunden die Woche – und in der Regel hatten sie zusätzliche Überstunden.
Für die Professionellen, die die größte Enttäuschung und Fru-

stration durch ihre Arbeit erfuhren, schwankte die Arbeitsbelastung von einem Extrem zum anderen. Zu bestimmten Zeiten war die Berufsarbeit die einzige signifikante Größe in ihrem Leben. Dann wieder, wenn sie gestreßt und entmutigt waren, zogen sie sich aus der Berufsarbeit zurück zu dem Punkt, daß die Arbeit lediglich ein kleiner Teilbereich ihres Lebens war – und vergleichsweise bedeutungslos für ihr Selbstverständnis.

Die Juristin Shana Phillips war ein Beispiel für jene Professionellen, die zwischen exzessivem Engagement und nahezu vollständigem Rückzug hin- und herschwankten. Frühzeitig in ihrer Berufslaufbahn hatte sie sechseinhalb Tage in der Woche gearbeitet und hatte im Prinzip kein Leben außerhalb dieser Arbeit. Sie landete schließlich in einer Sackgasse, nahm sich eine »Aus-Zeit« und lebte eine Reihe von Wochen in einer Wohngemeinschaft im Südwesten des Landes. Als sie zurückkam, kündigte sie ihre Stellung und nahm eine andere an, die leichter zu bewältigen war, die für sie aber inhaltlich wenig bedeutete. Nahezu ihre gesamte psychische Energie investierte sie in Yoga, eine Praxis, die sie für mehrere Stunden in der Woche betrieb. Als ich sie zehn Jahre später wiedertraf, hatte ich ein unruhiges Gefühl von Déjà-vu, als sie mir erzählte, wie ihr Leben in der Zwischenzeit und vor allem während der letzten zwei Jahre verlaufen wäre. Sie war mehr und mehr von ihrer alten Arbeit mit Beschlag belegt worden bis zu dem Punkt, wo sie vollständig von ihr absorbiert worden war. Wieder arbeitete sie »weit über die Zeit hinaus«, fühlte, daß sie unter »einer Menge von Streß« litt und beschrieb sich als »eingespannt in eine Tretmühle«. Shana wiederholte zehn Jahre später das, was sie schon einmal getan hatte. Sie kündigte, ging wieder in den Südwesten des Landes (diesmal, um einen Freund zu treffen und nicht, um sich einer Kommune anzuschließen) und kehrte mit dem Plan zurück, den Arbeitsplatz zu wechseln und ihr Engagement künftig unter Kontrolle zu halten. Als ich sie traf, hatte sie zwei Jahre lang überhaupt nicht mehr gearbeitet. Ich hoffe, daß Shana künftig mehr Erfolg haben wird, ihren Arbeitseinsatz innerhalb erträglicher Grenzen zu halten, aber die Tatsache, daß sie den Zyklus der Überbeanspruchung wiederholt hat, macht meine Hoffnungen fragwürdig. Sie beschrieb sich selber als eine »workaholic«. Es scheint, als ob sie selber daran zweifeln würde, ob sie erfolgreich sein werde, eine gesunde Balance zwischen der Arbeit und ihren anderen Bedürfnissen zu erreichen. Shana repräsentiert ein vergleichsweise extremes Beispiel, aber auch andere Professionelle hatten ihre Schwierigkeiten, sich von frühem beruflichen Burnout zu erholen und zeigten wie sie eine Tendenz, zwischen extremem beruflichen Engagement und totaler Apathie und vollständigem Rückzug hin- und herzuschwanken.

Was wir brauchen: realistische Ziele und Erwartungen

Gefühle, die wir an unser eigenes berufliches Fortkommen binden, sind von großer Bedeutung. Die Professionellen, die am wenigsten geeignet schienen, sich von Burnout-Symptomen zu erholen, tendierten dazu, für sich selber extrem hohe Ziele zu formulieren. Sie waren perfektionistisch und schienen niemals das Gefühl zu haben, daß sie auch einmal genug gearbeitet hatten. Die Professionellen, die sich vom Burnout erholten oder ihn von vornherein vermieden, hatten zwar auch vergleichsweise hohe Ziele, aber ihre Ziele waren realistischer – oder wurden im Laufe der Zeit realistischer. Sie zeigten sich im übrigen auch weniger zwanghaft in dem Versuch, diese Ziele zu erreichen.

Der Psychologe Mark Connor beispielsweise berichtete mir in unserem Interview von seinen Erwartungen an die Klienten, die im Laufe der Zeit realistischer geworden seien.

> »Ich hab nicht mehr die Erwartung, daß die Patienten sich um meinetwillen verändern. Ich hab die Erwartung, daß sie sich in ihrem eigenen Interesse verändern, wenn sie dies wirklich und selber

wollen. Ich hab auch keine Probleme mehr, wenn sie sich nicht ändern. Das ist Teil der Therapie für sie: zu wissen, wer sie sind und wo sie sind und was sie wollen ... Einige Leute sind einfach nicht so weit, daß sie ihre Lebensweise ändern wollen – oder sie haben einfach nicht die Motivationen dies zu tun. Und darüber müssen sie ins klare kommen. Aber wenn sie sich darüber klar geworden sind, dann ist es erheblich leichter für sie zu akzeptieren, wer sie wirklich sind.«

Mark arbeitete schwer, um seinen Klienten zu helfen, aber er erkannte die letztendlichen Grenzen seines eigenen Beitrags zu deren Wachstum. Er erwartete nicht mehr so viel von diesen Patienten, und, das ist noch wichtiger, er erwartete nicht mehr so viel von sich selbst. Andererseits hatte er sich nicht zu dem entgegengesetzten Extrem entwickelt, das eintritt, wenn Professionelle ausbrennen. Er glaubte noch immer, daß Patienten sich ändern *können*, und er agierte auf der Basis dieses Prinzips, wann immer er einen neuen Klienten traf. Er erkannte aber gleichzeitig, daß, selbst wenn ein Patient sich im Augenblick nicht ändern will, die Therapie diesem Patienten dennoch helfen könne, sich auf eine spätere Veränderung seines Verhaltens vorzubereiten. Er hatte sich selbst oder seine Patienten in dieser seiner Vorstellung nicht aufgegeben, sondern er hatte sich selber von einer Reihe seiner ursprünglichen Anforderungen an seine Ziele befreit.

Eugenia Barton war auch zu der Überzeugung gekommen, daß es notwendig wäre, eine Haltung einzunehmen, die der von Mark Connor ähnelte. Sie sagte, daß sie bei ihrem ersten Versuch zu unterrichten von einer älteren Kollegin darüber belehrt worden sei, daß man von den Kids nicht allzu viel erwarten dürfe, weil die Schule in einer ländlichen Gegend liegen würde.

»Ich werde das niemals vergessen«, sagte Eugenia. »Ich glaube, ich werde niemals mit einer solchen Äußerung einverstanden sein. Es gibt zu viele entwicklungsfähige Kids hier, wie überall im Land. Ich habe niemals angefangen, ihnen über den Kopf zu streicheln und zu sagen: ›Ihr armen kleinen Landeier, das ist in der Tat alles, was ich von Euch verlangen kann.‹ Aber ich habe gleichzeitig gelernt, daß sie nicht alle und gleichzeitig das gleiche leisten können. Genauer gesagt: Keiner von ihnen kann dieselben Sachen leisten, die ich seinerzeit versuchte zu leisten, als ich jünger war.«

Eugenia und Mark hatten bescheidene Erwartungen im Hinblick auf ihre eigene Karriere. Mark sagte, daß er, solange er in seinem gegenwärtigen Job als Schulpsychologe verbleiben würde, kein Bedürfnis verspüre, sich auf Positionen mit größerem Status und größerer Verantwortung zu bewerben. Eugenia sagte Ähnliches über ihre Karriere:

»Im Unterricht selber gibt es wenig Möglichkeiten, um aufzusteigen. Die einzige Möglichkeit besteht darin, in die Verwaltung aufzusteigen, und das ist für mich ohne Belang. Es gibt wirklich keinen anderen Ort, an den ich gehen könnte.«

Gloria Bennett, die ihre berufliche Karriere verändert hat, drückt eine andere Sichtweise aus. Sie war mit ihren vergangenen Berufstätigkeiten unzufrieden. Sie hatte sich letztendlich entschieden, daß alte Berufsfeld zu verlassen und Juristin zu werden. Als ich sie fragte, wie sie sich im Hinblick auf ihr Fortkommen fühlen würde, antwortete sie:

»Ich denke, mein Fortschritt ist von Bedeutung. Er ist es wirklich. Bei mir spielt immer eine Rolle, daß ich versuche, mich auf eine neue Grenze hin zu bewegen. Ich glaube, das ist für mich von großer Bedeutung.«

Selbst die Tatsache, daß Gloria in ihrer Karriere erfolgreich gewesen ist, war für sie nicht ausreichend. Sie war die stellvertretende Direktorin für die Krankenpflege in einer der renommiertesten Universitätskliniken des Landes geworden, aber sie hatte sich entschieden, den Pflegeberuf zu verlassen und Juristin zu werden. Diese Entscheidung beruhte teilweise auf dem größeren Prestige, das sie mit der Rechtspflege verband, und teilweise

darauf, daß sie eigentlich erst bei neuen Herausforderungen aufzublühen begann.
Am Ende meines Interviews mit ihr wurde Gloria eher introspektiv und reflektierend. Sie begann, einiges Bedauern darüber auszudrücken, wie bedeutsam Aufstieg und Erfolg für sie gewesen wären. Sie erzählte, wie sehr sie während ihrer Karriere getrieben worden sei, wie Arbeit für sie immer ein zentrales Interesse in ihrem Leben gewesen wäre, wie sie alles für ihre Karriere aufgegeben habe und für ihren Erfolg:

> »Ich hab die Tendenz, alles intensiv zu betreiben, und das kann sehr unwirklich werden ... Es gibt sicherlich eine Reihe von unglaublichen Höhen, wenn man auf solche Weise getrieben wird – aber es gibt eben auch eine Menge von Tiefen ...«

In diesem Kapitel habe ich einige der individuellen Charakteristika beleuchtet, die Professionellen helfen, sich vom Burnout zu erholen oder ihn ganz zu vermeiden. Die Gefahr bei der Diskussion solcher individueller Charakteristika besteht jedoch darin, daß wir dazu neigen, ihre Bedeutung zu überschätzen. Natürlich haben Menschen die Fähigkeit, ihr Leben jeweils besser oder schlechter zu gestalten, und gut erzogene und gebildete Professionelle, die der bürgerlichen Mittelschicht angehören, sind in unserer Gesellschaft in besonderer Weise fähig, dies zu tun. Aber die Art und Weise, wie wir denken, wie wir fühlen und was wir tun, wird wesentlich von dem sozialen Kontext bestimmt, in dem wir leben. Deshalb soll der Gedanke, daß bestimmte individuelle Charakteristika Professionellen helfen können, Burnout zu vermeiden, uns nicht von der Betrachtung der kraftvollen Variablen ablenken, die in den Arbeitsbedingungen stecken, die für »professionellen« Burnout verantwortlich sind.

11. Schlußfolgerungen für Politik und Praxis

Als ich meine erste Studie beendet hatte, waren die von mir untersuchten Professionellen ein Jahr im öffentlichen Dienst. Die meisten von ihnen waren ausgebrannt oder entwickelten sich deutlich in diese Richtung. Ursprünglich war das Hauptziel meiner Untersuchung auf die Belastungen gerichtet, die mit dem Übergang vom studentischen Leben zum Berufsleben verbunden waren. Die Studie, die ich damals veröffentlichte, war eine der ersten Untersuchungen über frühen Burnout in helfenden Berufen – in Europa würde man wahrscheinlich eher von dem sogenannten »Praxis-Schock« reden. Mir wurde bald klar, daß die Reichweite dieser Untersuchung in ihrem Aussagewert begrenzt war. Ein erstes Jahr in einem akademischen Beruf macht noch keine Berufskarriere aus. Ich beschloß deshalb später, meine Untersuchung nach zehn bis zwölf Berufsjahren mit denselben Gewährspersonen zu wiederholen. Ich hatte dabei viele unterschiedliche und teilweise widersprüchliche Vorstellungen, auf welche Tatsachen ich bei dieser Wiederholungsuntersuchung treffen würde. Einige dieser Vorstellungen stammten von Freunden und Kollegen, andere hatte ich mir selber erarbeitet. Was ich schließlich entdeckte, war wesentlich komplexer und deswegen auch interessanter als das, was ich an Vorannahmen in die Folgeuntersuchung investiert hatte.

Die meisten Professionellen waren, als ich sie zwölf Jahre später wiedertraf, nicht mehr ausgebrannt. Einige hatten sich auf eine besonders eindrucksvolle Weise erholt, keiner von ihnen war noch in der gleichen Weise engagiert wie damals, die Natur ihrer Zuwendung zu den Klienten und ihres Engagements im Beruf hatte sich verändert.

Einige ihrer Erwartungen gegenüber der Arbeit waren weniger ehrgeizig geworden (»Anpassung nach unten«). Ihre Arbeitssituation hatte sich in einigen wichtigen Teilbereichen verbessert. Sie arbeiteten autonomer, mit höherem Status, höherem Gehalt und besseren Möglichkeiten der Zusammenarbeit mit im Prinzip dankbaren und kooperativen Klienten. Ihre Arbeit war interessanter geworden und beanspruchte sie nicht übermäßig. Sie fühlten sich im großen und ganzen in ihrer Arbeit kompetent und effektiv.

Die interessantesten Geschichten erzählten mir jene Professionellen, die ursprünglich zu denen gehört hatten, die am Ende des ersten Berufsjahres am meisten ausgebrannt waren, die sich aber offensichtlich erholt hatten – so sehr erholt hatten, daß sie ein Jahrzehnt später zu den zufriedensten, zugewandtesten und engagiertesten Gewährspersonen in meiner Untersuchung gehörten. Ein Grund dafür, daß ihre Geschichten so interessant waren, bestand darin, daß das Ergebnis unerwartet war. Ein zweiter Grund bestand darin, daß sie mir durch die Art und Weise, wie sie sich vom Burnout erholt hatten, halfen, allgemeine Wege zu identifizieren, auf denen Professionelle insgesamt in ihrer Arbeit Engagement und Zuwendung erhalten und möglicherweise sogar noch steigern können. Diese Geschichten enthalten viele praktische Lehren, von denen ich sieben abschließend vorstellen werde.

1. Gestaltung besserer Arbeitsbedingungen

Ich habe vielfach betont, daß die Arbeitsverhältnisse einen bedeutenden Einfluß auf Zuwendung und Engagement von Professionellen in den helfenden Berufen haben. Es gibt viele Möglichkeiten für Vorgesetzte und Verwaltungsfachleute, Arbeitsbedingungen insgesamt stimulierender und unterstützender zu gestalten.

Beispielsweise können Planer bei der Entwicklung neuer Programme im Rahmen personenbezogener Dienstleistungen mehr als bisher auf die Auswirkungen dieser Dienstleistungen auf die Professionellen achten. Dabei können wir uns an dem Modell orientieren, das wir auch schon in der Technik-Folge-Abschätzung verwenden. Etwa in der Landschaftsentwicklung schicken wir häufig eine Studie voran, die den Einfluß bestimmter Entwicklungen auf die »natürliche Umwelt« bewerten soll. Die Planer verwenden dann, wenn es gutgeht, die Ergebnisse einer solchen Studie, um ihre Pläne dahingehend zu modifizieren, daß schädliche Nebenwirkungen auf die Umwelt vermieden werden. Verwaltungsfachleute sollten das gleiche bei der Entwicklung neuer personenbezogener Dienstleistungsprogramme tun. Bevor sie im Felde verankert werden, sollten die möglichen Wirkungen auf die Arbeitssituation professioneller Helfer untersucht werden: die Anteile von Routinearbeit und stimulierenden Tätigkeiten, nichtprofessionelle Arbeitsanteile, die unterschiedlichen Typen von Klienten, die diese Programme in Anspruch nehmen werden, die Bandbreite individueller Unterschiede in der Ausgestaltung der Arbeit. Eine solche Studie sollte besonderen Wert auf das Ausmaß organisatorischer Autonomie legen, das den dieser Arbeit Tätigen zugestanden werden kann. Auf der Basis einer solchen prospektiven Beschreibung könnten die Planer ihr Programm dahingehend modifizieren, daß sie mehr positive Arbeitselemente für professionelle Helfer enthält. Eine solche Studie müßte nicht besonders aufwendig und zeitraubend sein. In vielen Fällen würde es ausreichen, die festgeschriebenen Pläne für das neue Programm einem Experten im Bereiche professioneller Streß- und Burnout-Prävention mit der Bitte um Stellungnahme zuzuschicken. Der Experte müßte nicht notwendigerweise aufgefordert werden, dieses Programm zu billigen oder zurückzuweisen. Er könnte aber auf neuralgische Punkte aufmerksam machen und Hinweise geben, wie die Qualität der Arbeit durch Verbesserung der Arbeitsumstände gesteigert werden könnte.

Alternativ dazu könnten Verwaltung und Mitarbeiter während der ersten Monate der Laufzeit des neuen Programmes deren erwünschten und unerwünschten Nebenwirkungen studieren und daraus entsprechende Konsequenzen für die weitere Arbeit ziehen. Verwaltungsfachleute und Vorgesetzte könnten auch die

Arbeitsumstände existierender Programme verbessern. Es gibt jetzt schon eine Reihe von personenbezogenen Hilfsprogrammen, die in periodischen Abständen die Einschätzung der Mitarbeiter im Hinblick auf Arbeitsumstände und Arbeitsauswirkungen abfragen. Diese Umfragen sollen auch Quellen für Unzufriedenheit und Streß identifizieren helfen. Die effektivste Weise, mit solchen Umfragen umzugehen, ist es, ihre Ergebnisse mit den Mitarbeitern zu besprechen und ihnen zu gestatten, eigene Vorschläge für Verbesserungen zu machen. Hunicutt und MacMillan haben 1983 ein Projekt beschrieben, in dem ein solcher Ansatz in der öffentlichen Gesundheitsversorgung in unterschiedlichen Kommunen gemacht worden ist. Die Evaluationsdaten haben gezeigt, daß der Burnout der Mitarbeiter reduziert werden kann, wenn auf der Basis sorgfältiger Untersuchungen der Arbeitsbedingungen Veränderungen am Arbeitsplatz und innerhalb der Infrastruktur der Einrichtungen vorgenommen werden.[58]

2. Möglichkeiten zur Entwicklung spezieller Interessen schaffen

Für viele der von mir untersuchten Professionellen wurde die Arbeit durch die Möglichkeit attraktiv und lohnend, spezielle Interessen im Rahmen der Arbeitsvollzüge zu entwickeln. Der Burnout Professioneller könnte reduziert werden, wenn die Verwaltung solche Möglichkeiten stärker unterstützen würde.

---

58 Der Autor spricht in dieser Passage eine Forderung an, die der Berliner Gestaltpsychologe Kurt Levin bereits in den 40er Jahren in der nordamerikanischen Emigration im Rahmen seines Konzeptes von »Handlungsforschung« als »Forschungs-Feed-Back« nicht nur gefordert, sondern auch praktiziert hat und das seine Mitarbeiter und Schüler später unter dem Stichwort »Organisationsentwicklung« in die wissenschaftlich orientierte betriebliche Führungslehre eingeführt haben. (C.W.M.)

Goldenberg (1971) hat ein Beispiel beschrieben, wie dies in einem Wohnprogramm für benachteiligte Jugendliche in einer Gemeinde versucht worden ist. Jeder Mitarbeiter wurde gebeten, für die Bewohner und ihre Familien ein besonderes Aktivitätsprogramm vorzuschlagen. Dabei sollten die Mitarbeiter ihre eigenen Interessen in den Vordergrund stellen. Ein Mitarbeiter beispielsweise richtete im Keller eine Tischlerwerkstatt ein und leitete interessierte Jugendliche bei der Holzarbeit an. Aber auch Leute aus der Nachbarschaft und andere Mitarbeiter im Umfeld des Hauses konnten die Werkstatt benutzen und erhielten handwerkliche Anleitung. Ein anderer Mitarbeiter bot ein Karate-Training an. Verschiedene Erziehungskurse, Freizeitaktivitäten und Kulturprogramme wurden entwickelt und angeboten. Zum Schluß waren diese Programme für die Mitarbeiter mindestens ebenso attraktiv wie für die Jugendlichen, die an ihnen teilnahmen.
Manche Professionelle brauchen nicht mehr als die ausdrückliche Erlaubnis, solche speziellen Interessen zu entwickeln und zu realisieren. Andere brauchen mehr Unterstützung, mehr Anleitung und mehr Beratung. Die Verwaltung kann diesen Prozeß unterstützen, indem sie ein solches Modell zur Diskussion stellt und formal bewilligt. Die Kultivierung besonderer persönlicher Interessen sollte im übrigen Teil der Arbeitsplatzbeschreibung eines jeden Professionellen werden.

3. Die Arbeit mit schwierigen Klienten erleichtern

Die von mir untersuchten Professionellen wurden im Laufe der Zeit gegenüber ihren Klienten zugewandter und verständnisvoller, aber die Frustration gegenüber den schwierigeren Klienten und ihre Abneigung, mit ihnen zu arbeiten, schwanden nicht. Manchmal, wenn auch in Ausnahmefällen, verwendeten sie Arbeitstechniken, die ihre schwierigeren Klienten abschreckten oder sich mindestens ungünstig auf sie auswirkten.

Professionelle – nicht nur als Berufsanfänger, sondern auch in späteren erfahreneren Phasen ihrer Arbeit – brauchen sensible Supervision und zusätzliche Trainingsprogramme, die ihnen helfen, mit ihren eigenen psychischen Reaktionen gegenüber schwierigen Klienten besser umgehen zu können. Bloße Ermahnungen haben keine Wirkung. Professionelle brauchen Möglichkeiten, um ihre Gefühle gegenüber solchen Klienten in einer unterstützenden Atmosphäre verbalisieren zu können. Maslach (1982) hat gezeigt, wie kleine Diskussionsgruppen, in denen Professionelle ihre Gefühle äußern und ihre Erfahrungen austauschen können, eine Hilfe bei der Vermeidung von Burnout sein können. Wenn Professionelle erst einmal die Möglichkeit hatten, »Luft abzulassen«, könnten sie dabei unterstützt werden, eine neue Perspektive zu entwickeln, die es ihnen erleichtert, mit schwierigen Klienten und deren Problemen umzugehen. Colarelli und Siegal (1966) haben ein gutes Beispiel dafür gegeben, wie Verwaltung und Supervision Mitarbeitern helfen können, eine realistische und gleichzeitig positive Perspektive gegenüber der eigenen Arbeit zu entwickeln. Die Autoren beschrieben ein innovatives Hilfeprogramm in einem psychiatrischen Krankenhaus. Die Patienten waren chronische Schizophreniekranke, viele von ihnen waren seit Jahren in verschiedenen Krankenhäusern ein und aus gegangen. Es handelte sich also um eine besonders schwierige und frustrierende Arbeit. Ein Jahr nach der Einführung des neuen Projektes setzten sich das Direktorium und die Mitarbeiter zusammen und entwickelten einen gemeinsamen Bezugsrahmen, der jedem einzelnen Mitarbeiter helfen sollte, für jeden seiner Patienten realistische Ziele zu setzen und kleine Schritte zu bestimmen, nach denen Erfolge ablesbar sein sollten. Eine Evaluation dieses Programms zeigte später, daß diese Mitarbeiter mit ihrer Arbeit signifikant mehr zufrieden waren als die Mitarbeiter in anderen Abteilungen des Krankenhauses, die an dem Programm nicht teilgenommen hatten. Die Autoren glauben, daß ein Grund für die größere Zufriedenheit am Arbeitsplatz der anleitende Bezugsrahmen ge-

wesen war, der dem Personal geholfen hatte, realistische Ziele zu setzen und den schrittweisen Fortschritt zu überwachen.
Erwartungen sind immer eine kritische Angelegenheit. Professionelle erwarten oftmals zuviel von sich selber und von ihren Klienten. Die Verwaltung unterstützt diese hochgespannten Erwartungen noch dadurch, daß sie etwa im Schulalltag zuviel Stoff in die einzelnen Teile des Curriculums stopft oder von einer zu hohen Entlaß-Rate von Patienten, etwa in einem Krankenhaus, ausgeht. Aber die Frage der überzogenen Erwartungen hat auch einen kulturellen Horizont. Viele Professionelle haben die gesellschaftlichen Erwartungen internalisiert, daß sie in der Lage sein müßten, dramatische Veränderungen bei ihren Klienten zu erwirken – trotz der vielen Schwierigkeiten und der begrenzten Ressourcen, über die sie verfügen.
Kramer (1974) hatte einen Weg gezeigt, wie man Praktikern helfen kann, realistischere Erwartungen an ihre eigene Praxis zu richten. Sie begann mit der Beobachtung, daß den Krankenschwestern in der Ausbildung oftmals eine Art von Praxis anempfohlen wird, die nur unter idealen Arbeitsbedingungen realistisch ist – unter Arbeitsbedingungen, die in der wirklichen Welt des Krankenhauses nur ganz selten anzutreffen sind. Sie hat deshalb ein Lehrprogramm für Schwesternschülerinnen entwickelt, in dem die Schülerinnen an Fallbeispielen typische Situationen kennenlernten, in denen bürokratische Reglementierungen und Behinderungen Schwestern daran hinderten, auf eine ideale Weise tätig zu werden. Nachdem die Schülerinnen diese Situation diskutiert hatten und nachdem sie eigene Vorschläge machen konnten, wie diesen Situationen zu begegnen sei, lernten sie einige Strategien kennen, die kreative und effektive Schwestern in der Praxis entwickelt hatten. Kramer evaluierte ihr Lehrprogramm und fand heraus, daß die Schwesternschülerinnen später weniger Rollenzwang erlebten und ihren ursprünglichen Idealismus in größerem Umfang bewahrten als eine Kontrollgruppe, die gleichzeitig untersucht worden war. Die Autorin entwickelte danach ein ähnliches Lehrprogramm

für junge Krankenschwestern, die bereits praktisch tätig waren. Das Programm half auch diesen Schwestern, Streß abzubauen und Illusionen über den Berufsalltag zu vermeiden, nicht aber den eigenen Idealismus zu zerstören.
Die Erwartungen sind nur ein Teil des Problems. Professionelle müssen häufig mit Situationen fertig werden, für die sie nie ausgebildet oder trainiert worden sind. Lehrer beispielsweise werden heute mit massiv behinderten Kindern konfrontiert, die früher in speziellen Sonderschulklassen beschult worden waren. Psychotherapeuten müssen heute mit verwirrten Klienten arbeiten, die eine komplizierte Kombination unterschiedlicher Probleme repräsentieren, wie Suchtkrankheit und Schizophrenie und geistige Minderentwicklung. Beim Nachdenken über professionelle Weiterentwicklungen sollten wir uns weniger auf formelle Trainingsprogramme verlassen. Seminare und Workshops können hilfreich sein, aber Professionelle sollten vor allem auch mehr Zeit haben, sich mit Kollegen, Supervisoren und Vorgesetzten zu beraten. Sie lernen häufig mehr aus informellen Diskussionen mit denjenigen, die ähnliche Probleme erfahren und hilfreiche Strategien in ihrer Bearbeitung entwickelt haben.

4. Die Fähigkeit zum Handeln in der Institution unterstützen

Ich habe im 2. Kapitel bemerkt, daß in den personenbezogenen sozialen Dienstleistungen eine größere Aufmerksamkeit auf Effizienz und Verantwortlichkeit gerichtet wird als auf verständnisvolle und responsive Hilfeleistung. Das bedeutet nun nicht, daß Professionelle etwa bestraft würden, wenn sie sich responsiv, zugewandt und kreativ verhalten würden. Gerade erfolgreiche Professionelle sind in der Lage, sowohl effizient als auch zugewandt zu handeln.
Die Professionellen in meiner Studie, die sowohl administrative Erfordernisse berücksichtigten wie gleichzeitig die Interessen und Bedürfnisse ihrer Klienten, wußten, wie man »das System

benutzt«. Sie kannten die Wege, auf denen Organisationen wirksam werden, die Wege, wie Menschen auf Veränderungen reagieren und die effektivsten Strategien, um solchen Wandel hervorzubringen. Sie benutzten all ihr Wissen, um neue Vereinbarungen zu verhandeln, welche sowohl den Geboten der Effizienz als auch denen empathischer Zugewandtheit entsprachen.

Gewöhnlich lernten meine erfolgreichsten Professionellen diese Strategien nicht in ihrer Ausbildung. In den meisten Ausbildungsprogrammen wird normalerweise ein Praxismodell gelehrt, das auf ungemäße Weise vereinfachend ist. Dieses Modell kennt in einer helfenden Beziehung nur einen Handlungspartner: den Klienten. In der Wirklichkeit des beruflichen Alltags haben es die helfenden Berufe hingegen mit einer Reihe unterschiedlicher und teilweise konkurrierender Rollenträger zu tun: Familienmitglieder, Vorgesetzte, hochrangige Verwaltungsfachleute, Kolleginnen und Kollegen. Der Erfolg der Profis in der Arbeit mit einem einzelnen Klienten, wie auch generell am Arbeitsplatz, hängt davon ab, wie effektiv sie sich zwischen diesen verschiedenen Interessen bewegen.

Die wenigen Professionellen in meiner Studie, die diese Fähigkeit des Organisationshandelns auf eine eher formelle Weise gelernt hatten, hatten dies in der Regel spät in ihrer Karriere, entweder in postgradualen Studiengängen oder in der Fort- und Weiterbildung, getan. Es ist wahrscheinlich auch der Ort, solche Fertigkeiten zu vermitteln. Studierende in ihrem grundständigen Studium neigen dazu, sich zunächst einmal mit dem ABC der Methodenlehre vertraut zu machen. Die beste Zeit für die Aneignung von Fertigkeiten im Institutionshandeln scheint mir zwei oder drei Jahre nach dem Beginn ihrer praktischen Tätigkeit zu liegen, wenn sie in den technischen und methodischen Aspekten ihrer Tätigkeit sicherer geworden und deswegen auch in der Lage sind, ihren Blickwinkel zu erweitern. Leider sehe ich nur wenige Ankündigungen von Einrichtungen der Fort- und Weiterbildung für die helfenden Berufe, in denen solche Themen behandelt werden. Ich sehe Rundschreiben für Lehrer, die

Kurse in offenem Unterricht anbieten. Ich sehe Werbebriefe für Therapeuten, die Seminare anbieten, wie man mit Kindern und Eltern umgeht, die in ihren Familien mißbraucht werden und mißbrauchen. Aber ich sehe nur selten Programme für Lehrer oder Therapeuten, die über die Fertigkeiten informieren und sie trainieren, wie man in komplexen Institutionen inhaltliche Interessen verwaltungsgemäß durchsetzt. Ein Weg, solche Trainingsprogramme zu installieren, wäre es, sie um Projekte herum anzusiedeln, die eh schon verändernde Entwicklungen ihrer eigenen Praxis planen. Die Teilnehmer könnten damit beginnen, daß sie ein Problem innerhalb ihrer eigenen Arbeitsplatzsituation identifizieren. Der Trainer könnte ihnen helfen, das Problem so zu definieren, daß es auch lösbar wird – eine der wichtigsten Fertigkeiten, die man lernen kann. Dann könnten die Professionellen eine Reihe unterschiedlicher Strategien und Techniken kennenlernen, die dazu dienen, das Problem im Rahmen verwaltungsbestimmter Strukturen weiter zu bearbeiten. Das Training könnte damit abschließen, daß die erste Phase eines Handlungsplanes formuliert und einzelne Schritte zu seiner Verwirklichung definiert werden. Dann könnten die Teilnehmer zurück an ihren Arbeitsplatz gehen und ihre Pläne schrittweise zu verwirklichen versuchen. Nach einer gewissen Zeit würde es eine Fortsetzung des Seminars geben, in der die Professionellen über ihre Erfolge und Mißerfolge berichten und von den Trainern zusätzliche Hilfen bekommen, wie sie die Schwierigkeiten überwinden könnten. Das Programm könnte den Teilnehmern helfen, zusätzliche Kompetenzen im Umgang mit Verwaltungen zu gewinnen. Es könnte aber gleichzeitig auch bestimmte Veränderungen in der Praxis der täglichen Arbeit im Zusammenwirken mit der Verwaltung durchsetzen. Alle Beteiligten hätten auf diese Weise neue Perspektiven und Techniken im Umgang mit komplexen Institutionen kennengelernt und erprobt. Die Fertigkeiten, die dafür notwendig sind, sollten auf jeden Fall eine Hauptkomponente von Fort- und Weiter-Bildungsprogrammen innerhalb der helfenden Berufe werden.

5. Sich auf die Qualität bisher geleisteter Arbeit stützen

Die erfolgreichsten Professionellen in meiner Studie waren Menschen, die bereits in ihrer Vergangenheit erfolgreich in herausfordernden Situationen gearbeitet hatten. Sie waren offensichtlich in diesen Situationen gereift und hatten entscheidende und nützliche Fertigkeiten erworben, um mit solchen Problemsituationen fertig zu werden. Es gibt einige professionelle Trainingsprogramme, die sich schon in ihren Ausschreibungen an ältere, reifere und erfahrene Teilnehmer wenden. Das ist eine vernünftige Praxis. Aber das Alter eines Lehrgangsteilnehmers ist weniger wichtig als die Beantwortung der Frage, was er oder sie denn in der Vergangenheit gemacht habe. Das wichtigste Kriterium zur Beantwortung dieser Frage ist, ob der einzelne in der Vergangenheit erfolgreich einen schwierigen und herausfordernden Arbeitsauftrag erledigen konnte.

»Arbeit« oder »Arbeitsauftrag« (englisch allgemein »job«, C.W.M.) kann breit interpretiert werden. Elternschaft beispielsweise ist zweifellos ein herausfordernder Job: Eltern, die erfolgreich ein oder zwei Kinder großgezogen haben, besitzen ein Reservoir an Stärke und Engagement, das ihnen helfen kann, einige der Forderungen zu bewältigen, die mit der Arbeit eines Professionellen verbunden sind. Hobbys könnten ebenso als herausfordernde »Jobs« fungieren, wenn sie genügend Herausforderung beinhalten. Das Problem solcher »Jobs« besteht allerdings meist darin, daß sie eher als individuelle Leistungen begriffen werden denn als Leistungen im Rahmen gegebener komplexer Institutionen. Die Erfahrungen, von denen in diesem Zusammenhang gesprochen wird, müssen deswegen eng mit dem zusammen diskutiert werden, was ich im vierten Punkt als Aneignung von Institutionshandeln formuliert habe.

6. Berufsorientierende Beratung und professionelle Entwicklung verstärken

Die meisten Professionellen haben Einsichten in ihren Beruf und in ihre Karriere während der ersten zwölf Jahre ihrer eigenen Berufstätigkeit gewonnen. Sie haben gelernt, was sie tun wollten, was sie am besten können würden, und sie haben sich schrittweise damit angefreundet, künftige Karriereentscheidungen auf solche Einsichten zu gründen. Die erfolgreichsten Professionellen haben solche Einsichten vergleichsweise früh in ihrer Berufstätigkeit gewonnen. Das gab ihnen einen Vorsprung gegenüber den Kollegen, die diese Einsichten erst später gewonnen haben oder überhaupt nicht.

Karriereberatung ist eine Möglichkeit, Professionellen zu helfen, Einsichten in ihre berufliche Entwicklung zu gewinnen. Karriereberatung als Berufszweig ist erst im Entstehen.[59]

Karriereberater helfen, Einsichten in die eigene Karriereentwicklung und ihre objektiven Möglichkeiten zu gewinnen und konstruktive Karriereentscheidungen vorzubereiten. Solche Karriereberatung ist am Ende eines vernünftigen Universitätsstudiums an den Colleges und Universitäten seit vielen Jahren angeboten worden. Sie sollte auch auf den Kreis praktizierender Professioneller ausgedehnt werden, besonders nach zwei oder drei Jahren beruflicher Praxis.

Die Karriereberatung sollte auch dazu benutzt werden, ein größeres Interesse an der professionellen Weiterentwicklung der zu Beratenden zu wecken. Karriereberater sollten Professionellen helfen, die große Bandbreite von Fort- und Weiter-Bildungsveranstaltungen zu evaluieren und sich zu entscheiden, welche Veranstaltungen für die Fortsetzung der eigenen Entwicklung unter Berücksichtigung der eigenen Ziele, Interessen und Bedürfnisse am angemessensten wären. Karriereberater sollten Professionel-

---

59 Eine gute Einführung in das Feld der Karriereberatung bietet Yost/Corbishly (1987).

len auch helfen, informelle Quellen für die professionelle Weiterentwicklung innerhalb der eigenen beruflichen Strukturen anzuzapfen. Beispielsweise könnte ein Karriereberater einen Lehrer ermutigen, den einen oder anderen seiner Kollegen um die Erlaubnis zu bitten, seinen Unterricht im Klassenzimmer teilnehmend zu beobachten.

Karriereberater könnten auch helfen, eine bessere Balance zwischen Arbeit, Familie und Freizeit herzustellen. Die Professionellen in meiner Studie sahen die Notwendigkeit für eine solche Balance immer sehr deutlich, sie arbeiteten hart an der Möglichkeit, sie herzustellen, aber sie begegneten dabei einer Reihe von Schwierigkeiten. Karriereberater könnten Professionellen helfen, Faktoren zu identifizieren, die sie daran hinderten, eine solche Balance in ihrem Leben zu gewinnen. Sie könnten auch helfen, durch ein paar Änderungen in der Routine des Alltags solche Schwierigkeiten zu überwinden.

Karriereberatung würde dann besonders effektiv sein, wenn sie zu einer alltäglichen Routine würde. Genauso, wie man im Abstand von sechs bis zwölf Monaten einen Zahnarzt aufsuchen sollte, sollten Professionelle in der Abfolge einiger Jahre einen Karriereberater für eine Art »Karriereinspektion« aufsuchen. Wenn alles in Ordnung ist, kann das Gespräch kurz sein. Wenn in der Sitzung allerdings einige Ungereimtheiten und ungelöste Probleme zutage treten, können weitere Sitzungen vereinbart werden, um an den Problemen zu arbeiten. Karriereberatung könnte entweder direkt von den dienstleistenden Institutionen, Universitäten und Weiterbildungseinrichtungen angeboten werden – aber auch eine Reihe von speziell für diesen Zweck approbierten Beratungsstellen könnte hilfreich sein. Ein Berater, der nicht Teil der Institution ist, in der der zu Beratende arbeitet, wird auf jeden Fall objektiver und glaubwürdiger an seine Arbeit gehen als einer, der bei derselben Institution angestellt ist.

Obwohl Beratung normalerweise unter vier Augen stattfindet, könnte die Gruppenberatung eine interessante Alternative bedeuten. Große Organisationen bieten jetzt schon »Karriere-Entwicklungs-Programme« für ihre Angestellten an. Angestellte, welche durch diese Programme gehen, nehmen normalerweise zunächst mal an einigen Gruppensitzungen teil, bei denen Berater ihnen helfen, ihre gegenwärtigen Interessen und Stärken zu identifizieren und weiterführende Karrierepläne zu machen. Gruppensitzungen sind ökonomischer und haben den Vorteil eines Austausches mit anderen Professionellen, die an den gleichen Problemen arbeiten. Aber es muß auch Raum für individuelle Beratung geben. Ob nun auf individueller oder auf Gruppenbasis – Karriereberatung ist vergleichsweise unaufwendig. Viel kann mit vergleichsweise geringem Zeitaufwand bewegt und erreicht werden.

7. Die Rolle von Professionellen bei der Planung von Veränderungen am Arbeitsplatz

Die Professionellen in meiner Studie wurden im Laufe ihrer Berufstätigkeit resistenter gegenüber Veränderungen, die von außen auferlegt wurden. Gleichzeitig wurden sie offener gegenüber Experimenten, für die sie selber verantwortlich waren. Alle diejenigen, die die Struktur oder die Erscheinungsformen einer Berufsgruppe verändern wollen, müssen diesen Satz in Betracht ziehen, wenn sie ihre Veränderungsstrategie entwickeln. Im Schulwesen beispielsweise sollten Reformer den Lehrern mehr Möglichkeiten für didaktische Experimente geben – und sie sollten wechselseitig von ihren eigenen Experimenten lernen. Das ist besser, als sie mit Curricula zu versorgen, die von Dritten entwickelt worden sind, oder sie in der neuesten Lehrmethode zu schulen. Außenseiter aus Universitäten, Regierungsstellen und anderen Zusammenhängen können bei den notwendigen Veränderungen eine Rolle spielen, aber sie sollten sich als Kooperanten der professionellen Praktiker im Feld definieren und nicht als Experten von außen, die sie belehren oder überzeugen wollen.

Ein gutes Beispiel, wie notwendige Veränderungen mit der Hilfe von Professionellen durchgesetzt werden können, liefern Reformen des Mathematik- und Naturwissenschafts-Unterrichts. Gewöhnlich kommt dann ein Außenseiter, meist ein Mathematik- oder Naturwissenschafts-Professor einer Universität, in einen Schuldistrikt und zeigt den Lehrern eine »bessere« Methode für den Mathematik- oder Naturwissenschafts-Unterricht. Häufig bringt ein solcher Außenseiter ein voll entwickeltes Curriculum mit in die Schulen, das in detaillierten Schritten festlegt, wie die Lehrer den jeweiligen Stoff unterrichten sollen. Ein solches Vorgehen trifft gewöhnlich auf großen Widerstand einiger oder vieler Lehrer. Die beabsichtigten Veränderungen im Klassenunterricht bleiben meist aus.[60] Ein besseres Vorgehen bestünde darin, die Experten mit den Lehrern zusammenzubringen, welche nach den neuen Methoden unterrichten sollen. Beide sollten die Probleme diskutieren, die mit dem bisherigen Mathematikunterricht zusammenhängen. Im Zuge dieser Diskussionen (und es würde sich um Diskussionen handeln, nicht aber um Vorlesungen, welche die Experten halten) könnten sie ihre Ideen entwickeln und vortragen, wie man die Vermittlung des jeweiligen Stoffes verbessern könne. Die Lehrer könnten dann eine Möglichkeit haben, diese Vorstellungen kritisch zu diskutieren und dabei ihre eigenen Erfahrungen einzubringen. Am Ende könnten diese Diskussionen in die Planung von Unterricht münden. Dabei könnte das Wissen berücksichtigt werden, das wir inzwischen über Kinder, ihre Interessen und Bedürfnisse und über die Realitäten in den Klassenzimmern haben.

Die Lehrer wären dann diejenigen, die am Ende darüber entscheiden, welche Veränderungen wirklich notwendig sind. Die Experten hätten aufgrund ihres Wissens und ihres Status einen beträchtlichen Einfluß auf diesen Prozeß. Aber als ein koopera-

---

60 Sarason hat 1982 detailliert den typischen Prozeß beschrieben, der von Reformern eingeleitet wird, um den Mathematik-Unterricht an öffentlichen Schulen zu verändern.

tiver Prozeß würde er den Professionellen ein größeres Gefühl dafür geben, Miteigentümer der neuen Methode zu sein und damit auch offener für Experimente und Veränderungen. Gleichzeitig würde das besondere Wissen der Praktiker in den Planungsprozeß eingespeist werden. Das würde die Innovationen realistischer und wirkungsvoller machen.
Ein Argument, das gegen einen solchen Vorschlag spricht, ist der damit verbundene große Zeitaufwand. Aber er muß nicht notwendigerweise mehr Zeit kosten als der traditionelle Ansatz für Reformen, in denen Außenseiter verzweifelt versuchen, widerstrebende Professionelle dazu zu bringen, Innovationen zu praktizieren, von deren Güte die Professionellen nicht überzeugt sind. Aber selbst wenn der von mir vorgeschlagene kooperierende Ansatz tatsächlich mehr Zeit kosten würde, wäre das zu rechtfertigen, wenn es zu positiveren Ergebnissen führen würde. Ein »ökonomischerer« Umgang mit der Zeit, der am Ende zu Fehlschlägen führt oder im Sande versickert, ist kein wirklicher Gewinn.

Die sieben Empfehlungen, die ich in diesem Kapitel gegeben habe, markieren einen langen Weg, um »professionellen« Burnout in den personenbezogenen Dienstleistungs-Berufen zu reduzieren. Aber da gibt es noch einen anderen Bereich, der Beachtung finden muß. Selbst meinen zufriedensten Professionellen ist es nicht gelungen, in ihrer Arbeit einen Sinn und eine Bedeutung zu finden, welche die funktionale Ebene dieser Tätigkeit überschreitet. Eine solche sinnstiftende Bedeutung schien ihnen zu fehlen – die Professionellen hatten es offensichtlich so vollständig aufgegeben, überhaupt nach ihr zu suchen, daß sie das Fehlen nicht einmal erwähnten –, dieses Fehlen wurde nicht einmal als Problem artikuliert. Aber das Fehlen einer sinnstiftenden Bedeutung ihrer Arbeit war ein Problem, weil ihre Notwendigkeit heute wie eh und je bestehen bleibt. Die Professionellen waren sich dieser Tatsache nur nicht mehr bewußt.

12. Was fehlt? Die Suche nach Sinn

Das, worüber Menschen nicht sprechen, ist möglicherweise ebenso wichtig wie das, worüber sie reden. In diesem Buch habe ich dokumentiert, was Professionelle im öffentlichen Dienst über ihre Arbeit nach zwölfjähriger Berufspraxis gesagt haben. Ich habe dabei auf Veränderungen in ihren Sichtweisen hingewiesen und habe einige der Faktoren identifiziert, die es ihnen ermöglichten, sich von Symptomen des Burnout nach ihrem Berufseintritt zu erholen. Ich bin dabei so eng wie möglich dem gefolgt, was mir diese Professionellen im Gespräch mitgeteilt haben. Ich habe die Geschichte in ihren eigenen Worten erzählt. Aber dies ist nur ein Teil der Geschichte – wenn auch der größte Teil. Daneben gibt es noch einen anderen Teil, über den haben die Professionellen nicht gesprochen. Vielleicht sprachen sie deshalb nicht darüber, weil sie es für einen selbstverständlichen Teil des kulturellen und historisch gewordenen Milieus hielten, in dem wir alle leben. Das, was in diesen Interviews fehlte, war die Suche nach Sinn – oder besser: der Verzicht auf diese Suche, den ich bei nahezu allen Professionellen gefunden habe, die mir Rede und Antwort standen. Als sie ihren Berufsweg begannen, waren sie auf der Suche nach einer Arbeit, die für sie sinnvoll sein sollte. Sie traten in den öffentlichen Dienst ein, weil sie dienen, und das hieß »anderen Menschen helfen« wollten. Das aber hieß, daß sie nicht nur dienen wollten, sondern auch einen Beitrag leisten, um »die Welt zu erneuern«, sie zu einem besseren Ort für menschliches Leben zu machen. Diese Hoffnung war es, die ihrem Leben Sinn zu geben schien.
Natürlich wollten meine Professionellen auch wirtschaftliche Sicherheit und einen angemessenen Lebensstandard. Aber in den späten Sechzigern und den frühen Siebzigern war die »gesellschaftliche Relevanz« einer Entscheidung von herausragender Bedeutung für angehende Lehrer, Krankenschwestern und Mitarbeiterinnen im öffentlichen Gesundheitsdienst, Mitarbeiter in

der Rechtspflege und in der Psychiatrie. Ein »relevanter« Beruf war einer, in dem man an der Verbesserung der menschlichen Lebensbedingungen arbeiten konnte – das war der Sinn.
Als die Professionellen ihre Ausbildung beendet hatten und in die Praxis des Berufslebens eintraten, mußten sie feststellen, daß ein Teil der idealen Möglichkeiten, die sie erwartet hatten, nicht zu fassen war. Einige von ihnen verließen deshalb den öffentlichen Dienst. Einige wechselten den Beruf. Viele jedoch hielten es aus und richteten sich allmählich in einer komfortablen Nische ein. Sie fanden im Laufe der Zeit die Autonomie, die Kollegialität und die Sicherheit, die sie erwartet hatten. Sie fanden eine interessante Arbeit – eine Arbeit, die Herausforderungen enthielt und ihnen das Gefühl gab, daß sie vorwärts kamen und etwas erreichten –, aber selbst jene Professionellen, die am Ende am zufriedensten mit ihrem Berufsweg waren, fanden nicht alle Ideale realisiert, die sie mit ihm ursprünglich verbunden hatten. Vor allem ein Ziel war es, das sich als jenseits ihrer Reichweite liegend erwies. Nur wenige konnten jenen Sinn entdecken, jenes Gefühl für Transzendenz, das bei ihrer Berufsentscheidung all ihren Anstrengungen Kraft verliehen hatte.
Als ich die Professionellen zwölf Jahre nach ihrem Berufseintritt wieder interviewte, redeten sie nicht mehr über Sinn, Zweck oder Transzendenz. Diese Begriffe schienen kein signifikanter Aspekt ihrer Arbeit geblieben zu sein. Das könnte damit zusammenhängen, daß diese Begriffe für sie einfach nicht mehr wichtig waren. Mir erscheint eine andere Interpretation wahrscheinlicher: Die Professionellen hatten inzwischen gelernt, die Suche nach Sinn und Bedeutung ihrer Arbeit aufzugeben. Ich halte diese Feststellung für ein wichtiges, vielleicht sogar für das wichtigste Ergebnis meiner Studie.

Der Besuch in einer ungewöhnlichen Einrichtung

Ich wurde mir der Tatsache, daß meine Professionellen offensichtlich die Suche nach Sinnhaftigkeit in ihren Berufen aufgegeben hatten, nicht während meiner Interviews bewußt, sondern anläßlich eines Besuches in einer ungewöhnlichen Einrichtung – dem Besuch eines Heims für Menschen mit schwerer geistiger Behinderung. Es war eine Einrichtung, in der die professionellen Helfer unter deutlichen Symptomen von Burnout leiden mußten – aber ich fand keinen. Zu jener Zeit arbeitete ich an dem Institut für Entwicklungsstörungen in Illinois. Es war Teil meiner Arbeit, solche Einrichtungen zu besuchen. Sie machten meist einen düsteren Eindruck, aber diese war anders. Es war hell und sauber. Die Atmosphäre strahlte eine Wärme aus, die ich in solchen Einrichtungen bisher niemals erlebt hatte. Die Patienten schienen gut versorgt zu werden, und die Helfer, mit denen ich sprach, waren ungewöhnlich lebendig, enthusiastisch und zufrieden mit ihrer Arbeit. Sie fanden sie sinnvoll und ertragreich in jeder denkbaren Hinsicht.

Dann befaßte ich mich mit den Arbeitsbedingungen der Mitarbeiter. Ihre Bezahlung war außerordentlich bescheiden. Sie arbeiteten sieben Tage die Woche. Sie verfügten über wenig Gestaltungsfreiheit. Von jedem – selbst von akademisch ausgebildeten Professionellen – wurde erwartet, daß er sich an niederen Arbeiten beteiligte, wie beispielsweise dem Säubern der Fußböden. In einem Wort: Alle Arbeitsbedingungen waren versammelt, die gemeinhin mit hoher Wahrscheinlichkeit des Auftretens von Burnout-Symptomen verbunden werden. Aber nahezu niemand war ausgebrannt.

Wie kann man sich eine solche augenscheinliche Anomalie erklären? Ich entdeckte schließlich, daß das, was alle Mitarbeiter beständig in ihrem Engagement erhielt, in ihrer Zuwendung zu den Patienten und in ihrer Zufriedenheit mit der Arbeit und mit dem Arbeitsplatz etwas war, was in nahezu allen anderen Arbeitszusammenhängen personenbezogener Dienstleistungen fehlt: Die gemeinsame Verpflichtung auf ein Fundament moralischer Glaubenssätze. Denn die ungewöhnliche Einrichtung, die ich besucht hatte, wurde von einem religiösen Orden unterhalten. Eine Gruppe von Nonnen (oder »Schwestern« – wie sie sich selber nannten) hatte sich dem Orden angeschlossen, um künftig ein Leben zu leben, das durch den Dienst für andere seine Erfüllung fand. Dieses ungewöhnliche personenbezogene Dienstleistungsprogramm war deshalb nicht irgendein Dienstleistungsprogramm – es war die Lebenstätigkeit einer religiösen Gemeinschaft.

Eine Erklärung für das hohe Maß an Zuwendung und Hilfsbereitschaft, das ich bemerkte, bestand in der Tatsache, daß es sich bei den Helferinnen um ungewöhnlich engagierte Frauen handelte. Es gibt nicht viele Menschen, die sich für ein Leben entschließen, das auf alle weltlichen Freuden verzichtet und hinter den Mauern eines religiösen Ordens stattfindet. Wer ein solches Leben wählt, muß sicherlich ungewöhnlich entschieden sein. Und diejenigen, die sich diese Entschiedenheit über die Probezeit hinweg erhalten und das Gelübde der Nonnen ablegen, sind wiederum eine zusätzlich ausgewählte Gruppe. Die Mitarbeiterinnen vermieden den Burnout teilweise deshalb, weil sie ihre Arbeit mit einem ungewöhnlichen Maß von Ergebenheit gegenüber ihrer Aufgabe begonnen hatten.

Aber es handelte sich nicht nur um ungewöhnliche Menschen. Sie arbeiteten auch in einer ungewöhnlichen Umgebung – einer religiösen Gemeinschaft, die beständig das Engagement ihrer Mitglieder erneuerte und verstärkte. Es war ein Arbeitszusammenhang, in dem jeder auf eine gleiche oder doch ähnliche Weise die Hinwendung zu derselben Ideologie teilte, wo alle Mitglieder mehrmals am Tage zusammenkamen, um sich im Glauben zu bestätigen. Es war auch ein Arbeitszusammenhang, in dem es nahezu keine Statusunterschiede zwischen den einzelnen Mitgliedern der Gemeinschaft gab und wo jedes einzelne Mitglied signifikante Opfer bringen und Kräfte investieren mußte, nur um in der Gemeinschaft bleiben zu können. Der

Arbeitszusammenhang war, in anderen Worten, so konstruiert, daß er das Engagement des einzelnen maximierte.[61]

Das Bindeglied zwischen »professionellem« Burnout und der Suche nach Sinn

Dieses religiös fundierte personenbezogene Dienstleistungsprogramm sagt eine Menge über die Verbindung zwischen Bedeutung und »professionellem« Burnout aus. Es ist eine Verbindung, die nur wenige Menschen erkannt und akzeptiert haben, obwohl die Bedeutung des Sinns für die Motivation von Menschen seit langem bekannt ist und anerkannt wird.[62]
Die Existentialisten lehrten uns, daß die Suche nach Sinn ein zentrales Bedürfnis des modernen Menschen ist. Camus (1955, 3-4) beispielsweise schrieb, daß »die Frage nach dem Sinn des Lebens die dringlichste aller Fragen überhaupt« sei. Frankl (1962) gründete eine eigene psychotherapeutische Schule auf der Annahme eines »Wunsches nach Sinn«, der, wie er argumentierte, die primäre motivationale Kraft aller Menschen sei.

---

61 In ihrem faszinierenden Buch über Gemeinschaften hat Kanter 1972 eine Reihe von »Zugehörigkeitsritualen« beschrieben, die in den meisten erfolgreichen Gemeinschaften verwendet werden. Diese Mechanismen umfassen eine klare, formal beschriebene und explizite Ideologie, die Selbstzweifel und Ambiguität ausschließt, ein spezifisches Programm der Befolgung von Verhaltensnormen, was die täglichen Aktivitäten mit der Ideologie verbindet und eine Praxis, die Mitglieder in sinnhaften Kontakt miteinander bringt und dabei soziale Unterschiede abbaut. Die meisten erfolgreichen Gemeinschaften fordern von ihren Mitgliedern weitreichende Investitionen in Zeit, Energie und Geld und haben oftmals Rituale, die Formen der Selbstkasteiung enthalten. Alle diese Zugehörigkeitsrituale konnte ich in der religiösen Gemeinschaft wiederfinden, die ich besucht hatte.

62 Eine bemerkenswerte Ausnahme ist Pines (1993). Dort finde ich das Argument, daß die Wurzel professionellen Burnouts in der frustrierten Suche nach einem Sinn in der Arbeit liegt. Wenn Menschen, »die versuchen, in ihrem Leben durch Arbeit einen Sinn zu finden, in diesem Versuche scheitern, ist Burnout das Ergebnis« (Pines, 1993, 33).

Er kontrastierte diese Sichtweise mit der von Sigmund Freud, der das »Lustprinzip« als primär annahm, und Adler, der dem »Machtstreben« den Vorrang einräumte. Frankl glaubte, daß Menschen nur dann dem Lustprinzip oder den Befehlen des Machtstrebens folgen, wenn ihre Sinnsuche ins Leere läuft. »Was manche Menschen wirklich brauchen«, schrieb Frankl 1962 (107), »ist kein spannungsloser Zustand, sondern das Streben und den Kampf für ein Ziel, das sie als wertvoll erkennen.«[63]

Noch ehe die Existentialisten es taten, schrieben Marx und Durkheim über die Bedeutung des Sinns in allem menschlichen Handeln und wie der Sinn im modernen Leben abhanden gekommen ist. Durkheim schrieb über »Anomie«, die Entstrukturierung im Leben, und Marx schrieb über »Entfremdung« – den Verlust von Sinn in der eigenen Arbeit.

Die meisten Autoren, die sich mit »professionellem« Burnout beschäftigen, haben »Streß«, nicht aber »Sinnverlust« oder »Entfremdung« als Wurzel angesehen. Ihrer Sichtweise zufolge entsteht Burnout, wenn ein Individuum unfähig ist, chronischem von der Arbeit verursachten Streß zu entfliehen oder ihn zu überwinden. Am Ende werden solche Individuen emotional entleert und brennen aus.

Aber das religiös orientierte personenbezogene Dienstleistungsprogramm, das ich studiert habe, scheint darauf zu verweisen, daß Streß aus sich heraus nicht notwendig Burnout hervorruft. Pines (1993, 38) drückt es so aus: »Streß verursacht nicht notwendigerweise Burnout. Es gibt Menschen, die in streßhaltigen und herausfordernden Arbeitszusammenhängen aufblühen,

63 Frankl (1962) stellte auch den Hauptgrundsatz der humanistischen Schule in Frage, wie er von Maslow und Rogers vertreten wurde. »Selbst-Aktualisierung«, schrieb er 1962 (112-113), »ist kein mögliches Ziel; aus dem einfachen Grunde, weil je mehr ein Mensch nach diesem Ziele strebt, um so mehr wird er das Ausbleiben vermissen ... Selbst-Aktualisierung ist kein erstrebenswertes Ziel, wenn es sich selbst als Ziel setzt, es ist lediglich ein Nebeneffekt der Transzendierung des Selbst«.

wenn sie das Gefühl haben, daß ihre Arbeit von Bedeutung sei.« Die Nonnen, die ich traf, leisten eine Arbeit, die für sie hochrangig relevant ist. Und das unter Arbeitsbedingungen, die normalerweise mit Streß und Burnout verbunden werden: das Fehlen von Gestaltungsspielraum, niedere repetitive und ermüdende Arbeit, lange Arbeitszeiten und das Fehlen sichtbaren Erfolgs.

Frankl (1962) hat diese Feststellung schon viel früher gemacht. Er schrieb, das Leiden hört in dem Augenblick auf, ein Leiden zu sein, in dem es eine Bedeutung erfährt, wie beispielsweise den Sinn eines Opfers (115). Wenn man »Leiden« durch »Streß« ersetzt, kann man sehen, wie Frankls Zitat sich auf das Problem des Burnouts beziehen läßt. Burnout ist eine Antwort auf Streß, aber die Wurzel ist nicht der Streß (oder das Leiden). Die Wurzel ist das Fehlen eines Sinns für das Leiden (oder den Streß), der Verlust eines moralisch begründeten Zwecks. Burnout war für die Nonnen kein Problem, weil der Streß, den sie bei der Arbeit erfuhren, in ihren Augen ein sinnhaftes Opfer darstellte. Er gab ihrem Streß und ihrem Leiden einen moralischen Zweck und eine Bedeutung, die es nicht als Streß erscheinen ließ.

Burnout ist deshalb keine »Krankheit durch Überengagement«, wie einige Forscher ihn genannt haben (Freudenberger und Richelson 1980). Wer Burnout-Symptome erfährt, mag zu sehr in seine Arbeit eingebunden sein, aber er ist nicht »überengagiert«, mindestens nicht in dem Sinn moralischen Engagements. Denn diejenigen, die anfällig gegen Burnout sind, haben egoistische Gründe für ihr Engagement. Ihre Selbstachtung hängt ganz stark davon ab, wie gut sie selber sind. Das unterscheidet sie von dem moralischen Engagement der Nonnen; deren Engagement bezog sich auf ein System von Ideen und auf eine Bezugsgruppe, die sich diesen Ideen verschrieben hatte. Ihr Engagement basierte auf dem Glauben an etwas, das größer war als sie. Es hatte transzendierende Qualitäten.

Burnout wird oftmals synonym mit emotionaler Erschöpfung

verstanden.[64] Aber man wird nicht emotional erschöpft, wenn man sich an Aktivitäten beteiligt, die man als sinnvoll erkennt. Wie Marks 1979 es formuliert hat: »Unsere Energie ist immer dann voll verfügbar, wenn wir für etwas hochgradig engagiert sind, und unsere Energie bleibt auch erhalten, wenn wir die Arbeit gemacht haben. Wir wenden wenig Energie für etwas auf, für das wir nicht besonders engagiert sind, und wenn wir es erledigt haben, fühlen wir uns ›verschenkt‹, entleert und ausgelaufen.« (1979, 31)

Aber wie kann die Sinnfrage eine Rolle spielen für Leute, die ihr Leben der Hilfe für andere geweiht haben – und die damit oftmals erfolgreich gewesen sind? Das traf für die meisten der Professionellen zu, die ich untersucht habe. Sie verbrachten ihre Tage damit, anderen auf signifikante Weise zu helfen durch Unterricht, durch Psychotherapie, durch Krankenpflege und durch rechtspflegerisches Handeln. Und während sie das Gefühl hatten, daß ihre Arbeit in mancherlei Hinsicht befriedigend und belohnend wäre, beschrieb sie doch keiner als »signifikant« oder »sinnvoll«. Also: Was macht eine Arbeit sinnvoll?

Pines (1993) argumentiert, daß die Erfahrungen von Professionellen in der sozialen Arbeit dann als sinnvoll angesehen werden, wenn sie in der Lage sind, Menschen zu helfen, wenn sie in der Lage sind, eine signifikante Wirkung auf deren Leben zu haben. Aber viele Professionelle, die anderen Menschen helfen, haben das Gefühl, daß ihre Arbeit der Sinnhaftigkeit entbehrt. Es muß da noch etwas anderes geben, und die Nonnen, die ich besucht hatte, deuteten an, was es ist: ein moralischer Bezugsrahmen für diese Arbeit. Die Nonnen, die in dem Programm mit

---

64 Die populärste und am meisten beachtete Meßlatte für Burnout ist das *Maslach Burnout Inventory* (Maslach/Jackson 1986). Dieses Instrument hat drei Skalen. Das Item »Ich fühle mich ausgebrannt von meiner Arbeit« lädt positiv auf der Skala »emotionale Erschöpfung«, wenn die Items der Faktorenanalyse unterworfen werden. Deshalb rangieren in den Köpfen der meisten Angehörigen helfender Berufe die Begriffe »Burnout« und »emotional erschöpft« als synonym.

Menschen mit schwerer geistiger Behinderung arbeiteten, halfen diesen Menschen nicht mehr, als es die Professionellen in meiner Studie getan hatten, aber sie erfuhren diese Arbeit als sinnvoller, weil sie auf größere, unseren Alltag transzendierende Ziele gerichtet war. Indem sie ihre Arbeit verrichteten, verbanden sie sich nicht nur mit ihren Klienten, sondern auch mit einem Satz von Idealen – und einer Gemeinschaft von Menschen, welche diese Ideale teilten. Professionelle in den helfenden Berufen sind weniger anfällig für Burnout, wenn sie sich transzendieren – den moralischen Glaubenssätzen verschrieben haben – und wenn sie in einer Gemeinschaft arbeiten, die auf diesen Glaubenssätzen basiert. Unter diesen Bedingungen ist die Arbeit der Professionellen sinnvoll, und Burnout hat weniger Chancen zuzugreifen.

Es waren jene Bedingungen – jene sozialen Arangements –, welche die religiös orientierte, personenbezogene Einrichtung so ungewöhnlich machte. Es waren die sozialen Bedingungen und nicht die positiven Effekte, die das Programm so außergewöhnlich machten. Die typische Unterbringung für geistig behinderte Menschen wird nicht von einem religiösen Orden unterhalten, und der typische Professionelle in diesem Arbeitsfeld ist in der Regel kein Mitglied eines religiösen Ordens. Die wirkliche Bedeutung dieses religiösen Ordens und seines Programms für geistig Behinderte besteht darin, daß es so selten vorkommt. Es ist in der Tat ein Anachronismus. Aber Religion ist nicht die einzige Basis für Lebenssinn. Frankl (1962) hat drei Quellen für Lebenssinn entdeckt: Ein Ziel, dem man sich verschreibt; die Liebe zu anderen Menschen, und der Glaube an Gott. Menschen können deshalb einen Sinn in Aktivitäten finden, die sie für ein Ziel unternehmen, um des Wohls einer geliebten Person willen oder einer höheren Macht. Die Nonnen, die dem Burnout widerstanden, fanden den Sinn in ihrem Glauben, in ihrem Engagement, in ihrem Dienst für Gott. Die letzte Quelle ihres Engagements war eine religiöse. Pines (1993) hat beobachtet, daß Religion eine besonders gute Quelle für die Entdeckung von Sinnhaftigkeit sei, aber daß für die meisten Menschen in der modernen und säkularisierten Gesellschaft Religion nicht länger eine greifbare Quelle für Sinnhaftigkeit ist. Die Menschen neigen heute dazu, sich mehr auf die Arbeit zu verlassen, wenn sie nach Sinn in ihrem Leben suchen. Aber Arbeit – und Liebe – sind wie Religion zunehmend problematisch als Quellen für Lebenssinn geworden.[65]

Das Verschwinden von Lebenssinn im modernen Leben

Warum ist die Sinnsuche so problematisch geworden? Warum ist ein Programm wie das, das ich in diesem Kapitel beschrieben habe, so selten? Das war nicht immer so. Noch vor hundert Jahren gab es viele solcher Einrichtungen in der Hilfe für andere, die von religiösen Orden unterhalten worden oder die zumindest eine starke religiöse Orientierung aufwiesen. Wir finden immer noch Spuren davon im Namen jener Krankenhäuser, die sich auf Heilige beziehen. Aber ihre Bindung an religiöse Institutionen ist in den meisten Fällen heute wesentlich schwächer als in früheren Zeiten. Lediglich die Namen weisen darauf hin, daß es in der Vergangenheit starke Verbindungen gegeben haben muß.

Religiöse Gemeinschaften – und die Art und Weise der Hinwendung zum Dienst für andere, die sie erzeugen – sind heute selten, weil etwas Grundsätzliches unsere Gesellschaft verändert hat. Wir leben nicht länger in einer Gesellschaft, die die Entwicklung solcher Gemeinschaften ermutigt. Wir leben im Ge-

---

65 Ein interessanter Gegentrend ist das Anwachsen religiöser Gemeinschaften während der letzten beiden Jahrzehnte und die besondere Attraktion fundamentalistischer religiöser Gruppierungen. Während diese Gruppen kontinuierlich wachsen, verhält sich die große Majorität von Nordamerikanern und Westeuropäern distanziert gegenüber religiösen Institutionen, selbst wenn sie deren Gottesdienste mehr oder weniger regelmäßig besucht.

genteil heute in einer Gesellschaft, die religiöses Engagement entmutigt und mißbilligt. Dieselben Kräfte, die religiöses Engagement entmutigen, unterminieren auch die Zuwendung und Hilfe, die wir in unseren personenbezogenen Dienstleistungen und im Hinblick auf die dort beschäftigten Professionellen gern in Anspruch nehmen würden. Soziale Kräfte berühren uns alle. Nicht nur die Professionellen in den Dienstleistungsberufen. Eine der ältesten Kräfte ist der Kapitalismus, den Marx als Wurzel menschlicher Entfremdung angesehen hatte. Marx glaubte noch, daß diese Entfremdung primär ein Problem von Industriearbeitern im 19. Jahrhundert wäre. Bis auf unsere Zeit haben wir Professionelle als eine Gruppe von Angestellten angesehen, die mit der geringsten Wahrscheinlichkeit unter Entfremdungserscheinungen in ihrer Arbeit leiden. Sarason hat 1977 diese Vermutung in Frage gestellt und argumentiert, daß für viele Professionelle ihre Arbeit inzwischen keinen Sinn mehr enthalte und keine Erfüllung ihrer Wünsche und Bedürfnisse mehr bedeute. Später hat Sarason dokumentiert, wie professionelle Zuwendung und professionelles Engagement in kapitalistischen Gesellschaftsformationen verbogen wird, weil solche Gesellschaften das Streben nach individuellem materiellen Gewinn oben anstellen und laufend verstärken. Erfolg wird häufig mit demonstrativem Konsum gleichgesetzt. Das Streben nach höheren Stellungen in der Gesellschaft ist ein akzeptiertes Ziel (Sarason 1985).[66]

Die Erosion von Sinngebung und moralischem Engagement ist in den letzten Jahrzehnten weiter fortgeschritten. Neue soziale Kräfte sind aufgetaucht, Kräfte, die Marx noch nicht antizipie-

66 Ein anderer Sozialpsychologe, Erich Fromm hat 1976 die psychischen Kosten des modernen Kapitalismus beschrieben – wie er beispielsweise Menschen dazu bringt, persönlichen Erfolg höher zu schätzen als soziale Verantwortung. Die Selbstwertschätzung und die Identität in solchen Gesellschaften werden davon abhängig gemacht, was jemand hat und was er kaufen kann. »Die Jagd nach Geld, Ruhm und Macht«, schrieb er, »ist zum dominanten Lebensthema geworden« (1976, 19).

ren konnte. Merser hat 1986 einige dieser Kräfte identifiziert. Das seien zunächst einmal die Mobilität der modernen Menschen und der Verlust von engen Verbindungen zu ihren Familien, Nachbarschaften und Religionsgemeinschaften. Die Ausdehnung der Vorstädte nach dem Zweiten Weltkrieg war eine Manifestation dieser neuen geographischen Beweglichkeit, und sie hat diese Mobilität ihrerseits beschleunigt. Dann hat es eine dramatische Zunahme der Zahl jener Menschen gegeben, die höhere Bildung erhalten haben. Dadurch ist eine Bildungskluft zwischen den Generationen entstanden.

Eine andere wichtige soziale Kraft, die religiöse Verbindlichkeiten und moralische Verpflichtungen untergraben haben mag, war die Hinwendung zu individuellen persönlichen Werten: »Selbstverwirklichung und persönliche Wunscherfüllung ... wurden zum ersten Mal in der amerikanischen Geschichte ein erstrebenswertes Ziel bürgerlicher Mittelschichten« (Merser 1986, 75).

Ein anderer Einfluß kam aus der Bürgerrechtsbewegung der sechziger Jahre, die von der Bewegung gegen den Vietnamkrieg gefolgt wurde und von zahlreichen anderen Bewegungen sozialen und politischen Protestes.

Alle diese Protestbewegungen enthielten und verstärkten einen generellen Verlust der Glaubwürdigkeit der etablierten sozialen Institutionen. Diese Protestbewegungen schufen eine Reihe neuer sozialer Institutionen wie Wohngemeinschaften, Alternativ-Schulen, alternative Betriebsformen und ähnliche, die das neue Ethos der Emanzipation, der menschlichen Bedürfnisbefriedigung und der sozialen Gerechtigkeit unterstützten. Aber diese neuen Institutionen besaßen nicht die moralische Autorität der alten. Sie verloren rapide ihre Anziehungskraft und welkten dahin.

Professionelle im öffentlichen Dienst sind vom *Zeitgeist* ebenso beeinflußt worden wie andere Berufsgruppen. Er hat es ihnen schwergemacht, ein moralisches Engagement gegenüber ihrer Arbeit zu erhalten. Innerhalb der Professionen und ihrer Berufsentwicklungen hat es zusätzliche Kräfte gegeben, die Sinnhaftigkeit und Engagement problematisch gemacht haben. Im frühen 19. Jahrhundert haben die akademischen Professionen (mit Ausnahme der Theologen) die Loyalität gegenüber einem moralisch-religiösen Paradigma zugunsten einer naturwissenschaftlich-technischen Orientierung aufgegeben. Seither haben sie ihre Arbeit auf empirische Forschung, rationale Analyse und Orientierung an der »Gemeinschaft der Forscher« gegründet. Eine solche Arbeitsgrundlage ermutigt eine kritische und distanzierte Haltung gegenüber der Welt und ihren Phänomenen, eine Haltung, die die Fähigkeit der Professionellen schwächt, sich in eine enge Verbindlichkeit gegenüber einer Ideologie oder einer Gruppe von Ideologen zu begeben. Professionalität betont im übrigen Idealismus und Autonomie, beide Ingredenzien tragen dazu bei, moralische Autorität in Frage zu stellen. Die Professionen, unter dem Einfluß des naturwissenschaftlich-technischen Paradigmas, sind im wesentlichen mit der Haltung und Entwicklung ihrer Kompetenz und der Kontrolle ihrer Verfahren und deren Ergebnissen befaßt. Aber dies ist keine Ermutigung für moralisches Engagement und menschliche Zuwendung.[67]

Es ist deswegen nicht überraschend, daß die Professionellen in meiner Studie es schwierig gefunden haben, ihre Arbeit als sinnhaft oder moralisch relevant darzustellen. Einige meiner Professionellen waren in der Lage, sich vom Burnout zu erholen und den Arbeitsplatz zu wechseln, spezielle Interessen zu kultivieren und die Balance zwischen Arbeit und Privatzeit herzustellen. Sie waren in der Lage, eine Arbeit zu finden, die interessant und herausfordernd war. Sie waren in der Lage, Arbeitsumstände zu finden, die ihnen Autonomie und Unterstützung sicherten; aber Sinn und moralisches Engagement zu finden und zu entwickeln

67 Bledstein hat 1976 überzeugend die basalen ideologischen Grundlagen analysiert, auf denen die modernen akademischen Professionen gewachsen sind.

war für diese Professionellen wesentlich schwieriger. In unserer Gesellschaft ist es zweifellos noch möglich, daß Professionelle interessante und befriedigende Arbeit finden. Aber durch diese Arbeit Lebensinn zu finden und den gegenwärtigen Zustand zu transzendieren – das erscheint den Professionellen so abwegig zu sein, daß sie seine Abwesenheit nicht einmal thematisierten. Ich bin nicht sicher, inwieweit die Professionellen – und wir selber – die Abwesenheit dieser Qualitäten auch nur bemerken würden.

Schlußfolgerung: Verwandelt die Dienstleistungen in moralische Kommunen

Der Lauf der Dinge ist nicht notwendigerweise der Lauf, den Dinge haben sollten. Selbst in einer Gesellschaft, die den Sinn für moralische Transzendenz verloren hat, ist es möglich, bestimmte Institutionen mit einem größeren moralischen Gewicht auszustatten, und die personenbezogenen Dienstleistungsberufe sind ein solches Gebiet, wo die Transformation beginnen könnte. Wir sollten damit anfangen, personenbezogene Dienstleistungsprogramme und deren Orte – beispielsweise Schulen, Armutsprogramme, psychiatrische Kliniken, ja selbst einfache Krankenhäuser – als moralische Gemeinschaften und nicht einfach als »Dienstleistungsbetriebe« zu betrachten. Das heißt, wir müssen sie auf neue Weise wahrnehmen. Wir sollten uns auch mehr als bisher um jene sozialen Arrangements kümmern, die ein starkes Engagement in solchen moralischen Gemeinschaften befördern. Soziologen wie Kanter (1972) sind schon einen Schritt in diese Richtung gegangen. Was augenblicklich notwendig ist, wäre eine angewandte Forschung, die die bisherigen Erkenntnisse in Arrangements überführt, die für moderne Dienstleistungsberufe und deren Institutionen angemessen wären. Wie können wir beispielsweise das, was Kanter über die Kommunen des 19. Jahrhundert gesagt hat, in organisatorische Arrangements für öffentliche Schulen überführen? Wie können Schulen in »moralische Gemeinschaften« überführt werden, in denen Lehrer, Verwaltungsfachleute, Eltern und Schüler sich in ihrem Engagement für ihr Lernen wechselseitig unterstützen? Dieselbe Frage kann für andere Einrichtungen gestellt werden. Und sie sollte gestellt werden.

Anhang

Forschungsmethoden

In diesem Anhang werde ich die Forschungsmethoden beschreiben, die in meiner ursprünglichen Studie und der Folgeuntersuchung verwendet worden sind. Einige Informationen habe ich bereits im 1. Kapitel gegeben. Ich werden sie hier noch einmal zusammenfassen, um die Beschreibung kohärenter und vollständiger zu machen.

Das Sample

Das ursprüngliche Sample bestand aus sechs Juristen, sieben Oberstufenlehrern, sechs Schwestern im öffentlichen Gesundheitsdienst und sieben Fachleuten in der psychiatrischen Versorgung. Sie alle hatten ihre professionelle Ausbildung abgeschlossen und waren in ihrem ersten Berufsjahr, als ich sie zum ersten Mal interviewte. Die Auswahl wurde aus Listen von Absolventen getroffen, die von lokalen und regionalen Ausbildungsstätten zur Verfügung gestellt worden waren. Aus diesen Listen wählte ich jene Personen aus, die im öffentlichen Dienst standen und die in der unmittelbaren Umgebung voneinander lebten. Lediglich zwei Personen (ein Oberstufenlehrer und ein Jurist) lehnten die Teilnahme an der Untersuchung ab.
Die Teilnehmer hatten im Durchschnitt seit dreieinhalb Monaten in ihrem Beruf gearbeitet, als ich sie zum ersten Mal interviewte. Es waren vierundzwanzig Weiße und zwei Schwarze, neun Männer und siebzehn Frauen. Ihr Durchschnittsalter betrug 27,8 Jahre, mit einer Spannweite von 22 bis zu 38 Jahren. Fünfzehn lebten allein oder waren geschieden, elf waren verheiratet.
Wie gesagt, alle arbeiteten im öffentlichen Dienst und nicht in

der Privatwirtschaft oder als niedergelassene Praktiker. Zwei der psychiatrischen Professionellen arbeiteten in ausgelagerten Einrichtungen und Beratungsstellen. Einer arbeitete in einer lokalen Alkoholikerberatung, drei in einer öffentlichen Schule im Vorort einer großen Stadt und einer in einer Bundeseinrichtung für geistig behinderte Patienten. Alle Lehrer arbeiteten im öffentlichen Schulsystem, drei arbeiteten in einem gutbürgerlichen Vorort einer Universitätsstadt, zwei unterrichteten in einer Wohngemeinde mit überwiegend Arbeitern, und zwei in einer kleineren ländlichen Gemeinde.

Die Arbeit der Juristen unterschied sich deutlich voneinander. Zwei arbeiteten in lokalen Rechtsberatungsstellen, einer in einem kleinen Zentrum für Rechtsreformen, und einer in einem Studentenzentrum für ausländische Studenten an einer Universität. Die Krankenschwestern kamen alle aus der Gesundheitsverwaltung großer Vorstadt-Bezirke oder einer Sozialstation für einen großen städtischen Bereich.

Die Teilnehmer an meiner Studie verfügten über unterschiedliche akademische Grade. Von den befragten Krankenschwestern verfügten vier über ein akademisches Hauptdiplom, zwei über ein Vordiplom (Bakkalaureat). Sechs der Mitarbeiterinnen im psychiatrischen Dienst hatten ein akademisches Diplom als Sozialarbeiterinnen, eine hatte ein Diplom in Psychologie. Die Juristen verfügten alle über ein akademisches Diplom, und die Lehrer und Lehrerinnen hatten ein Bakkalaureat in Erziehungswissenschaft.

Und die Teilnehmer hatten auch im Berufsfeld unterschiedliche Rollen. Einige arbeiteten als Therapeuten oder in Beraterrollen, einige waren Sozialarbeiter in der Gemeinde, einer war ein Schulpsychologe in einer eher psycho-diagnostischen Rolle. Die Lehrer unterrichteten in unterschiedlichen Disziplinen: zwei in Mathematik, zwei in Berufskunde, einer in Naturwissenschaft, eine in Fremdsprachen, und einer in Kunstgeschichte. Fünf der sechs Juristen waren in Rechtspflege tätig, zwei im Kriminalrecht, und drei im Bürgerlichen Recht. Der sechste Jurist beriet

ausländische Studenten im Hinblick auf Einwanderungsgesetze. Die Krankenschwestern waren entweder Lehr-Schwestern in der Wohngemeinde oder Vorgesetzte in Krankenhäusern.
Alle ursprünglich befragten Professionellen wurden für die Folgestudie gewonnen. Eine weiße Juristin war in der Zwischenzeit gestorben. Der Witwer lieferte allerdings eine Reihe von Informationen, die für mich wichtig waren. Ein anderer, schwarzer Rechtsanwalt konnte nicht interviewt werden, weil er unter Multipler Sklerose litt und keine Erinnerung mehr an sein bisheriges Berufsleben hatte.

Verfahren

Die Daten, die ich in meiner Untersuchung verwendet habe, stammen überwiegend aus persönlichen Interviews. In der ursprünglichen Studie führte ich diese Interviews gemeinsam mit drei Psychologie-Studenten im Hauptstudium. Sie wurden durch ausführliche Unterweisung und intensives Training auf diese Rolle vorbereitet. Wir interviewten jede Person wenigstens zweimal. Die meisten Interviews fanden drei- oder viermal statt – in Einzelfällen auch öfter. Nach dem ersten Interview gab es in der ursprünglichen Studie ein Folgeinterview ungefähr fünf Monate nach dem ersten. Meine Studenten und ich versuchten, eine informelle Atmosphäre herzustellen und über eine Reihe von allgemeinen Themen zu sprechen. Die Teilnehmer wurden dann ermutigt, uns über ihre Arbeit in ihren eigenen Worten zu berichten.
Die Themen, die wir mit den teilstrukturierten Interviews ansprachen, waren:

- Berufserwartungen, bevor der Interviewpartner die Arbeit aufgenommen hatte,
- Veränderung im Lebensstil und in der Lebensweise während des Berufseintritts,
- Charakter und Rolle der Vorgesetzten,

- Beziehungen mit Schülern oder Klienten und Kolleginnen und Kollegen,
- Auswirkungen der Berufskarriere auf das persönliche Leben,
- Quellen für Streß und Unzufriedenheit,
- Veränderungen in Haltungen und Wertschätzungen und in der Struktur der Arbeitstage.

Wir fragten die Teilnehmer auch nach der Einschätzung ihrer Ausbildung. Jedes Interview dauerte zwischen einer und zwei Stunden.

In der Nachfolgestudie führte ich alle Interviews selbst. Das Sample hatte sich nach zwölf Jahren in alle Winde zerstreut. Ich konnte deshalb nur ein Interview pro Teilnehmer durchführen. Es dauerte zwischen neunzig Minuten und drei Stunden.[68] Ich verwendete die gleiche Art teilstrukturierter Interviews für die Folge-Studie, wie ich sie auch für die Originalstudie benutzt hatte.

Die Interviews folgten dem Modell des »Biographischen Interviews«, wie es Levinson (1978) beschrieben hat. Ein biographisches Interview verbindet Forschungsaspekte und Aspekte eines klinischen Interviews. Nach Levinson verfährt es »wie ein strukturiertes Forschungsinterview, in dem bestimmte Themen auf jeden Fall berührt werden müssen, weil ihre Erhellung der Forschung dient. Als klinisches Interview handelt der Interviewer sensibel gegenüber den im Interview ausgedrückten Gefühlen und folgt den Bedeutungsspuren, sofern sie sich über mehrere Themen hinweg entwickeln« (1978, 15). Diese biographische Interviewmethode wurde zur primären Datensammlung aus verschiedenen Gründen gewählt. Zunächst eignet sie sich besonders gut für eine explorative Studie, deren Ziel nicht die Verifikation einer Hypothese ist, sondern die Entdeckung neuer Zusammenhänge (Cronbach 1975). Die biographische Methode ist aber auch angemessen, um detaillierte Hinweise auf einen

68 Die Reisen wurden durch eine Beihilfe des National Institutes of Mental Health finanziert.

lang andauernden Prozeß der Entwicklung einzelner Menschen zu gewinnen oder um die Effekte des Zeitpunktes und der Zeitabfolge einzelner Ereignisse im Leben einer Person zu demonstrieren (Howe 1982). Drittens ist das biographische Interview eine besonders wirksame Methode, um Zugang zu den bedeutenden Glaubenssätzen und Vermutungen zu gewinnen, die das Leben und das Verhalten eines Menschen bestimmten – die aber oftmals vor anderen verborgen werden oder die denen, die sie haben, selbst nicht bewußt sind (Frese 1982; Lortie 1975; Sarason 1977).

Vor allem aber bevorzugte ich die biographische Methode, weil ich vorrangig daran interessiert war herauszufinden, wie sich diese Professionellen im Hinblick auf ihre Erfahrungen fühlten und wie sie die Welt sahen – also etwas über die »Phänomenologie« professioneller Arbeit zu erfahren. Ich befürchtete, wenn wir uns dabei auf strukturierte Interviews verlassen würden, um die Veränderungen zu identifizieren und zu messen, würden wir einige der wichtigsten Aspekte der Erfahrungen unserer Interviewpartner aus den Augen verlieren. Zu oft verfehlen strukturierte Forschungsmethoden das Ziel, in die tiefen menschlichen Erfahrungen einzudringen und herauszufinden, wie Menschen wirklich über ihr Leben denken und was sie in ihm fühlen. Es war bedeutsam, daß die Interviewpartner in der Lage waren, ihre eigenen Geschichten in einer entspannten und unterstützenden Atmosphäre zu erzählen, die ihre Offenheit förderte.

Der teilstrukturierte Charakter der Interviews bestand darin, daß wir versuchten, bei aller Informalität der Gesprächsführung einen Standardsatz von Fragen abzudecken. Diese Fragen, die sowohl in den ursprünglichen Interviews als auch in den Folgeinterviews berücksichtigt wurden, stammen aus Teilen von zwei theoretischen Bezugsrahmen. Der erste war ein konzeptionelles Modell für berufliche Forschung, das von Sonnenfeld und Kotter 1982 entwickelt wurde. Ihr Modell umfaßte die drei basalen Gebiete im Lebensraum einer Person, die sich im Laufe der Zeit verändern können: Arbeitserfahrungen, Erfahrungen außerhalb der Arbeit (beispielsweise in der Familie) und individuelle Charakteristika der Person. Diese drei Gebiete sind untereinander abhängig: Aspekte des einen Bereiches beeinflussen die anderen beiden. Alle diese Variablen verändern sich im Laufe der Zeit; Erfahrungen und Perspektiven, die in einer früheren Lebensphase gewonnen worden sind, wirken sich auf die spätere Entwicklung aus.

Die Interviews folgten auch der Tradition aus dem Bereich der Streßforschung, der »Coping-Forschung« und der Anpassungsforschung. Genauer: Wir vermuteten, daß Veränderungen in den auf Arbeit bezogene Haltungen und Verhaltensweisen ein Ergebnis dynamischer Anpassungsprozesse sind, in denen das Individuum versucht, eine Balance zwischen internen und externen Forderungen, zwischen Behinderungen und Unterstützungen zu gewinnen. Zusätzlich zu diesen theoretischen Bezugsrahmen haben wir a priori in der Folgestudie Vermutungen über Engagement und zwischenmenschliche Zuwendung in den personenbezogenen Dienstleistungsberufen entwickelt. Ich war besonders daran interessiert zu erfahren, was aus dem Engagement eines Professionellen im Laufe der Zeit wird und welche Wirkungen das auf seine Schüler, Klienten und Patienten hat.

Auf der Basis dieser Überlegungen haben sich die Fragen in unseren Interviews auf die folgenden allgemeinen Problembereiche bezogen:

1. Die Geschichte der eigenen Arbeit (Arbeitsplätze; Verantwortlichkeiten; Arbeitsplatzsituationen; Ursachen für Veränderungen; die Natur jedes einzelnen Arbeitsplatzes oder jeder einzelnen Arbeitssituation; Reaktionen auf Arbeitssituationen);
2. die Entwicklung außerhalb der Arbeitssituation (allgemeine Verpflichtungen, Heirat, Scheidung, Elternschaft, bedeutsame Krankheiten; Freizeitbeschäftigungen; Veränderungen von Engagement und Interesse über die Jahre; wechselseitige Beeinflussung von Arbeit und Nichtarbeit im Laufe der Jahre; Veränderungen in der Befriedigung gegenüber dem Leben);

3. gegenwärtige Haltungen (Arbeitsmotivationen; Engagement im Beruf; Karriere-Ziele; Arbeitszufriedenheit);
4. Pläne für die Zukunft.

Datenanalyse

Die Interviews wurden qualitativ entsprechend der »grounded theory« analysiert, die ursprünglich von Glaser und Strauss (1967) entwickelt und kürzlich von Miles und Huberman (1984) verfeinert und erweitert worden ist.
In der Benutzung dieser Prozedur identifizierte ich einzelne Themen, die sich durch die Problembereiche hindurchzogen, die in der Studie angesprochen worden waren. Dann machte ich eine quantitative Einschätzung des Grades der Einstellung jedes Befragten gegenüber diesen Themen. Beispielsweise gab es ein Thema, das hieß »Status und Wertschätzung der Person durch ihre Umwelt nahmen im Laufe der Zeit beträchtlich zu«. Wenn ich den Eindruck hatte, daß sich ein Interviewpartner während seines gesamten Interviews gegenüber diesem Thema positiv verhielt, dann bewertete ich ihn entsprechend im Hinblick auf dieses Thema.
Zwei Studenten in ihrem Hauptstudium, die nicht über die Ziele der Studie informiert waren, gaben nach Anhörung der Tonbänder Einschätzungen über die einzelnen Interviewpartner ab, die ich mit meinen eigenen Einschätzungen verglich. Nur wenn unsere Einschätzungen übereinstimmten, wurden die Aussagen der einzelnen Interviewpartner in der entsprechenden Weise festgeschrieben.
Die Interview-Transkripte wurden auch benutzt, um die Interviewpartner im Hinblick auf verschiedene Dimensionen einzuschätzen, die a priori identifiziert worden waren. Beispielsweise bewerteten fünf Hauptfachstudenten, wie zugewandt und mitleidsfähig er oder sie zum Zeitpunkt des Interviews erschienen war. Die Bewertungen erstreckten sich sowohl auf die ursprüng-

lichen Interviews als auch auf die Interviews der Folgestudie. Die Bewerter kannten die Ziele der Untersuchung nicht und wußten auch nicht, ob das jeweilige Interview ein Erst-, Zweit- oder Abschluß-Interview gewesen war.

Fragebogen

Ich benutzte auch Fragenbögen in der Follow-up-Studie. Nachdem das Interview beendet war, füllten die Professionellen einen längeren Fragebogen über ihre Arbeit, ihre Berufsentwicklung und ihre Haltungen gegenüber dem Leben aus. Ich bat sie auch darum, mir eine Person zu nennen, die sie besonders gut kannte, und ich bat sie, diese Person einen Fragebogen über sich ausfüllen zu lassen. Die Daten aus diesem Fragebogen wurden in unterschiedlichen Teilen dieses Buches verwendet, um sie mit Daten aus der Themenanalyse zu vergleichen oder um zusätzliche Einsichten zu gewinnen.

Literatur

Abrahamson, M.: *The professional in the organization.* Chicago: Rand McNally 1967

Adler, S./Aranya, N.: A comparison of the work needs, attitudes and preferences of professional accountants at different career stages. In: *Journal of Vocational Behavior,* Nr. 25 (S. 45-57). 1984

Alderfer, C. P./Guzzo, R. A.: Life experiences and adults' enduring strength of desires in organizations. In: *Administrative Science Quarterly,* Nr. 24 (S. 347-361). 1979

Arthur, M. B./Kramm, K. E.: Reciprocity at work: The separate, yet inseparable possibilities for individual and organizational development. In: Arthur, M. B./Hall, D. T./Lawrence, B. S. (Hrsg.), *Handbook of career theory* (S. 292-312). New York: Cambridge University Press 1989

Bailyn, L.: Involvement and accommodation in technical careers: An inquiry into the relation to work at mid-career. In: Van Maanen, J. (Hrsg.), *Organizational careers: Some new perspectives* (S. 109-132). New York: Wiley 1977

Bartolome, F./Evans, P.: Professional lives versus private lives: Shifting patterns of managerial commitment. In: *Organizational Dynamics,* Nr. 7 (4) (S. 3-29). Frühling 1979

Batson, C. D.: The altruism question. Hillsdale, NJ: Lawrence Erlbaum 1991

Becker, H. S./Geer, B./Hughes, E. C./Strauss, A.: Boys in white. Chicago: University of Chicago Press 1961

Belardi, N./Fisch, M.: *Altenhilfe.* Weinheim: Beltz 1999

Belkin, L.: In lessons on empathy, doctors become patients. *New York Times,* A1, B5. 4. Juni 1992

Berkowitz, L.: The self, selfishness and altruism. In: Macaulay, J./Berkowitz, L. (Hrsg.), *Altruism an helping behavior* (S. 143-151). New York: Academic Press 1970

Blackburn, R. T./Fox, T. G.: Physician's values and their career stage. In: *Journal of Vocational Behavior,* Nr. 22 (S. 159-173). 1983

Blau, G. J.: The measurement and prediction of career commitment. In: *Journal of Occupational Psychology,* Nr. 58 (S. 277-288). 1985

Bledstein, B. J.: *The culture of professionalism: The middle class and the development of higher education in America.* New York: Norton 1976

Bloom, S. W.: Socialization for the physician's role: A review of some contributions of research to theory. In: Shapiro E. C./Lowenstein, L. M. (Hrsg.), *Becoming a physician* (S. 3-52). Cambridge, MA: Ballinger 1979

Brager, G./Holloway, S.: *Changing human service organization: Politics and practice.* New York: Free Press 1978

Bray, D. W./Campbell, R. J./Grant, D. L.: *Formative years in business: A long-term AT&T study of managerial lives.* New York: Wiley 1974

Burisch, M.: *Das Burnout-Syndrom. Theorie der inneren Erschöpfung.* Berlin/Heidelberg: Springer 1989

Burisch, M.: In search of theory: Some ruminations on the nature and etiology of burnout. In: Schaufeli, W. B./Maslach, C./Marek, T. (Hrsg.), *Professional burnout: Recent developments in theory and research* (S. 75-94). Washington, DC: Taylor & Francis 1993

Campbell, R. J./Moses, J. L.: Careers from an organizational perspective. In: Hall, D. T. (Hrsg.), *Career development in organizations* (S. 274-309). San Francisco: Jossey-Bass 1986

Camus, A.: *The myth of Sisyphus.* New York: Random House 1955

Cellis, W., III.: Many teachers, required to make do with less, are giving less in return. *New York Times,* D2. 4. November 1992

Cherniss, C.: *Professional burnout in human service organizations.* New York: Praeger 1980

Cherniss, C./Kane, J. S.: Public sector professionals: Job characteristics, satisfaction, and aspirations for intrinsic fulfillment through work. In: *Human Relations,* Nr. 40 (S. 125-136). 1987

Cherniss, C./Krantz, D.: The ideological community as an antidote to burnout in the human services. In: Farber, B. A. (Hrsg.), *Stress and burnout on the human service professions.* New York: Pergamon 1982

Colarelli, N. O./Siegal, S. M.: *Ward H: An adventure in innovation.* New York: Van Nostrand 1966

Cronbach, L. J.: Beyond the two disciplines of scientific psychology. In: *American Psychologist,* Nr. 30 (S. 116-127). 1975

Csikszentmihalyi, M.: *Flow.* New York: Harper 1990

Dalton, G.: Developmental views of careers in organizations. In: Arthur, M. B./Hall, D. T./Lawrence, B. S. (Hrsg.), *Handbook of career theory* (S. 89-109). New York: Cambridge University Press 1989

Deci, E. L.: *The psychology of self-determination.* Lexington, MA: D. C. Heath 1980

De Fleur, M. L.: Occupational roles as portrayed on television. In: *Public Opinion Quarterly,* Nr. 38 (S. 57-74). 1964

de Grazia, S.: *Of time, work and leisure.* New York: Vintage 1962

Dressel, P.: *The service trap: From altruism to dirty work.* Springfield, IL: Charles Thomas 1984

Drory, A./Shamir, B.: Effects of organizational and life variables on job satisfaction and burnout. In: *Group and Organization Studies,* Nr. 13 (S. 441-455). 1988

Erikson, E. H.: *Identity, youth and crisis.* New York: W. W. Norton 1968

Fengler, J.: Helfen macht müde. *Zur Analyse und Bewältigung von Burnout und beruflicher Deformation.* München: Pfeiffer ^{4}1996

Fiske, M./Chiriboga, D. A.: Change and continuity in adult life. San Francisco: Jossey-Bass 1990
Foner, N.: *The caregiving dilemma: Work in an American nursing home.* Berkeley, CA: University of California Press 1994
Frank, J. D.: *Persuasion and healing.* Baltimore: Johns Hopkins University Press 1973
Frankl, V. E.: *Man's search for meaning.* New York: Clarion 1962
Frese, M.: Occupational socialization and psychological development: An underemphasized research perspective in industrial psychology. In: *Journal of Occupational Psychology,* Nr. 55 (S. 209-224). 1982
Freudenberger, H. J./Richelson, G.: *Burnout: The high cost of high achievement.* New York: Anchor Press 1980
Freudenberger, H. J./North, G.: *Burn-out bei Frauen. Über das Gefühl des Ausgebranntseins.* New York: Doubleday 1985. Frankfurt: Fischer 1992
Friedman, I.: *High and low burnout schools: Sources of stress at the classroom and school level.* Paper presented at the Conference on Teacher Stress and Burnout, Teachers' College, Columbia University, New York, NY 1991
Fromm, E.: *To have or to be.* New York: Harper & Row 1976
Gallos, J. V.: Exploring women's development: Implications for career theory, practice, and research. In: Arthur, M. B./Hall, D. T./Lawrence, B. S. (Hrsg.), *Handbook of career theory* (S. 110-132). New York: Cambridge University Press 1989
Gerstein, L. H./Topp, C. G./Correll, G.: The role of the environment and person when predicting burnout among correctional personnel. In: *Criminal Justice and Behavior,* Nr. 14 (S. 352-369). 1987
Gibson, S./Dembo, M. H.: Teacher efficacy: A construct validation. In: *Journal of Educational Psychology,* Nr. 76 (S. 569-582). 1984
Glaser, E. M./Strauss, A.: *The discovery of grounded theory.* Chicago: Aldine 1967
Goldenberg, I. I.: *Build me a mountain: Youth, poverty and the creation of new settings.* Cambridge, MA: MIT Press 1971
Goleman, D.: All too often, the doctor isn't listening, studies show. *New York Times,* C1, C15. 13. November 1991
Gordon, S.: *Prisoners of men's dreams: Striking out for a new feminine future.* Boston: Little, Brown, & Co. 1991
Gould, R. J.: *Transformations: Growth and change in adult life.* New York: Simon & Schuster 1978
Gow, K. M.: *How nurses' emotions affect patient care.* New York: Springer 1982
Gowler, D./Legge, K.: Rhetoric in bureaucratic careers: Managing the meaning of management success. In: Arthur, M. B./Hall, D. T./Lawrence, B. S. (Hrsg.), *Handbook of career theory* (S. 437-453). New York: Cambridge University Press 1989
Graen, G. G./Novak, M. A./Sommerkamp, P.: The effects of leader-member exchange and job design on productivity and satisfaction: Testing a dual

attachment model. In: *Organizational Behavior and Human Performance*, Nr. 30 (S. 109-131). 1982

Gray, R. M./Moody, P. M./Newman, R. E.: An analysis of physician's attitudes of cynicism and humanitarianism before and after entering medical practice. In: *Journal of Medical Education*, Nr. 40 (S. 760-766). 1965

Haan, N.: Personality at midlife. In: Hunter, S./Sundel, M. (Hrsg.), *Midlife myths* (S. 145-156). Newbury Park, CA: Sage 1989

Hackman, J. R./Oldham, G. F.: Motivation through the design of work: Test of a theory. In: *Organizational Behavior and Human Performance*, Nr. 16 (S. 250-279). 1976

Hall, D. T.: *Careers in organization*. Pacific Palisades, CA: Goodyear 1976

Hall, D. T.: Breaking career routines: Midcareer choice and identity development. In: Hall, D. T. (Hrsg.), *Career development in organizations* (S. 120-159). San Francisco: Jossey-Bass 1986

Hall D. T./Mansfield, R.: Relationship of age and seniority with career variables of engineers and scientists. In: *Journal of Applied Psychology*, Nr. 60 (S. 201-210). 1975

Hall, D. T./Nougaim, K. E.: An examination of Maslow's need hierarchy in an organizational setting. In: *Organizational Behavior and Human Performance*, Nr. 3 (S. 12-35). 1968

Hall, D. T./Schneider, B.: *Organizational climates and careers: The work lives of priests*. New York: Seminar Press 1973

Howe, M. J.: Biographical evidence and the development of outstanding individuals. In: *American Psychologist*, Nr. 37 (S. 1071-1081). 1982

Hughes, J. R./Carver, E. J.: Overcoming barriers to the use of facilitative empathy in practice. In: MacKay, R. C./Hughes, J. R./Carver, E. J. (Hrsg.), *Empathy in the helping relationship* (S. 168-181). New York: Springer 1990

Hunicutt, A. W./MacMillan, T. F.: Beating burnout: Findings from a three-year study. In: *Journal of Mental Health Administration*, Nr. 10 (2) (S. 7-9). 1983

Ickes, W. J./Kidd, R. F.: An attributional analysis of helping behavior. In: Harvey, J. H./Ickes, W. J./Kidd, R. F. (Hrsg.), *New directions in attributional research* (Vol. 1, S. 311-334). Hillsdale, NJ: Lawrence Erlbaum 1976

Jackson, S. E./Schwab, R. L./Schuler, R. S.: Toward an understanding of the burnout phenomenon. In: *Journal of Applied Psychology*, Nr. 71 (S. 630-640). 1986

Kanter, R. M.: *Commitment and community: Communes and utopias in sociological perspective*. Cambridge, MA: Harvard University Press 1972

Kanter, R. M.: Careers and the wealth of nations: A macro-perspective on the structure and implications of career forms. In: Arthur, M. B./Hall, D. T./ Lawrence, B. S. (Hrsg.), *Handbook of career theory* (S. 506-522). New York: Cambridge University Press 1989

Kerr, P.: Tempus fugit, but you can buy it. *New York Times*, D1, D8. 10. Oktober 1991

Kerr, S.: Substitutes for leadership: Some implications for organizational design. In: *Organization and Administrative Science*, Nr. 8 (S. 135-146). 1977

Khoury, R. M./Khoury, D. C.: Job satisfaction and work performance in police. In: *Psychological Reports*, Nr. 51 (S. 282). 1982

Kleiber, D./Enzmann, D.: *Burnout* – Eine internationale Biographie. Göttingen: Hogrefe 1990

Korman, A. K./Wittig-Berman, U./Lang, D.: Career success and personal failure: Alienation in professionals and managers. In: *Academy of Management Journal*, Nr. 24 (S. 342-360). 1981

Kram, K. E.: Mentoring in the workplace. In: Hall, D. T. (Hrsg.), *Career development in organizations* (S. 160-201). San Francisco: Jossey-Bass 1986

Kramer, M.: *Reality shock*. St. Luis: C. V. Mosby 1974

Kyriacou, C.: Sources of stress among British teachers: The contribution of job factors and personality factors. In: Cooper, C. L./Marshall, J. (Hrsg.), *White collar and professional stress* (S. 3-17). Chichester, England: Wiley 1980

LaMonica, E. L./Carew, D. K./Winder, A. E./Haase, A. M. B./Blanchard, K.: Empathy training as the major thrust of a staff development program. In: *Nursing Research*, Nr. 25 (S. 447-451). 1976

Lawler, E. E.: Achieving competitiveness by creating new organizations cultures and structures. In: Fishman, D. B./Cherniss, C. (Hrsg.), *The human side of corporate competitiveness* (S. 69-101). Newbury Park, CA: Sage 1990

Leiter, M. P./Maslach, C.: The impact of interpersonal environment on burnout and organizational commitment. In: *Journal of Occupational Behavior*, Nr. 9 (S. 297-308). 1988

Levinson, D. J.: *The seasons of a man's life*. New York: Knopf 1978

Lipp, M. R.: *The bitter pill: Doctors, patients and failed expectations*. New York: Harper & Row 1980

London, M.: *Developing managers*. San Francisco, CA: Jossey-Bass 1985

Lortie, D. C.: *Schoolteacher*. Chicago: University of Chicago Press 1975

Lynn, K. S.: *The professions in America*. New York: Houghton-Mifflin 1965

Maas, H. S.: Social responsibility in middle age: Prospects and preconditions. In: Hunter, S./Sundel, M. (Hrsg.), *Midlife myths* (S. 253-271). Newbury Park, CA: Sage 1989

Maccoby, M.: *Why work?* New York: Simon & Schuster 1988

Marks, S.: Culture, human energy, and self-actualization: A sociological offering to humanistic psychology. In: *Journal of Humanistic Psychology*, Nr. 19 (3) (S. 27-42). Sommer 1979

Maslach, C.: *Burnout: The cost of caring*. Englewood Cliffs, NJ: Prentice-Hall 1982

Maslach, C./Jackson, S. E.: *Maslach Burnout Inventory: Second Edition*. Palo Alto, CA: Consulting Psychologists Press 1986

McCall, M. W., Jr./Lombardo, M. M./Morrison, A. M.: *The lessons of experi-*

ence: How successful executives develop on the job. Lexington, MA: Lexington Books 1988
McGregor, D.: *The human side of enterprise.* New York: McGraw-Hill 1960
Mechanic, D.: *The growth of bureaucratic medicine: An inquiry into the dynamics of patient behavior and the organization of medical care.* New York: Wiley 1976
Mechanic, D.: *Painful choices: Research and essays on health care.* New Brunswick, NJ: Transaction 1989
Merser, C.: *Grown-ups: A generation in search of adulthood.* New York: Plume 1986
Miles, M. B./Huberman, A. M.: *Qualitative data analysis.* Beverly Hills, CA: Sage 1984
Mizrahi, T.: *Getting rid of patients: Contradictions on the socialization of physicians.* New Brunswick, NJ: Rutgers University Press 1986
Mortimer, J. T./Lorence, J.: Work experience and occupational value socialization: A longitudinal study. In: *American Journal of Sociology*, Nr. 84 (S. 1361-1385). 1979
Motowidlo, S. J.: Does job satisfaction lead to consideration and personal sensitivity? In: *Academy of Management Journal*, Nr. 27 (S. 910-915). 1984
Moyers, B.: Michael Josephson, ethicist. In: Moyers, B. (Hrsg.), *A world of ideas* (S. 14-27). New York: Doubleday 1989
Neugarten, B. L.: The awareness of middle age. In: Neugarten, B. L. (Hrsg.), *Middle age and aging: A reader in social psychology* (S. 93-98). Chicago: University of Chicago Press 1968
New Brunswick Home News: College freshmen oriented on careers, A5. 15. Januar 1988
Nicholson, N.: A theory of work role transitions. In: *Administrative Science Quarterly*, Nr. 29 (S. 172-191). 1984
O'Driscoll, M. P./Schubert, T.: Organizational climate and burnout in a New Zealand social service agency. In: *Work and Stress*, Nr. 2 (S. 199-204). 1988
Pelz, D. C./Andrews, F. M.: *Scientists in organization: Productive climates for research and development.* New York: Wiley 1966
Perun, P. J./Bielby, D. D.: Toward a model of female occupational behavior: A human development approach. In: *Psychology of Women Quarterly*, Nr. 6 (S. 234-250). 1981
Pines, A.: Burnout: An existential perspective. In: Schaufeli, W. B./Maslach, C./Marek, T. (Hrsg.), *Professional burnout: Recent developments in theory and research* (S. 33-51). Washington, DC: Taylor & Francis 1993
Pines, A./Aronson, E.: *Career burnout.* New York: Free Press 1988
Pithouse, A.: Poor visibility: Case talk and collegial assessment in a social work office. In: *Work and Occupations*, Nr. 12 (S. 77-89). 1985
Prottas, J. M.: *People-processing: The street-level bureaucrat in public service bureaucracies.* Lexington, MA: D. C. Heath 1980

Raelin, J. A.: Work patterns in the professional life-cycle. In: *Journal of Occupational Psychology*, Nr. 58 (S. 177-187). 1985

Rhodes, S. R.: Age-related differences in work attitudes and behavior: A review and conceptual analysis. In: *Psychological Bulletin*, Nr. 93 (S. 328-367). 1983

Rhodes, S. R./Doering, M.: An integrated model of career change. In: *Academy of Management Review*, Nr. 8 (S. 631-639). 1983

Roberts, P./Newton, P.: Levinsonian studies of women's adult development. In: *Psychology and Aging*, Nr. 2 (S. 154-163). 1987

Roberts, S.: Stein pulls out of advocate race, saying his political career is over. *New York Times*, A1, B4. 30. Juni 1993

Rodin, J./Langer, E. J.: Long-term effects of a control-relevant intervention with the institutionalized aged. In: *Journal of Personality and Social Psychology*, Nr. 35 (S. 897-902). 1977

Rothman, D. J.: The state as parent: Social policy in the Progressive Era. In: Gaylin, W./Glasser, I./Marcus, S./Rothman, D. J. (Hrsg.), *Doing Good: The limits of benevolence* (S. 67-96). New York: Pantheon 1978

Rubin, L. B.: *Woman of a certain age: The midlife search for self.* New York: Harper & Row 1979

Sarason, S. B.: *The creation of settings and the future societies.* San Francisco: Jossey-Bass 1972

Sarason, S. B.: *Work, aging and social change.* New York: Free Press 1977

Sarason, S. B.: *Caring and compassion in clinical practice.* San Francisco: Jossey-Bass 1985

Sarason, S. B.: *The making of an American psychologist.* San Francisco: Jossey-Bass 1988

Sarason, S. B./Carroll, C./Maton, K./Cohen, S./Lorentz, E.: *Human services and resource networks.* San Francisco, CA: Jossey-Bass 1977

Sarason, S. B./Lorentz, E.: *The challenge of the human resource exchange network.* San Francisco, CA: Jossey-Bass 1979

Sarason, S. B./Sarason, E./Cowden, P.: Aging and the nature of work. In: *American Psychologist*, Nr. 30 (S. 584-593). 1975

Sarason, S. B./Zitnay, G./Grossman, F. K.: *The creation of a community setting.* Syracuse, NY: Syracuse University Press 1971

Sarata, B. P. V.: *Job satisfactions of individuals working with the mentally retarded.* Doctoral dissertation, Yale University 1972

Savicki, V./Cooley, E.: The relationship of work environment and client contact to burnout in mental health professionals. In: *Journal of Counseling and Development*, Nr. 65 (S. 249-252). 1987

Schein, E. H.: The individual, the organization, and the career: A conceptual scheme. In: *Journal of Applied Behavioral Science*, Nr. 7 (S. 401-426). 1971

Schein, E. H.: *Professional education: Some new directions.* New York: McGraw-Hill 1972

Schein, E. H.: *Career dynamics* Reading, MA: Addison-Wesley 1978

Schmidbauer, W.: *Die hilflosen Helfer.* Reinbek: Rowohlt 1977

Schmidbauer, W.: *Alles oder Nichts. Über die Destruktivität von Idealen.* Reinbek: Rowohlt 1989

Seligman, M. E. P.: *Helplessness: On depression, development, and death.* San Francisco: Freeman 1975

Shinn, M./Rosario, M./Morch, H./Chestnut, D. E.: Coping with job stress and burnout in the human services. In: *Journal of Personality and Social Psychology,* Nr. 46 (S. 864-876). 1984

Sonnenfeld, J./Kotter, J. P.: The maturation of career theory. In: *Human Relations,* Nr. 35 (S. 19-46). 1982

Stark, E.: For love or money? In: *Psychology Today,* Nr. 18. Februar 1988

Stelling, J. G.: Review of Professional burnout in human service organizations, by Cary Cherniss. In: *Contemporary Sociology,* Nr. 11 (S. 105-106). 1982

Suran, B. G./Sheridan, E. P.: Management of burnout: Training psychologists in professional life span perspectives. In: *Professional Psychology: Research and Practice,* Nr. 16 (S. 741-752). 1985

Tamir, L. M.: Modern myths about men at midlife: An assessment. In: Hunter, S./Sundel, M. (Hrsg.), *Midlife myths* (S. 157-180). Newbury Park, CA: Sage 1989

Truax, C. B./Altmann, H./Millis, W. A., Jr.: Therapeutic relationships provided by various professionals. In: *Journal of Community Psychology,* Nr. 2 (S. 33-36). 1974

Turnbull, A. P./Turnbull, H. R. (Hrsg.): *Parents speak out.* Columbus, OH: Merrill 1979

Van Maanen, J.: Experiencing organizations: Notes on the meaning of careers and socialization. In: Van Maanen, J. (Hrsg.), *Organizational careers: Some new perspectives* (S. 49-64). New York: Wiley 1977

Veysey, L.: Who's a professional? Who cares? Review of Advocacy and objectivity: A crisis in the professionalization of American Social Science, 1865-1905, by M. O. Furner. In: *Reviews in American History,* Nr. 3 (S. 419-423). 1975

Weber, M.: *The theory of social and economic organization.* New York: Free Press 1947

Yost, E. B./Corbishly, M. A.: *Career counseling: A psychological approach.* San Francisco: Jossey-Bass 1987